평생교육경영론

LIFELONG EDUCATION MANAGEMENT

권기술 · 강찬석 · 김미자 · 박성준 · 조정형 공저

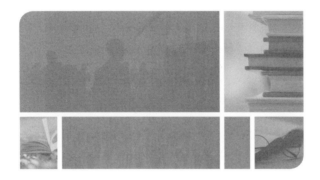

학지사

머리말

　바야흐로 우리나라는 65세 이상 노령인구가 전체 인구의 20%를 넘어서는 초고령 사회를 목전에 두고 있다. 평균 기대 여명이 85세 이상으로 의료기술의 발달과 충분한 영양 공급 덕분에 누구나 100세 시대를 꿈꾸는 세상이 되었다. 100세를 살아가야 하는 인생에서 학습과 교육은 매우 중요한 일이다. 더구나 이 시대는 3차 IT산업혁명 시대를 지나 산업기술의 융복합이 이루어지는 4차 산업시대로, 지식의 양이 폭증하고 있어 학습해야 할 지식은 차고도 넘친다. 개인적으로도 인생 초기 단계에 학습한 교육의 효과는 떨어지고, 새로운 지식산업과 기술 발전에 대응하고 변화된 고용환경, 사회환경에서 살아가기 위해서는 새로운 분야의 학습과 자격이 필요하다. 말 그대로 지금은 평생교육의 시대가 되었다.

　이러한 평생교육 시대에는 학습해야 할 교육 프로그램을 기획하고 교육을 실행하는 평생교육기관의 역할이 시간이 갈수록 그 중요성이 더해지고 있으며, 이에 따라 평생교육을 주로 담당하는 비형식 평생교육기관의 숫자도 빠르게 늘어나고 있는 추세이다.

　평생교육기관의 경영이란 무엇인가? 어떻게 하면 보다 성공적으로 경영을 할 수 있을까? 기업의 성인학습자를 대상으로 리더십 개발 및 조직 개발을 위한 퍼실리테이터와 코치 활동을 해 오면서 항상 고민해 왔던 화두이다. 경영한다는 것은 조직의 목적 달성을 위하여 조직이 가진 인적 자원, 물적 자원 등 모든 자원을 효과적·효율적으로 활용하는 것을 의미한다. 조직이 가진 자원, 즉 돈, 사람, 설비, 고객, 이미지 등 다양한 자원 가운데 가장 중요한 자원은 사람이다. 왜냐하면 사람이 일을 함으로써 조직의 목표를 달성하기 때문이다. 특히, 평생교육기관이 사람의 성장과 조직의 발전을 돕는 학습 프로그램의 개발과 실행하는 기관이기 때문에 평생교육기관 경영은 다양한 교육 이슈를 가지고 사람을 통해 사람을 키우는 경영이라고 말할 수 있다. 그래서 평생교육기관 경영은 재무적 성과만 아니라 사회 공헌이라는 공공성까지 고려되어 경영되어야 하는 것이다. 이러한 수익적 가치와 공공적 가치를 실현하기 위해서 평생교육기관의 경영은 기업의 수익성을 중심으로 경영하는 기업경영과는 다르게 접근되어야 하며, 평생교육기관을 경영하는 리더에게는 인간에 대한 깊은 이해와 영향력을 미치는 리더십이 더욱 중요하다고 할 수 있다.

이에, 이 책은 평생교육기관경영의 이해와 실제적 경영관리를 돕기 위해 필요한 내용을 3부 11장으로 구성하였다. 제1부 평생교육경영의 이해에서는 제1장 평생교육경영의 개념과 원칙, 제2장 평생교육경영의 시스템적 접근, 제3장 평생교육기관의 개념과 유형의 3개 장으로 구성하였으며, 제2부 평생교육경영과 리더십에서는 제4장 평생교육기관 경영자, 제5장 평생교육기관의 리더십 및 의사결정을 담았다. 그리고 제3부 평생교육경영의 관리 요소와 방법에서는 제6장 평생교육기관의 경영기획과 가치체계 수립, 제7장 평생교육기관의 조직 및 인적자원관리, 제8장 평생교육기관의 프로그램 개발과 운영, 제9장 평생교육기관의 마케팅과 홍보, 제10장 평생교육기관의 재무관리 및 회계, 제11장 평생교육기관의 네트워크로 구성했다.

이 책을 집필하면서 염두에 둔 것은 평생교육사가 되고자 공부하는 학생들이 평생교육에 관한 이론과 실제를 습득할 수 있도록 하였으며, 평생교육기관을 경영하는 관리자에게는 성공적으로 경영에 활용할 수 있는 내용을 담고자 했다. 또한 평생교육경영에 관심이 있는 모든 분들이 스스로 평생교육경영에 대해 공부할 수 있도록 학습목표, 학습개요 그리고 토론 문제를 포함했다. 그럼에도 불구하고 내용상 잘못되었거나 부족한 부분에 대해서는 독자 여러분께서 아낌없는 충고와 조언을 부탁드린다.

마지막으로, 집필에 참여하신 박사님들과 도움과 격려를 아낌없이 보내주신 모든 분들에게 감사의 말씀을 드리고자 한다. 인간의 영적 성장에 깊은 관심을 갖고 계시며 힘들 때마다 조언을 주신 강찬석 박사님, 교회 운영과 목회활동 그리고 평생 교육기관 대표로 바쁜 상황임에도 집필에 참여해 주신 박성준 목사님, 대학교 학과 장으로 바쁘지만 항상 긍정적인 자세를 보여 주신 조정형 박사님, 아픈 몸에도 불구하고 정성스럽게 원고를 작성하신 김미자 박사님께 감사드린다. 무엇보다도 박사과정에서 지도교수로 사랑을 베푸시고, 이 책이 나올 수 있도록 필요한 정보를 제공해 주신 최은수 교수님과 고비 때마다 책 출간을 격려해 주신 CRD 이병호 회장님께 감사드린다.

끝으로, 이 책을 추천해 주신 온정적 합리주의 박사회(CRD) 및 이 책의 간행을 맡아 주신 학지사 김진환 사장님과 편집부 김순호 이사님과 이세희님께 진심 어린 감사를 드린다.

2023년 7월
5인 필자 대표
권기술

Lifelong Education Management

차례

제1부
평생교육경영의 이해

제 **1** 장

평생교육경영의
개념과 원칙

> 좋은 성과를 얻으려면 한 걸음 한 걸음이 힘차고 충실하지 않으면 안 된다.
>
> -단테-

[학습목표]

1. 조직과 경영에 대해 이해한다.
2. 평생교육경영의 개념에 대해 이해한다.
3. 평생교육기관 경영의 특성과 요소에 대해 이해한다.
4. 평생교육기관 경영의 원칙에 대해 이해한다.

[학습개요]

제1장에서는 평생교육경영의 개념을 이해하기 위해 조직과 경영에 대한 기초적인 지식에 대해 배운다. 먼저, 조직과 경영의 관계에 대하여 배우고 평생교육과 경영의 관계, 평생교육기관과 경영의 관계에 대해 배운다. 이어서 평생교육기관 경영과 일반 기업 경영과의 차이에 대해 다루며 평생교육기관 경영의 특성과 요소, 평생교육기관 경영의 원칙에 대해 살펴본다. 일반 기업 경영이 추구하는 것과는 달리 평생교육경영은 학습자들의 삶의 질 향상과 공공성이나 사회적 가치의 실현이라는 관점에서 국민들에게 평생학습의 중요성을 심어 줄 수 있는 방향으로 전개되어야 함을 이해한다.

1. 평생교육경영의 개념

1) 조직과 경영

모든 조직은 목표를 달성하기 위한 어떤 활동을 해 나간다. 뜻을 같이하는 사람들이 모여서 다양한 자원을 활용하여 그 뜻을 이루기 위해 체계적인 활동을 하는 것이 바로 조직이다. 즉, 조직에서는 목표 달성을 위한 의식적인 활동, 곧 경영이 필수적이다. 기업과 같이 영리를 추구하는 조직이든, 교육기관이나 공공기관, 정부조직과 각종 사회단체 같은 비영리조직이든 제각기 조직 고유의 목표를 이루기 위해 경영을 필요로 한다.

조직의 존립은 당초 세운 목표를 달성해야만 가능하다. 따라서 조직은 목표를 달성하기 위해 계획을 세우고 실행하며 그 결과를 평가한다. 이러한 활동을 바로 경영이라고 할 수 있다. 즉, 경영은 조직의 목표 달성에 필요한 제반 활동, 과정 또는 수단이다(장영광, 정기만, 2021). 여기서 계획(plan)이란 조직이 달성하고자 하는 목표를 세우고, 이 목표를 달성하기 위해 조직 구성원들이 어떤 일을 어떻게 해야 하는지를 결정하는 활동이다. 계획이 수립되면 이를 실행하는데, 실행(do)이란 계획 수립에 의하여 조직화하고 리더의 지휘에 따라 과업을 수행하는 것을 말한다. 그리고 평가(see)는 실행 결과가 당초에 세운 계획과 얼마나 일치하는지를 판단하는 활동이다.

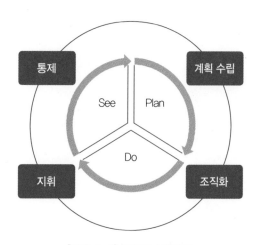

[그림 1-1] 경영의 순환과정

이와 같이 경영은 계획을 수립하고 그것을 실행하기 위한 조직을 갖추고, 리더의 지휘 아래 실제 과업을 수행하고 계획한 대로 과업을 수행할 수 있도록 통제활동을 하고, 이것을 다시 계획에 피드백하는 연속적인 과정으로 PDS 순환과정이라 부른다. [그림 1-1]은 실행(do) 단계에서 이루어지는 활동이 무엇인지 세분화하여 나타낸다.

현대 경영학을 확립한 피터 드러커(Peter Drucker)는 다음과 같이 몇 가지 경영의 원칙들을 정리하면서 경영을 이해할 수 있도록 하였다(권두승, 최운실, 2016).

먼저, 경영은 인간에 관한 것이다. 조직의 과업은 서로 다른 기술, 서로 다른 지식을 가진 사람들이 모여 공동의 성과를 올릴 수 있도록 해야 하는 활동이다. 따라서 공동의 목표를 달성할 수 있도록 조직 구성원 개개인의 강점과 약점을 잘 관리하고 통제하는 것이다.

또한 경영은 공동의 목표를 달성하기 위해 인적 자원을 통합하는 것이다. 경영자가 수행하는 과업 자체는 어디서나 똑같지만 그 과업을 누가 어떻게 수행하느냐 하는 것은 크게 다를 수 있다. 즉, 경영은 문화와 매우 밀접한 관련이 있다.

그리고 모든 조직은 조직 구성원 개개인이 공동의 목표와 가치관을 가질 것을 요한다. 공동의 목표와 가치관이 없는 조직은 단지 사람들의 집합에 지나지 않는다. 따라서 경영의 첫 번째 과제는 공동의 목표와 비전, 가치관에 대해 깊이 생각하고 결정하여 조직 구성원들에게 제시하는 것이다.

경영은 조직과 그 조직 구성원들이 새로운 요구와 변화에 맞춰 성장과 발전을 이룰 수 있도록 해 주어야 한다. 이러한 측면에서 모든 조직은 '배우는 기관'이며, '가르치는 기관'이다. 학습과 개발은 모든 경영층에게 확립되어야 하고 절대로 중단되어서는 안 된다.

모든 조직은 서로 다른 기술과 지식을 가진 다양한 사람들로 구성되어 있다. 따라서 조직은 조직 구성원 간의 의사소통과 각 개인의 책임을 바탕으로 조직되어야 하며, 모든 조직 구성원은 자신이 이루고자 하는 목표가 무엇인지 진지하게 생각해야 한다. 그리고 그것을 다른 사람들에게 명확하게 이해시켜야 한다.

조직에 대한 성과측정지표로 수익률 혹은 등록생 수와 같은 것뿐만 아니라 인적자원개발, 혁신, 생산성, 시장점유율, 서비스 품질, 재무상태 등 모든 것이 조직의 성장과 발전, 생존에 결정적인 영향을 미친다. 성과는 조직경영의 한 부분으로 구체화되어야 하고 반드시 측정되어야 한다. 따라서 조직은 자신의 성과를 평가하기 위한 다양한 측정방법을 필요로 하며 그 성과는 끊임없이 개선되어야 한다.

무엇보다 중요한 것은 경영의 결과가 항상 조직의 외부에 드러난다는 사실이다. 여기서 결과란 고객만족, 즉 평생교육기관의 경우 학습자의 만족도를 나타낸다. 이 것은 평생교육기관 프로그램의 등록률이나 탈락률로 나타나기도 한다.

이러한 원칙에 기초하여 경영을 정의할 때 "제한된 인적 자원과 물적 자원, 지식, 정보, 시간을 가장 효율적으로 활용하여 개인 및 조직의 목표를 효과적으로 달성하고, 그 존재의 가치를 지속적으로 유지하기 위한 계획, 실행, 통제의 경제적 활동"이라고 할 수 있다(이향란, 2020).

이상을 종합하면 경영활동은 모든 조직에서 광범위하게 수행되고 있다. 교육기관이 학습자들의 성장을 목적으로 교육활동에 필요한 인적 자원과 물적 자원을 활용하고 있는 것은 이미 경영활동을 하고 있는 것이다. 이러한 맥락에서 경영을 이해한다면 평생교육과 경영은 밀접한 관계를 가지게 된다. 최근 많은 평생교육기관들이 설립되었고 다양한 프로그램들이 개발되어 운영되고 있다. 평생교육기관 경영의 효율적인 운영을 위해서는 보다 전략적인 경영기법의 필요성이 크다고 볼 수 있다. 따라서 평생교육기관의 목적을 달성하기 위해서 조직 구성원들이 어떤 일을 어떻게 해야 하는지 계획하고, 실행하고 평가하는 일, 즉 어떻게 경영할 것인가가 중요하다.

2) 평생교육경영

(1) 평생교육과 경영

'평생교육경영'의 개념을 이해하기 위해서 먼저 '평생교육'과 '경영'의 개념을 살펴보고 평생교육기관의 경영활동에는 무엇이 있고, 어떤 과정을 거치는지 알아보고자 한다.

일반적으로 평생교육의 의미는 평생교육의 이념과 원리에 따라서 논의되는 광의의 의미와, 우리나라 「평생교육법」에서 규정하고 있는 협의의 의미로 구분해 볼 수 있다. 먼저, 평생교육의 이념과 원리에 입각하여 개념화한 광의의 의미에서 평생교육이란 학교교육을 포함하여 개인의 삶의 공간, 전 생애에서 형식의 구애 없이 참여하는 모든 교육 및 학습을 총칭한다. 넓은 의미의 평생교육은 개인의 삶을 중심에 두고 전 생애에 걸쳐서 개인의 성장과 적응을 이끄는 다양한 배움을 모두 포괄하여 주목하려는 입장이다(김한별, 2019). 반면 우리나라 「평생교육법」에서 규정하고 있는 협의의 의미에서 평생교육이란 개인의 사회적 삶에서 학교 정규교육과정을 제외한 모든 형태의 교육경험을 총칭하는 의미이다. 좁은 의미의 평생교육은 정규 학교교육 밖에서 발생하는 모든 형태의 교육 경험에 주목한다. 다시 말해, 평생교육을 학교와 학교 외라는 제도적 구획과 상관없이 삶 속에서 이루어지는 다채로운 학습과 교육활동 일체를 아우르는 것이 광의의 개념이라고 한다면, 학교와 학교 외라는 제도적인 구획에 따라서 규정하는 것이 협의의 개념 정의이다(김한별, 2019).

그런데 우리나라의 「평생교육법」이 평생교육의 개념에서 학교교육을 제외시키고 있으며, 그에 따른 각종 지원제도를 구축하고 있다. 또한 대부분의 평생교육기관들이 사실상 학교교육과 무관하게 일반 성인들을 대상으로 운영되고 있는 실정이다. 따라서 '평생교육경영'의 범주도 일반 학교교육은 제외시키는 것이 적절하다고 할 수 있다.

이러한 개념적 범주와 관계없이 평생교육 분야에서는 기존의 학교교육과는 다른 원리가 강조된다. 즉, 기존의 학교교육에서는 교수자와 학습자의 수직적인 관계에 의해 실시되는 교육 원리가 일반적이었지만 평생교육은 교수자와 학습자의 상호작용, 참여자의 주체적인 참여와 학습자의 경험이 중시되고 있다. 이러한 면에서 평생교육이란 인간 고유의 평생학습을 지원하는 활동이라고 할 수 있다. 또한 평생교육은 주지적이고 미래 지향적인 교육내용만을 다루는 것이 아닌 학습자의 일상생활과 깊은 관련이 있는 것을 중요하게 다룬다. 이러한 점을 종합하면 평생교육은 기존의 학교교육을 제외한 영역에서 학습자의 지속적인 성장을 돕기 위해 일상생활과 관련된 내용을 중심으로 학습자의 주체적인 참여와 경험을 존중하는 교육이라고 할 수 있다(오혁진, 2021).

앞서 경영은 계획을 수립하고 그것을 실행하기 위한 조직을 갖추고, 리더의 지휘 아래 실제 과업을 수행하고 계획한 대로 과업을 수행할 수 있도록 통제활동을 하고, 이것을 다시 계획에 피드백하는 일련의 연속적인 과정으로 이루어짐을 살펴보았다. 이러한 순환과정은 조직이 목적을 달성하기 위해 수행해야 할 구체적인 과업 또는 업무를 대상으로 이루어진다. 평생교육기관의 경우 이러한 순환과정의 대상이 되는 과업으로는 평생교육기관 운영에 필요한 자금을 조달하고, 사람을 채용하여

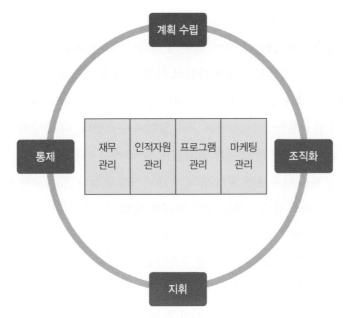

[그림 1-2] **평생교육기관의 각 기능 분야와 경영의 순환과정의 관계**

과업을 부여하고 평가하며, 프로그램을 개발하여 홍보하고 학습자를 유치하는 것 등이 있다. 이러한 일들이 평생교육기관의 주요 기능 분야(업무 부문)라고 할 수 있다. [그림 1-2]는 평생교육기관의 각 기능 분야와 경영의 순환과정의 관계를 나타낸다.

결국 평생교육경영은 '평생교육'과 '경영'의 조합, 곧 평생교육기관의 경영을 의미하는 것으로 평생교육기관의 고유한 사명과 기능을 보다 생산적이고 지속 가능한 방향으로 운영하는 것을 말한다. 평생교육경영이란 사회의 모든 구성원이 생애의 어느 단계, 또는 어떤 상황에서나 자신이 추구하는 학습을 지원하고 촉진할 수 있도록 교육활동을 체계적으로 운영함으로써 궁극적으로는 개인 및 공동체의 삶의 질을 향상시키는 데 기여하고자 하는 조직화된 노력이라고 할 수 있다(김용현 외, 2018).

이러한 평생교육경영의 개념은 기관 경영이라는 측면으로 바라볼 것인가, 평생교육의 원리를 활용한 경영이라는 측면으로 바라볼 것인가에 따라 다르다. 먼저, 평생교육경영을 평생교육기관의 경영으로 바라보는 관점은 평생교육기관에서 조직의 목표를 효율적으로 달성하기 위해 조직을 어떻게 운영하고 경영할 것인지에 대한 것을 의미한다. 즉, 기관의 설립목적에 따라 목적 달성을 위한 각종 자원들을 얼마나 효율적으로 분배하고 활용하는지를 보는 과정이라고 볼 수 있다(김인숙 외, 2020).

다음으로, 평생교육경영을 평생교육 고유의 원리에 따른 경영의 관점에서 이해하는 것은 평생교육의 원리가 더 강조되는 관점으로 교수자와 학습자의 상호작용, 학습자의 지속적인 성장을 돕기 위한 일상생활과의 밀접성, 학습자의 주체적인 참여와 경험 존중과 같은 평생교육의 원리가 조직에 도입되어야 한다는 것을 의미한다. 즉, 모든 조직에서 학습자의 자아실현, 평생에 걸친 학습, 상호학습 등 평생교육 고유의 원리에 입각하여 이루어지는 경영이라고 볼 수 있다. 오혁진(2021)은 이 두 가지 차원을 다음 〈표 1-1〉과 같이 정리하여 비교하였다.

〈표 1-1〉 **평생교육경영 개념의 두 차원**

구분	평생교육기관의 경영	평생교육원리에 의한 조직경영
대상 기관	평생교육기관 및 조직	일반 조직(평생교육기관 포함)
추구하는 가치	평생교육기관의 인적·물적 자원의 효율적 활용을 통한 기관 목표의 달성	조직 구성원의 학습과 참여를 통한 개인 및 조직의 발전
중요성 부각 이유	평생교육기관의 규모 확대, 평생교육기관 간의 경쟁과 책무성 증가로 인한 체계적 경영의 필요성 인식	조직 내 인간적 가치와 조직의 발전을 위한 평생학습의 중요성 인식
주요 참조 분야	일반 경영학	평생교육학

출처: 오혁진(2021), p. 27.

이 두 가지 개념은 서로 대립하기보다 조화로운 발전을 이루도록 동시에 추구해야 할 필요가 있다. 조직의 효과성이나 효율성을 추구하는 경영학적 기법과 평생에 걸친 인간의 성장과 사회의 발전을 중시하는 평생교육학적 원리들이 상호 보완하여 발전한다면 점점 더 증대되고 있는 평생교육기관들의 경영에 긍정적인 신호를 줄 수 있을 것이다(김용현 외, 2018; 김인숙 외, 2020; 오혁진, 2021; 이향란, 2020).

(2) 평생교육기관 경영

평생교육기관 경영에서 경영(management)에 초점을 두어 기관 경영 측면으로 바라본다면, 평생교육경영의 개념은 관련 조직의 목표를 달성하기 위해 경영학적 원리를 도입하고 적용하는 것이라고 하였다. 이것은 단위 평생교육기관과 조직이 목적을 달성하기 위해 인적 자원과 물적 자원을 효율적으로 활용하는 과정이며, 환경변화에 따른 단위 평생교육기관의 능동적인 적응과 독자성, 자립성, 그리고 책무성을 달성하는 과정이라 할 수 있다(이향란, 2020).

대부분의 평생교육기관은 국가의 재정적 지원 대상의 범위 밖에서 스스로 생존해야 하는 독립적 시설이나 조직이다. 국가 혹은 지방자치단체로부터의 재정적 지원을 활용하고 있는 평생교육기관의 경우에도 그 활용 정도는 미약할 뿐 아니라 엄격한 책무성을 요구받고 있다. 많은 평생교육기관들이 조직의 규모 면에서 영세하고 재정적 기반 면에서 열악하다. 이러한 여건에 있는 평생교육기관을 운영한다는 것은 일차적으로 수지균형을 맞추어 가며 지속적으로 평생교육사업을 확대·발전시켜 나간다는 것을 의미하므로 자연히 경영의 개념과 원리가 필요하다(김용현 외, 2018).

오혁진(2021)은 평생교육기관 경영이 중요시되는 배경을 다음과 같이 서술하고 있다.

첫째, 평생교육기관의 규모 확대에 따른 체계적 운영의 필요성이다. 평생교육기관의 규모가 점차 커지고 있고, 정부나 지자체, 기업, 대학 등의 거대한 조직이 평생교육기관의 설립 주체가 됨에 따라 그 규모가 커지고 있는 경향이다. 규모가 커진 기관을 체계적이고 효율적으로 관리하기 위해서는 평생교육기관 경영의 중요성이 그만큼 크다.

둘째, 평생교육기관 간의 경쟁 심화이다. 같은 지역 안에서도 대학 내 평생교육원, 시·군·구민회관을 비롯해 동 단위의 주민자치센터, 언론기관 및 백화점의 문화센터, 종교기관에서 운영하는 다양한 평생교육 프로그램과 온라인 교육기관들도 우리의 일상생활 속에 등장해 있는 실정이다. 이에 따라 학습자들을 유치하고 경쟁적 경영환경 속에서 존속하기 위한 경영의 필요성이 더욱 부각된 것이다.

셋째, 평생교육에 대한 국가의 재정지원 부족이다. 교육부 홈페이지에서 제시하고 있는 예산정보 2017년 기준에 따르면 교육 분야 전체 예산 중 평생교육 분야는 1.1%(6,195억 원) 차지하고 있는 것으로, 정부지원은 늘어나고 있지만 선진국에 비해 여전히 미흡한 상태이다. 때문에 민간 평생교육기관은 국가지원 이외에 재정적 자립을 위한 체계적인 경영의 도입이 절실히 요구되고 있다.

넷째, 책무성에 대한 사회적 요구의 증가이다. 최근에는 정부기관 및 정부의 지원을 받는 각종 기관에 대해 책무성을 중시하는 경향이 강하다. 평생교육기관을 포함하여 각종 기관 운영의 성과와 효율성에 대한 평가를 통해 재정지원을 차등화하는 경향이 강화되고 있다.

　이와 같이 평생교육기관의 양적 · 질적 성장과 평생교육의 공공성 측면과 국가재정의 엄정한 집행 등 다양한 사회적 요구에 부응할 수 있도록 평생교육기관이 경영에 많은 관심을 기울이고 접근해야 할 것이다(김인숙 외, 2020). 앞서 평생교육경영의 개념을 두 가지 관점에서 살펴보았다. 특히, 평생교육기관 경영의 측면에서는 다음과 같은 함의가 포함되어 기관 운영을 합리적으로 운영하는 것이 필요할 것으로 보인다(김인숙 외, 2020). 먼저, 평생교육기관 운영의 수입과 지출의 균형 유지를 통해 적자재정을 극복하고 수익창출을 위해 전략화하는 것이라고 할 수 있다. 다음으로, 평생교육기관의 지속 가능한 발전을 극대화하기 위해 모든 경영 요소를 최적화하고 평생교육기관 고유의 사명과 역할을 극대화하는 것이라 볼 수 있다. 그다음으로 교육수요자를 충족시키고 교육수요자가 원하는 프로그램을 개발 · 운영하여 학습자의 삶의 질 제고에 있다고 보는 것이다. 그리고 지역사회의 평생교육 발전 견인으로 사회적 지도력을 발휘하여 지역사회 평생교육을 선도하고 이를 위해 지역 내 평생교육기관 간의 상생 협력관계를 유지하는 것이라 할 수 있다(이향란, 2020).

(3) 평생교육기관 경영의 특성과 요소

① 평생교육기관 경영의 특성

　앞서 살펴보았듯 모든 조직은 목표 달성을 위한 의식적인 활동, 곧 경영을 필요로 한다. 일반 기업과 같이 평생교육기관 역시 경영이 필요함을 강조하였다. 그러나 평생교육기관의 경영은 일반 기업의 경영과 유사한 점도 있지만 차이점도 존재한다. 오혁진(2021)은 그 차이점을 다음과 같이 정리하였다.

　첫째, 일반 기업들의 목표는 궁극적으로 이윤추구에 있다. 따라서 이윤극대화, 산출극대화, 생산다양화와 같이 명료한 목표로 규정할 수 있다. 반면 교육 부문에서는 다양한 가치가 동시에 고려되는 경우가 많아 평생교육기관의 목표는 일반 기업의 목표보다 규정하기 어렵다. 즉, 평생교육기관에서는 개인의 학업능력 향상뿐만 아니라 개인이 속한 조직의 발전과 더 나아가 국가의 발전 등이 동시에 고려된다. 또한 평생교육기관은 먼저 자신의 조직에서 추구하는 조직 고유의 교육적 가치를 강조해야 한다. 때문에 평생교육기관의 경영을 위해서는 각 부문의 목표를 통합적으로 달성하고 그 결과를 검증하기 위한 적절한 경영 모델을 개발할 필요가 있다.

둘째, 경영의 실행 원리 차원에서 그동안 평생교육 프로그램 개발, 평생교육 방법 등 평생교육의 실천 차원에서 다양한 실행원리가 주장되어 왔다. 학습자의 주체성 존중, 학습자의 경험, 학습공동체의 구현, 교육기회의 평등, 이론과 실천의 통합 등과 같은 독특하고 다양한 평생교육만의 가치를 고려해야 한다. 이러한 원리들은 평생교육기관의 경영에도 적용되어야 한다.

셋째, 일반 기업들은 보통 소비자가 기업의 상품이나 서비스를 판매하는 대상이자 기업의 운영에 필요한 재원의 원천이기 때문에 가중 중요한 위치를 차지하는 집단이다. 반면, 평생교육기관은 일차적으로는 학습자가 가장 중요한 집단이다. 그 외에도 강사 및 직원, 후원자, 자원봉사자 등 다양한 집단이 상대적으로 균등하게 중요한 위치를 차지하고 있다. 평생교육기관 경영은 이러한 다양한 내부 집단과 외부 집단을 종합적으로 고려해야 한다.

넷째, 평생교육기관의 구성원들은 일반적으로 평생교육의 기본 원리와 각 기관의 사명과 목표를 공유하는 사람들로 구성되어 있다. 즉, 평생교육의 가치와 각 기관의 사명을 최우선의 가치로 추구하는 교육자적 자세가 기본적으로 요구된다. 따라서 이들은 경제적인 보수를 가장 중요한 요소로 여기는 일반 기업의 경우와는 다소 차이가 있다. 특히, 「평생교육법」에 근거한 평생교육사는 공공의 교육적 목적을 위해 평생교육기관에서 근무하는 공적인 교육전문가라고 할 수 있다. 그렇기 때문에 이들은 기관에 대해 보다 확고한 자율성을 요구하게 된다.

이렇듯 학습자들의 삶의 질 향상과 더불어 수익성보다는 공공성이나 사회적 가치의 실현이라는 관점에서 평생교육기관 경영의 특성은 일반적인 기업 경영 특성과는 확연히 구분된다. 최은수와 배석영(2008)은 평생교육기관 경영의 특성을 다음과 같이 정리하고 있다.

첫째, 평생교육의 주요 활동인 교수-학습활동을 지원하고 촉진한다. 여기서 주요 활동이란 시대적 흐름에 적정한 새로운 프로그램을 개발하여 활발하게 운영하고, 조직 활성화를 조성하여 평생교육 학습자들의 지식에 대한 욕구와 갈증을 해소시키기 위한 교수-학습활동을 지원하는 것이다.

둘째, 교수-학습활동이 효과적이면서도 효율적으로 이루어질 수 있도록 계획과 의사결정, 리더십 발휘, 관리 및 실행, 그리고 평가활동 등을 하는 것이다. 평생교육조직의 핵심 활동인 교수-학습활동이 보다 효과적이고 효율적으로 운영될 수 있도록 잠재된 평생학습자들을 발굴하고 분석하여 현실에 필요한 프로그램을 개발하고 효율적인 운영이 될 수 있도록 철저한 계획과 의사결정이 이루어져야 한다. 더불어 조직의 리더십 발휘와 합리적인 관리와 실행, 평가가 이루어지는 일련의 활동들이다.

셋째, 여러 사람들의 자원과 노력이 함께 결합되는 집단적인 과정이다. 평생교육조직은 조직 구성원들로만 운영되는 것이 아니라 학습자와 조직의 운영과 관리에 도움을 주는 지원자와 자원봉사자들이 함께 어우러져 이끌어 가는 집단적 과정을 말한다.

넷째, 평생교육조직의 교육활동은 시설이나 단체 활동을 지원하고 조장하는 활동이므로 평생교육경영은 평생교육기관의 특성과 밀접한 관련을 가지고 있다. 즉, 재정적 재원의 확보, 교육 프로그램의 개발, 잠재적 학습자의 발굴과 유치 그리고 탁월한 교육 프로그램 리더의 발굴 및 초빙 등을 들 수 있다(김인숙 외, 2020).

평생교육경영은 영리나 이윤을 목적으로 하는 일반 기업들과는 달리, 교육적 가치와 지식 전달을 위한 경영을 우선해야 할 것이다. 평생교육경영은 평생교육조직이 교육목표를 설정하고, 자원을 확보하고, 여건을 조성하여 평생교육기관이 추구하는 교육목표를 보다 효과적이고 효율적으로 달성하기 위한 일련의 운용과정이라고 할 수 있다. 즉, 조직 구성과 필요한 재원 확보, 합리적인 평생교육 프로그램 운영으로 평생교육 학습자들의 삶의 질을 향상시키는 데 그 목적이 있다고 할 것이다(이향란, 2010).

② 평생교육기관 경영의 요소

평생교육기관을 좀 더 효과적이고 효율적으로 관리하여 체계적이고 안정적인 기관으로 만들어 가기 위해서는 경영관리의 기능을 이해하고 경영기법을 적용해야 한다(김인숙 외, 2020). 평생교육기관의 경영활동을 구성하는 요소들은 경영활동 과제요소와 경영활동 과정 요소의 두 가지 관점에서 살펴볼 수 있다. 평생교육기관의 과업 또는 업무와 관련된 것이 경영활동 과제 요소라면 이러한 업무들을 수행하기 위해 기본적으로 따라야 할 절차가 경영활동 과정 요소라고 볼 수 있다.

먼저, 평생교육기관의 주요 기능 분야(업무 부문)인 과제 요소에는 프로그램 관리, 인적자원관리, 재무관리, 마케팅 관리 등이 있다.

◆ 프로그램 관리

프로그램 관리는 일반 기업 경영에서는 제품이나 서비스를 생산 또는 창출하는 생산 · 운영 관리에 해당하는 것으로 평생교육기관의 가장 중요한 기능 분야라고 할 수 있다. 프로그램 관리란 바로 학습자들에게 제공할 교육 프로그램을 개발하고 관리하는 일을 말한다. 여기에는 학습자들이 요구하는 양질의 프로그램 개발, 학습자들의 수요와 평생교육기관의 내 · 외적 여건에 따른 프로그램의 개설과 폐지, 그리고 이러한 일들을 수행하기 위하여 의사결정을 하는 것 등이 포함된다.

◆ 인적자원관리

인적자원관리는 일반 기업 경영에서 인재의 선발, 교육훈련, 배치, 과업 부여 및 평가에 해당하는 것으로, 평생교육기관의 교육 서비스를 제공하기 위해 유능한 인력을 확보하고 적재적소에 배치하며 그들의 능력을 개발하고 유지관리하는 일을 말한다. 여기에는 기관에서 반드시 배치해야 하는 평생교육사를 비롯하여 교육실무자, 내 · 외부 강사의 확보, 배치, 연수, 평가 등이 포함된다. 또한 학습자들도 평생교육기관 내에 직접 참여하고 있기 때문에 학습자 집단에 대한 관리가 필요하다. 이는 개별 과정의 교수자가 교육활동을 위해 학습자를 관리하는 것뿐만 아니라 기관 전체적인 차원에서의 학습자 집단관리를 포함한다. 즉, 여기에는 학습자 데이터베이스 관리, 학습자 집단의 조직화, 학습자의 취업과 자격 취득을 위한 서비스 제공, 학습자들의 의견 수렴, 학습자를 위한 각종 서류 발급 등이 포함된다.

◆ 재무관리

재무관리는 일반 기업 경영에서는 조직에 필요한 자금의 조달 및 운용에 관한 것으로, 평생교육기관에서도 기관 운영을 위한 재무적 측면에서 아주 중요하다. 즉, 평생교육기관의 운영에 필요한 자금을 확보하고 지출하며 기관의 자산을 관리하는 일을 말한다. 여기에는 정부나 지자체의 각종 정책들을 수행하면서 받을 수 있는 예산의 규모를 측정하는 것, 학습자들의 학습비 등을 관리하고 적절한 곳에 활용하는 것 등이 포함된다.

◆ 마케팅 관리

마케팅 관리는 일반 기업 경영에서는 제품이나 서비스의 홍보, 판매에 관한 것으로, 평생교육기관에서는 프로그램에 대한 학습자들의 요구와 학습자 집단의 규모를 파악하고 기관이 가진 다양한 프로그램들을 어떻게 알리느냐가 굉장히 중요한 문제이다. 따라서 평생교육기관에서는 잠재적 학습자 집단이 어떤 프로그램을 얼마나 어느 정도 원하는지를 파악하여, 신속하고 정확하게 그 요구를 충족해 주어야 성공적인 운영이 가능할 것이다. 여기에는 개별 프로그램에 참여하고자 하는 학습자의 규모 파악, 각 프로그램에 대한 학습자 요구분석, 평생교육기관과 프로그램의 홍보 등이 포함된다.

다음으로, 앞에서 다룬 평생교육기관의 주요 기능 분야(업무 부문)인 과제 요소들을 성공적으로 수행하기 위해서는 기본적으로 따라야 할 절차가 있다. 즉, 경영활동 과정 요소는 계획 수립, 조직화, 지휘, 통제의 순환을 이룬다.

- **계획 수립**: 계획 수립(planning)이란 조직의 목표 달성을 위해 언제 어디서, 어떤 일을 어떻게 할 것인가를 결정하는 과정이다. 평생교육기관의 주요 기능 분야(업무 부문)에 대해 현재의 상황을 분석하고 목표를 세워 이를 달성하기 위한 전략과 계획을 수립하는 과정을 말한다. 계획 수립에는 프로그램 관리, 인적자원관리, 재무관리, 마케팅 관리에 관한 모든 것이 포함된다.
- **조직화**: 조직화(organizing)란 조직의 목표 달성을 이룰 수 있도록 조직 구성원 각자의 직무와 상호 간의 관계를 규정하는 것이다. 계획 수립을 통해 설정된 목표를 가장 효율적으로 달성하기 위한 조직을 구성하는 과정을 말한다. 각 부서 간의 효율적인 업무분장과 아울러 효율적인 의사소통과 의사결정을 위해 최적의 시스템을 구성하는 것이 조직화의 목적이라고 할 수 있다.
- **지휘**: 지휘(directing)란 조직의 목표를 달성하기 위하여 조직 구성원들에게 적절한 활동방향을 제시하는 과정이다. 경영자가 수행하게 될 관리활동으로써 지휘는 크게 리더십, 동기부여, 집단관리, 의사소통 등으로 나눌 수 있다. 평생

교육기관에서는 조직 구성원들이 자신의 업무를 효과적으로 수행할 수 있도록 지원하고 관리하는 과정이라 할 수 있다. 여기에는 직원의 동기유발, 원활한 의사소통, 의사결정 시스템의 유지 및 개선, 업무의 독려 등이 포함된다.

• 통제: 통제(controlling)란 계획에 의해 실행된 업무의 성취 수준이 계획에 기반한 기준 또는 표준에 도달하도록 하기 위해 계획과 실행 결과의 차이를 측정하고 그 원인을 밝히며 이를 시정하는 관리활동이다. 즉, 평생교육기관 각 부문의 활동들이 계획대로 실행되는지를 측정·평가하는 과정을 말한다. 평생교육기관의 경영을 성공적으로 수행하기 위해서는 현재의 활동이 원래 계획한 대로 차질 없이 수행되고 있는지에 대해 끊임없이 평가하고 개선 방안을 제시하는 것이 필요하다.

평생교육기관의 경영은 프로그램 관리, 인적자원관리, 재무관리, 마케팅 관리 등과 같은 세부적인 과제가 각각 계획 수립, 조직화, 지휘, 통제의 과정별 구성 요소에 따라 끊임없이 실행되는 순환과정이다. 즉, 프로그램 관리, 인적자원관리, 재무관리, 마케팅 관리 활동은 각각 별도의 계획 수립, 조직화, 지휘, 통제 활동이 수행된다. 따라서 평생교육기관의 경영은 전반적으로 이러한 경영의 과제 요소들과 과정요소들의 조합으로 구성되어 있다고 볼 수 있다(오혁진, 2021).

결론적으로, 평생교육기관 경영은 일반 기업처럼 경쟁을 통한 이윤추구에 신경을 쓰기보다는 학습자들의 삶의 질 향상과 공공성이나 사회적 가치의 실현이라는 관점에서 국민들에게 평생학습의 중요성을 심어 줄 수 있는 방향으로 전개되어야 할 것이다.

2. 평생교육기관 경영의 원칙

평생교육기관의 경영자는 어떤 원칙을 가지고 경영을 해야 하는가? 영리를 추구하는 기업은 내적인 자기규율과 자기책임의 원칙에 따라 자유로이 경영활동을 펼친다. 이윤에 대해서는 세금을 내면 되고, 소방이나 환경, 노동법 등의 법규를 준수해야 하지만 기본적으로 반사회질서, 불공정, 허위표시, 불법조건, 강행법규 위반과 같은 무효인 법률행위가 아니면 사적 자치의 원칙에 따라 영리적인 상행위를 자유로이 전개할 수 있다. 최근엔 기업이 갖는 영향력이 막강해지면서 '기업의 사회적 책임'에 대한 요청이 강해지고 윤리경영, 지속가능경영에 대한 사회적 압력이 거세지고 있다. 하지만 이러한 기업에 대한 사회적 책임은 강요라기보다는 자발성을 기초로 하는 윤리적 책임의 성격이 강하다. 그러나 평생교육기관은 「헌법」, 「교육기본법」, 「평생교육법」의 이념과 원칙에 따라 경영을 해야 하는 법적 의무를 진다. 평생교육기관의 경영은 소위 '공공적 가치' 내지 '공공성'과 생존과 성장을 위한 '수익 추구' 내지 '수익성'과의 조화가 필요하다. 이 점이 평생교육기관 경영이 기업 경영과 다른 특성이다. 법에서 정한 이념과 원칙은 평생교육기관 설립의 목적이고 존재 이유이기 때문에 평생교육기관의 경영자가 꼭 갖추어야 할 기본자세임은 물론 경영의 일관된 이슈가 되기도 한다.

여기서 말하는 평생교육기관 경영의 원칙은 "자연과학의 원리나 법칙처럼 객관성과 일반성의 정도가 높아 구체적 상황에 연역적으로 적용할 수 있는 보편성과 타당성을 가지는 것은 아니지만 경영의 실제 경험과 상식, 법규에서 추출한 규범적 원칙(원저에는 '원리'로 되어 있음. 영어로는 'principle'로 같음. 사람이 만든 규칙이란 점에서 원리보다는 원칙이란 말을 사용)인 것이다. 평생교육경영은 이론의 탐구와 학문연구와는 달리 당위성과 규범성 또는 가치 지향적 측면을 도외시할 수 없기 때문에 비록 과학적인 것은 아니지만 실무자에게 의사결정과 문제해결의 길잡이 노릇을 할 지침과 준거로서 원칙은 필요한 것이다"(남정걸, 2008, p. 46). 평생교육기관의 경영 원칙은 실무자에게 지침이 될 뿐 아니라 경영자의 기본적인 마음가짐으로 확고하게 체화되어야 할 규범이다.

1) 교육이념 및 평생교육 이념에 충실한 경영

「헌법」제31조 제1항은 "모든 국민은 능력에 따라 균등하게 교육을 받을 권리를 가진다."고 규정하고 제4항에서는 "교육의 자주성·전문성·정치적 중립성 및 대학의 자율성은 법률이 정하는 바에 의하여 보장된다."고 규정하고 있다. 이러한 헌법정신을 구현하기 위해 「교육기본법」과 「평생교육법」에서는 기회의 균등(「교육기본법」제4조 제1항, 「평생교육법」제4조 제1항), 자율성 보장(「교육기본법」제5조 제1항~제3항, 「평생교육법」제4조 제2항), 중립성 보장(「교육기본법」제6조 제1항과 제2항, 「평생교육법」 제4조 제3항), 평생학습권 보장(「교육기본법」 제3조와 제10조, 「평생교육법」 제4조 제4항과 제24조 제1항) 등의 이념과 원칙을 규정하고 있다. 국가 주도의 평생교육체제를 운영하고 있는 우리나라 평생교육 시스템은 법률에 규정된 교육 이념 및 평생교육 이념과 원칙을 준수하여 평생교육기관을 운영하여야 한다. 이것이 소위 '교육 법률주의' 내지 '교육 법정주의'이다. 이러한 입장은 학교의 평생교육에 대해 대표적으로 규정하고 있는 「평생교육법」 제29조 제1항에 잘 나타나 있다. 「평생교육법」 제29조 제1항은 "「초·중등교육법」 및 「고등교육법」에 따른 각급 학교의 장은 평생교육을 실시하는 경우 평생교육의 이념에 따라 교육과정과 방법을 수요자 관점으로 개발·시행하도록 하며, 학교를 중심으로 공동체 및 지역문화 개발에 노력하여야 한다."

(1) 기회균등의 원칙

기회균등은 평등사회를 지향하는 교육의 대원칙이다. 평등하지 못한 사회는 평화가 없고 평화가 없는 곳에서는 자유와 행복을 보장하기 어렵다. 「교육기본법」 제4조는 교육의 기회균등을 규정하면서 제1항에서 "모든 국민은 성별, 종교, 신념, 인종, 사회적 신분, 경제적 지위 또는 신체적 조건 등을 이유로 교육에서 차별을 받지 아니한다."고 규정하고 제2항에서는 "국가와 지방자치단체는 학습자가 평등하게 교육을 받을 수 있도록 지역 간의 교원 수급 등 교육 여건 격차를 최소화하는 시책을 마련하여 시행하여야 한다."고 규정하고 있다. 「평생교육법」 제4조 제1항에서는 "모든 국민은 평생교육의 기회를 균등하게 보장받는다."고 규정하고 있다.

「교육기본법」에서 규정하고 있는 '기회균등의 원칙'은 기본적으로 차별금지의 차원에서이지 '차이'의 해소 차원이 아니다. 다만 지역 간의 교육기회 불평등에 대해서만 '교육여건 격차'를 최소화할 수 있는 시책을 강구할 의무를 규정하고 있다. 기회균등은 사회제도의 제1덕목인 '정의'의 중요한 구성 요소이다. 롤스(Rawls, 2003)는 '기회균등'을 '평등한 자유의 원칙', '차등의 원칙'과 함께 정의의 구성 요소로 설정하고, 모든 사람에게 공직이나 사회적 지위에 오를 수 있는 정보가 공개되고 기회가 균등하게 주어져야 하는 것으로 본다. 타고난 능력의 차이는 인정하되 우연적인 것이므로 배타적인 소유권을 인정할 수 없고 따라서 그 결과에 대해서는 사회적으로 가장 약자에게 사회적인 배려가 가장 많이 돌아갈 수 있도록 재분배해야 한다는 것이 '공정으로서의 정의'이다. 교육이 미래의 직업과 인생을 결정하는 중요한 요인이기 때문에 교육의 기회균등은 평등사회와 자유민주주의 발전을 위해 매우 중요하다. 그런데 그동안 수차례의 미봉책적인 대학입시제도 개혁으로 공교육이 무너지고 사교육이 판을 침으로써 본인의 노력이나 능력이 아닌 부모의 경제력에 따라 교육기회가 극도로 차등화되고, '금수저 흙수저'니 '헬조선'이란 말이 유행되고, 개천에서 용 나는 시절은 끝났다는 자조가 나오고 있다. 학교교육이 오히려 교육기회 균등을 해치고 사회적 불평등을 심화시킨다는 비판이 제기되고 있다. 2014년에 「공교육 정상화 촉진 및 선행 교육 규제에 관한 특별법」이 제정·시행되었다고는 하나 공교육 현장에서의 교실붕괴현상은 막지 못하고 있다. 이런 점에서 교육기회 균등의 원칙은 소극적인 '차별의 금지'가 아니라 적극적인 '차이의 해소'로 관심이 옮아 갈 필요가 있다. 그래서 평생교육을 통해 교육기회의 균등을 확대하자는 방안이 제기되고 있다(남정걸, 2008; 장영수, 2018). 평생교육은 누구나 평생에 걸친 학습을 할 수 있고, 학교교육의 기회를 놓친 사람에게도 기회가 보장되며, 스마트 환경과 MOOC 등의 프로그램을 통해서 최고의 교수진으로부터 시간과 장소에 구애됨이 없이 교육을 받을 수 있는 '열린교육제도'로 발돋움했기 때문이다.

(2) 자율성 보장의 원칙

「평생교육법」 제4조 제2항에서는 "평생교육은 학습자의 자유로운 참여와 자발적인 학습을 기초로 이루어져야 한다."는 평생교육의 자율성 보장에 대한 이념을 천명하고 있다. 평생교육은 학습자가 스스로의 필요에 의해 프로그램을 선택하고 참여하는 자기주도학습과 자율성을 특색으로 한다. 이러한 평생학습을 지원하는 것이 평생교육인 만큼 평생교육기관의 경영자는 학습자의 요구를 기민하게 파악하여 프로그램을 개발하고 네트워킹을 확충하고 시설과 장비를 갖춰 나가는 노력을 경주해야 평생교육이 진흥될 수 있다.

자율성은 학습자뿐 아니라 공급자의 입장에서도 법적으로 보장되어 있다. 「평생교육법」 제6조에 의하면 "평생교육의 교육과정·방법·시간 등에 관하여 이 법과 다른 법령에 특별한 규정이 있는 경우를 제외하고는 평생교육을 실시하는 자가 정하되 학습자의 필요와 실용성을 존중하여야 한다."고 규정하고 있다.

여기서 교육의 자주성과 자율성은 어떤 차이가 있는지 정리할 필요가 있다. 「헌법」에서는 교육의 자주성·전문성·정치적 중립성을 묶어서 표현하고 있고 자율성은 '대학의 자율성'으로 따로 언급하고 있다. 대학의 구성원들은 성인들이고 학문연구를 통한 진리탐구를 본분으로 하기 때문에 교과목의 편성, 행정조직의 구성, 교수임용, 학생자치와 운영참여 등에서 자율적이다. 반면 초중등교육에서는 교과목, 행정조직 구성, 교원임용, 학생들의 학교운영 참여 등은 엄격히 제한되어 있다. 교육의 자주성은 대학이든 초중등학교든 보장되는데 헌법재판소에 의하면 "교육의 자주성은 교육행정기관에 의한 교육내용에 대한 부당한 권력적 개입을 배제하는 것을 의미한다." 이는 곧 교육의 전문성을 존중하는 것이며 정치적 중립성과 맞물려 있는 개념임을 알 수 있다. 따라서 '교육의 자율성'이란 '교육의 자주성'이 기본적으로 바탕이 되어 있는 상태에서 대학이나 평생교육에서처럼 교과목과 내용, 교육방법, 시간 등을 자율적으로 정하고 학습자의 선택권을 보장하는 것임을 알 수 있다.

(3) 중립성 보장의 원칙

「평생교육법」 제4조 제3항에선 "평생교육은 정치적 · 개인적 편견의 선전을 위한 방편으로 이용되어서는 아니 된다."고 하여 평생교육의 '중립성 보장'의 이념을 규정하고 있다. 「교육기본법」에서는 제6조 제1항에서 "교육은 교육 본래의 목적에 따라 그 기능을 다하도록 운영되어야 하며 정치적 · 파당적 또는 개인적 편견을 전파하기 위한 방편으로 이용되어서는 아니 된다."고 규정하고, 제2항에서 "국가와 지방자치단체가 설립한 학교에서는 특정한 종교를 위한 종교교육을 하여서는 아니 된다."는 교육의 중립성 규정을 두고 있다. 「교육기본법」과 「교육기본법」에서의 '중립성 보장'은 「헌법」 제31조 제4항에서의 "교육의 자주성 · 전문성 · 정치적 중립성 및 대학의 자율성은 법률이 정하는 바에 의하여 보장된다."는 규정을 구현하기 위해서이다.

교육의 자주성 · 전문성 · 정치적 중립성을 헌법이 보장하고 있는 이유에 대해 헌법재판소는 "교육의 자주성 · 전문성 · 정치적 중립성을 헌법이 보장하고 있는 이유는 교육이 국가의 백년대계의 기초인 만큼 국가의 안정적인 성장 발전을 도모하기 위해서는 교육이 외부 세력의 부당한 간섭에 영향 받지 않도록 교육자 내지 교육전문가에 의하여 주도되고 관할되어야 할 필요가 있다는 데서 비롯된 것이라고 할 것이다. 그러기 위해서는 교육에 관한 제반정책의 수립 및 시행이 교육자에 의하여 전담되거나 적어도 그의 적극적인 참여하에 이루어져야 함은 물론 교육방법이나 교육내용이 종교적 종파성과 당파적 편향성에 의하여 부당하게 침해 또는 간섭당하지 않고 가치 중립적인 진리교육이 보장되어야 할 것이다. 특히, 교육의 자주성이 보장되기 위하여서는 교육행정기관에 의한 교육내용에 대한 부당한 권력적 개입이 배제되어야 할 이치인데, 그것은 대의정치(代議政治), 정당정치하에서 다수결의 원리가 지배하는 국정상의 의사결정 방법은 당파적인 정치적 관념이나 이해관계라든가 특수한 사회적 요인에 의하여 좌우되는 경우가 많기 때문이다. 인간의 내면적 가치 증진에 관련되는 교육문화 관련 분야에 있어서는 다수결의 원리가 그대로 적용되는 것이 바람직하지 않다는 의미에서 국가의 교육내용에 대한 권력적 개입은 가급적 억제되는 것이 온당하다."(헌재결 1992. 11. 12. 89헌마88)라고 판시하고 있다.

교육에 있어서의 정치적 중립성은 개인적 편견의 전파나 사리사욕의 목적에 이용되어서는 안 된다는 취지이지 국가 발전을 위한 시민의식교육이나 정치교육을 배제하는 것은 아니다(남정걸, 2008). 평생교육기관 경영자는 중립성을 해치는 기도가 있는지를 모니터링해서 신속하게 대처해서 예방해야 한다. 잘못된 프로그램 하나가 평생교육기관의 이미지를 망치고 경영을 위기로 몰아넣을 수 있기 때문이다.

(4) 평생학습권의 보장

학습은 성장과 발달의 원천이며 생존의 필수 역량이다. 학습은 완벽하지 않은 존재적 특성으로 인해 평생에 걸쳐 발달해야 하는 과제를 안고 있는 인간에겐 평생학습권으로 자리매김된다. 따라서 학습권이란 실정법의 근거가 필요치 않은 인간의 기본권이지만 실정법의 규정을 통해 권리를 명확하게 천명하고 국가와 사회에 대해 평생학습을 보장할 수 있는 조건을 갖출 의무를 지우게 되는 것이다. 우리나라 「교육기본법」 제3조에는 '학습권'이라는 조문 명칭하에 "모든 국민은 평생에 걸쳐 학습하고, 능력과 적성에 따라 교육 받을 권리를 가진다."고 규정하고, 제10조에서는 '평생교육'이란 조문 명칭하에 "전 국민을 대상으로 하는 모든 형태의 평생교육은 장려되어야 한다."고 규정하고 있다. 평생교육기관의 경영자는 평생학습권을 보장하기 위한 사명을 갖고 학습자의 필요와 실용성이 존중될 수 있도록 시의적절하고 질 높은 프로그램을 개발하여 보급 운영하는데 최선을 다해야 한다는 것을 반드시 명심해야 한다.

참고로 성인교육을 위한 유네스코 권고(유네스코 1985: 1985년 파리에서 열린 성인교육에 관한 제4차 국제회의에서 선언된) 중 '학습권'의 내용을 살펴보자. "학습권은 개인의 성장과 시민의 발전을 위한 전제 조건 중 하나로서 다음과 같이 정의된다.

- 읽고 쓸 권리
- 질문하고 분석할 권리
- 상상하고 창조할 권리
- 자신의 세계를 읽고 역사를 쓸 권리
- 교육 자원에 접근할 수 있는 권리
- 개인 및 집단 기술을 개발할 권리

1985년 유네스코 선언에 따르면 이러한 학습권은 다른 모든 기본권이 충족되면 미래의 어떤 날을 위해 아낄 수 있는 사치품이 아니다. 배울 권리 없이는 인간의 발전도 있을 수 없다. 학습권은 인종, 종교적 견해, 사회적 지위에 관계없이 모든 사람의 양도할 수 없는 권리로 인정되어야 한다. 요컨대, 유네스코 선언은 이 권리를 인류의 근본적인 문제를 해결하기 위한 최선의 기여 중 하나로 보고 있다"(Langelid, Maki, Raundrup, & Svenson, 2009, p. 152).

① 학습권의 양상

권두승과 최운실(2016)은 학습권의 제 양상 중 시민의 학습권, 주민의 학습권, 노동자의 학습권, 아동 · 청소년의 학습권 등 4개를 중요한 것으로 보고 설명하고 있다.

먼저, 시민의 학습권과 관련하여, 「평생교육법」에서는 시민참여교육을 중요한 평생교육의 영역으로 설정하고 있다. 민주주의는 주권자로서의 권리와 의무를 자각한 시민의 감시하에 발전할 수 있다. 감시가 없는 곳에는 반드시 탐욕의 독버섯이 자라고 독재와 부패로 치닫는다. 그래서 민주시민교육은 시민의식과 함께 웬만한 국가기밀을 제외하고는 국정을 속속들이 알 수 있는 권리와 그것을 보장할 수 있도록 정보가 공개되고 접근될 수 있어야 한다. 시민교육은 시민들이 좀 더 똑똑해지게 하는 교육으로서 매스컴과 다양한 매체로부터의 대중조작 또는 여론조작에 속지 않는 진리의 시각을 틔우는 게 중요하다. 적어도 정치에서 만큼은 지지정당이나 지지정치인에게 '무조건 지지' 식의 주인이길 포기하고 스스로 특정 정당이나 정치인의 노예로 전락하여 건강하고 합리적인 판단을 마비시키고, 주권자끼리 분열되는 우(愚)를 범하지 않는 학습이 필요하다. 포퓰리즘과 중우정치야말로 민주주의의 가장 큰 적이 될 수 있다는 것을 역사를 통해 배울 필요가 있다. 진리의 시각은 과학하는 정신, 학문하는 정신으로 편견을 배제하고 중립적인 입장을 갖는 게 중요한데 이것은 냉정한 이성이 바탕이 된다. 냉정한 이성이야말로 민주주의를 지키는 보루라 할 것이다.

다음으로 주민의 학습권은 정민승과 허준(2020)이 말하는 평생교육기관 경영의 '지역성의 원리'와 상통하는 것이다. 평생교육이 구현되는 방식은 삶의 현장인 지역사회를 통해서이다. 자녀교육과 학교 운영에의 참여, 노약자를 위한 봉사, 평생교육자원의 활용을 위한 네트워크 구축, 주거 및 생활환경 개선과 보호, 학습동아리 등 우선 내가 사는 지역을 살기 좋은 곳으로 만드는 활동이 일어나고 촉진되도록 돕는 평생학습·평생교육활동이야말로 지속 가능한 교육의 핵심이 될 것이다.

그다음으로 노동자의 학습권은 1965년 ILO에서 '유급교육휴가'에 대한 결의를 채택한 이후 직업기술훈련에 대한 권리, 청년 노동자의 권리 존중 등 다양하게 발전해 왔다(권두승, 최운실, 2016). 「평생교육법」 제8조에는 "국가·지방자치단체와 공공기관의 장 또는 각종 사업의 경영자는 소속 직원의 평생학습기회를 확대하기 위하여 유급 또는 무급의 학습휴가를 실시하거나 도서비·교육비·연구비 등 학습비를 지원할 수 있다."고 규정하고 있다.

끝으로, 아동·청소년의 학습권에 대해서는 그 중요성이 워낙 커서 '교육에 대한 권리(the right to education)'의 핵심 대상으로 학교교육제도를 통해 보장하고 있고 평생교육으로는 추가교육(further education), 계속교육(continuing education) 또는 원격교육의 형태로 뒷받침하고 있다.

② 학습자에 대한 사회적 대우

「평생교육법」은 국민의 평생교육을 촉진하기 위하여 「평생교육법」 제4조 제4항에서 "일정한 평생교육과정을 이수한 자에게는 그에 상응하는 자격 및 학력인정 등 사회적 대우를 부여하여야 한다."고 평생교육의 이념 중 하나로 규정하고 있다. 이것은 개정(2021. 9. 24.) 「교육기본법」 제10조 제2항에서 "평생교육의 이수(履修)는 법령으로 정하는 바에 따라 그에 상응하는 학교교육의 이수로 인정될 수 있다."는 조항을 뒷받침하고 있다. 학습을 촉진하기 위한 동기부여를 법적으로 제공하고 있는 매우 이례적인 규정이다. 학습은 생존과 성장을 위한 필수 활동으로 당연한 권리이자 생활인의 책무로서 자율에 맡겨 둘 사항인데 굳이 학습한 사람에 대한 사회적 대우를 부여한다는 규정을 둔다는 것이 어색하다고 느껴질 수 있다. 하지만 평생학습을 진흥·촉진시킨다는 것은 개인의 발전뿐 아니라 국가 발전에 너무나 중차대한 과업이라는 것을 반증하는 것이기도 하다. 평생학습자에 대한 사회적 대우는 「평생교육법」 제23조 제1항의 "교육부장관은 국민의 평생교육을 촉진하고 인적 자원의 개발·관리를 위하여 학습계좌(국민의 개인적 학습경험을 종합적으로 집중 관리하는 제도를 말한다)를 도입·운영할 수 있도록 노력하여야 한다."는 학습계좌에 관한 규정으로 뒷받침되고 있다.

평생교육기관의 경영자는 평생학습자들에게 평생학습계좌제 활용에 대한 교육을 미리 주지시키고, 당해 프로그램을 수강한 후 평생학습계좌에 학습 이력으로 등록하여 불이익을 받지 않도록 해야 할 의무가 있다 하겠다.

(5) 경영과정의 윤리성 보장

「교육기본법」에서는 학습자로서 학생의 윤리(제12조 제3항), 교원의 윤리(제14조 제3항)와 함께 교육과정에서 요구되는 국민의 윤리의식 확립(제17조의 3)을 규정하고 있다. 즉,「교육기본법」제17조의 3은 '학습윤리의 확립'이란 조문의 명칭하에 "국가와 지방자치단체는 모든 국민이 학업·연구·시험 등 교육의 모든 과정에 요구되는 윤리의식을 확립할 수 있도록 필요한 시책을 수립·실시하여야 한다."고 규정하고 있는 것이다. 이 조문은 '모든 국민'과 '윤리의식 확립'에 방점을 찍으면 조문의 명칭과 같이 '학습자로서 요구되는 국민의 윤리의식'이라고 볼 수 있지만 '학업·연구·시험 등 교육의 모든 과정에 요구되는 윤리의식'에 방점을 찍으면 평생교육기관이나 평생교육기관 경영자 역시 모든 국민에 포함되기 때문에 평생교육기관의 경영과정에서도 윤리성 내지 교육성이 보장되도록 해야 한다는 의미로 읽힐 수 있다. 이런 측면에서 평생교육기관의 경영과정에서의 윤리성 보장을 몇 가지 언급코자 한다.

첫째, 교육은 말로서가 아니라 모범 사례를 통해 보고 배운다(이광수, 1997). 그래서 평생교육을 실시하는 평생교육기관이 그 운영하는 프로그램의 내용과 일치되게 경영도 교육적으로 이루어져야 한다. 편법이나 술수가 아닌 가성비로 승부하는 정도경영, 민주시민 교육을 실시하는 교육기관답게 운영에 있어서의 민주성 확립, 가치중립적인 진리교육을 해 나가는 전문성, 기업윤리를 교육하는 기관답게 회계부정이 없는 깨끗한 경영이 이루어져야 한다.

둘째, 「교육기본법」 제12조 제1항에서는 "학생을 포함한 학습자의 기본적 인권은 학교교육 또는 평생교육의 과정에서 존중되고 보호된다."고 규정하고 있다. 기본적 인권보장은 알 권리를 충족시켜 주기 위한 학습권으로서 전술한 바 있다. 질문하고 분석할 권리, 교육 자원에 접근할 수 있는 권리, 개인 및 집단 기술을 개발할 권리에 유의할 필요가 있다. 교육과정에서 폭언이나 비속어 사용, 인격비하, 성차별적 발언에 특히 유의하고 생리적 욕구 해소와 시설적 배려, 방음이나 악취 차단과 같은 쾌적한 환경의 조성, 전염병 예방조치 등에 유의할 필요가 있다.

셋째, 공공 평생교육시설 운영에 있어서의 주민참여가 보장되어야 한다(권두승, 최운실, 2016). 국민세금으로 운영되는 공공시설에서 특별히 요구되는 교육수요자의 참여권, 가르치는 자와 배우는 자를 구별하지 않고 배우면서 가르치는 학습자 주도형 교육일 때 학습자의 요구가 시의적절하게 교육에 반영된다는 점에서 긍정적인 검토가 필요하다(신영재, 2012; 신영철, 2014; Constantine, 2018).

2) 지속 가능한 경영: 공공성과 수익성의 조화

평생교육기관의 핵심 활동은 평생교육 프로그램을 개발하여 운영하는 것이다. 따라서 교수–학습활동을 지원하는 것이 본업이다. 프로그램을 통해 개인의 자기실현을 돕고 나아가 삶을 풍요롭게 할 수 있는 사회적 가치를 창출하는 것이 목적이다. 「교육기본법」이나 「평생교육법」에 규정된 이념에 충실한 경영을 하는 것은 공익성의 요구이고 이것은 기본이다. "교육은 사회환경을 집합적으로 창조하는 활동이기 때문에 평생교육기관들은 교육적 공공성을 기본 원리로 교육을 기획하고 추진해야 한다"(정민승, 허준, 2020, p. 17). 그리고 환경 변화에 적응할 수 있도록 끊임없이 고객의 의견을 듣고 새로운 테크놀로지를 도입하고, 효율적인 운영을 통하여 고객 신뢰를 받아야 잠재고객과 충성고객이 확보되어 안정적인 수입을 올릴 수 있고 지속 가능한 경영이 기약될 수 있다. 그런데 문제는 기회균등을 보장하고 학습권을 보장하는 공공성을 추구할수록 교육비를 높게 책정할 수 없어 재정안정성이 위협을 받는다는 것이다. 이 문제가 해결되지 않으면 우리나라 평생교육 프로그램은 저질의 고만고만하고 비슷비슷한 주제와 내용으로 넘쳐날 것이라는 것이다. 이것은 결국 전문성을 떨어뜨리고 평생교육에 대한 신뢰를 저하시키게 될 것이다. 한 가지 해법은 민간 평생교육시설을 육성해서 고품질의 프로그램을 개발하고 운영할 수 있도록 지원할 필요가 있다는 것이다. 그렇게 되려면 공공 부문에서 직접 프로그램을 개발 운영하지 말고 그 예산을 고품질 부문에 지원해서 단가를 낮춰서 학습자가 쉽게 접근하도록 하는 방안이 강구될 필요가 있다. 교육, 특히 인성교육이나 도제교육은 효과가 장기에 걸쳐 나타나고 배움과 함께 익혀야 하는 추수성(follow-up, 후속조치라고도 함)이 있어서 훌륭한 프로그램에는 팬덤(fandom)이 생기고 자원봉사자들이 생겨나 자연히 이들과 함께 집단적으로 프로그램이 운영된다. 이렇게 되면 운영인건비가 절감되므로 고품질의 프로그램이 장려될 수 있다. 훌륭한 프로그램과 그것을 개발하고 운영하는 훌륭한 프로그램 리더의 존재는 경쟁력의 크나큰 원천이 된다(최은수, 배석영, 2008). 특히, 공공기관이 아닌 민간 평생교육기관은 사업계획, 프로그램의 질적 수준, 참여인력의 수준, 장비와 시설, 업력 등에 대해 평가를 받아 경쟁에서 이겨야 사업 참여를 할 수 있다. 경쟁력을 기르는 것이야말로 안정적인 재정확보 속에서 지속 가능한 경영을 가능하게 해 주는 바탕이 된다. 공공기관인 평생교육기관의 경우에도 경쟁력 강화 노력을 꾸준히 해 나가야 '신뢰받고 번영하는' 조직이 될 것이다. 만약 이러한 노력을 게을리할 경우 공공기관 형태보다는 민간시설의 형태나 민간위탁의 형태로 전환하라는 압력을 지속적으로 받게 될 가능성이 있다.

경쟁환경 속에서 현재 모든 조직과 경영자가 직면하고 있는 공통된 변화에 주목할 필요가 있다. 로빈스 등(Robbins et al., 2021)은 공통된 변화로서 "고객, 혁신, 소셜미디어, 지속 가능성의 중요성"(p. 14) 등 네 가지를 꼽고 있다. 이들에 대해 차례로 살펴보기로 한다.

(1) 고객

주민자치센터의 경우 주민들이 얼마나 프로그램에 참여하고 프로그램에 대해 호의적 감정을 갖고 있느냐에 따라 프로그램의 성공 여부를 측정하고 지속 여부를 결정하고 있었는데(신영재, 2012, p. 233), 결국 고객만족도가 프로그램의 성공 여부로 작용하고 있다는 것을 알 수 있다. 그런데 비슷한 수준의 프로그램일 경우 고객만족에 제일 중요한 요소는 종사자(staff)의 태도와 행동이다. 그리고 스태프의 직무 몰입과 헌신에 가장 중요한 요소는 급여나 복리후생, 근로조건이 아니라 직속상사와의 관계이다(Robbins et al., 2021). 사람은 주린 배는 참을 수 있어도 사랑의 고픔은 참기 어렵다. 경영자는 그 구성원을 존엄한 존재로 존중하고 전문성과 업적을 인정하고 배려하는 세심함이 필요하다.

(2) 혁신

번영하려면 혁신해야 한다. 생존하고 성장한다는 것은 낡은 피부가 새로운 세포로 교체되는 과정이듯이 환경변화에 적응한다는 의미는 곧 혁신을 의미한다. 평생교육기관 경영자의 경우에는 주로 테크놀로지의 변화, 언택트 상황, 인구통계학적 변화, 고객 관심의 변화, 정책의 변화에서 혁신의 요구가 온다. 주력상품인 프로그램의 비중이 끊임없이 변화되고 진행방법도 변화되면서 조직구조도 변화를 겪는다. 혁신이란 낡은 피부를 벗겨내고 가죽을 새롭게 바꾸는 것이니만큼 엄청난 고통이 따른다. 저항도 크고 성공하기 쉽지 않고 많은 노력이 들어간다. 구성원에게 혁신의 필요성을 인식시키고 혁신의 일상화 마인드를 심어 주는 게 가장 큰 과제이다. 마음가짐을 바꾸고 한 방향의 철학을 공유하는 사람과 함께하는 것이 혁신의 요체다(이나모리 가즈오, 2021).

(3) 소셜미디어: 테크놀로지 수용의 민감성

민츠버그(Mintzberg, 1973)는 10가지 경영자 역할 중 대변인(spokesperson) 역할에 대해 '경영자는 자신의 조직을 효과적으로 대변하고 존경을 받기 위해 조직과 환경에 대한 최신 지식을 보여 주어야 한다.'고 했다. 평생교육기관 경영자는 늘 첨단 테크놀로지를 프로그램 운영에 접목해야 한다. 그래야 존경을 받고 감탄을 자아내게 할 수 있다. 구식의 테크놀로지를 사용하는 순간 신뢰가 떨어지고 멸시를 받게 된다. 많은 조직들이 소셜미디어를 활용해 구성원을 관리하고 혁신적인 아이디어나 역량을 이끌어 내는 도구로 이용하고 있다.

(4) 지속 가능성의 중요성

평생교육기관의 경우 지속 가능성은 지속가능성장목표(SDG) 관련 CSR(기업의 사회적 책임)나 ESG(환경 사회 거버넌스)와 같이 평생교육 프로그램에 반영할 어젠다이다. 지속 가능성은 경영자의 공통 관심사로서 중요한 일이 되었다.

**토론
문제**

1. 평생교육경영 개념의 두 차원, 즉 평생교육기관의 경영과 평생교육 원칙에 의한 조직경영에 대해 토론하시오.
2. 평생교육기관의 경영과 일반 기업의 경영의 유사점과 차이점에 대해 토론하시오.
3. 평생교육기관을 좀 더 효과적이고 효율적으로 관리하기 위한 경영활동 과제 요소와 경영활동 과정 요소에 대해 토론하시오.

참고문헌

권두승, 최운실(2016). **평생교육경영론(2판 2쇄)**. 경기: 교육과학사.

김용현, 성낙돈, 윤여각, 이상오, 정기수(2018). **평생교육경영론**. 경기: 양서원.

김인숙, 리상섭, 박제일, 최손환, 김창환(2020). **평생교육경영론**. 경기: 양서원.

김한별(2019). **평생교육론**. 서울: 학지사.

남정걸(2008). **평생교육경영학(개정판 2쇄)**. 경기: 교육과학사.

신영재(2012). 주민자치센터 평생교육 프로그램 개발과정과 영향요인 탐구: 근거이론적 연구. 숭실대학교 대학원 박사학위논문.

신영철(2014). 지역사회 중심의 평생교육 실천 모형: 평창군 사례중심으로. **한국사상과 문화**, 74, 331-353. UCI: G704-000697.2014..74.007.

오혁진(2021). **평생교육경영론**. 서울: 학지사.

이광수(1997). **도산 안창호(초판 2쇄)**. 서울: 범우사.

이나모리 가즈오(2021). **왜 리더인가**(김윤경 역). 다산북스.

이향란(2020). **평생교육경영론**. 서울: 공동체.

장영광, 정기만(2021). **생활 속의 경영학**. 서울: 신영사.

장영수(2018). '교육의 기회균등'의 헌법적 의미와 개선방안. **고려법학**, 89, 1-41.

정민승, 허준(2020). **평생교육경영론(개정판 5쇄)**. 서울: 한국방송통신대학교 출판문화원.

최은수, 배석영(2008). **평생교육경영론**. 경기: 양서원.

Constantine, C. (2018). Implementing the Learner-Designed Individual Program Style in Physical Education. *Strategies: A Journal for Physical and Sport Educators, 31*(2), 19-25.

Langelid, T., Maki, M., Raundrup, K., & Svenson, S. (2009). 8.3 UNESCO Recommendations for adult education (UNESCO 1985). In T. Langelid, M. Maki, K. Raundrup and S. Svenson, *Nordic prison education: A lifelong learning perspective* (p. 152). Copenhagen: Nordic Council of Ministers.

Mintzberg, H. (1973). *The Nature of Managerial Work.* NY: Harper & Row.

Rawls, J. (2003). 정의론(*A theory of justice*, 황경식 역). 이학사. (원저 1999년 출판).

Robbins, S. P., Coulter, M. A., & De Cenzo, D. A. (2021). 경영학원론(제11판)(*Fundamentals of Management*, 양동훈, 임효창, 조영복 공역). 시그마프레스. (원저 2021년 출판).

제 **2**장

평생교육경영의
시스템적 접근

기업에 공장, 기계, 시설만 있고 사람이 빠져 있다면 그 기업은
진정한 기업이라고 할 수 없다. 기(企)자는 '기업(企)에 사람(人)이
빠지면 멈춰 선다(止)'라는 의미로 볼 수 있다. 이 말은 경영이론가
체스터 버나드(Chester I. Barnard)가 "기업은 사람으로 구성되고,
사람에 의해 운영되고, 사람을 위해 서비스하는 시스템이다."
라고 말한 것과 같은 맥락이다.
-마쓰시타 고노스케-

[학습목표]

....

1. 개방 시스템 모형을 이해할 수 있다.
2. 평생교육기관 경영을 시스템 접근으로 이해할 수 있다.

[학습개요]

....

시스템 이론이 일반화되었다는 것은 조직체를 시스템으로 파악하는 것이 하나의 '관점'이 아니라 '현실'이란 뜻이다. 조직체를 시스템으로 접근하지 않으면 놓치는 게 많을 수 있다는 것을 시사한다. 생명체와 생명현상으로부터 출발한 시스템 이론이 세포나 장기처럼 사람(또는 사물)과 하위단위로 구성된 조직체 일반으로 확장되는 것은 직관적으로 이해하기 어려운 것은 아니라고 본다. 시스템 이론이 설득력을 갖는 것은 인과의 법칙에 부합하기 때문이다. 인과의 법칙에 의하면 세상에 공짜는 없다. 즉, 뭔가 변화를 이루고 성장과 발전을 도모하기 위해서는 그에 합당한 비용을 치러야 한다. 비용은 투입(input)으로 볼 수 있고, 기대하는 변화의 결과는 산출(output)과 결과(outcome)로 볼 수 있다. 인간이나 조직과 같은 시스템에서 학습과 변화, 목표의 달성, 삶의 전환, 리더십 개발 등 변화의 과정을 다루는 데 체제론적 접근이 강력한 도구가 될 수 있다.

시스템 접근은 특정 목표를 향해 문제의 모든 측면을 조정하려는 체계적인 시도이다. 마치 손가락에 가시가 하나가 박히면 온 몸이 아파서 몸 전체가 가시를 빼기 위해 움직이는 것과 같은 이치이다. 시스템을 구성하는 모든 구성체들은 서로 긴밀하게 연결되어 상호작용하면서 개체적 기능과 전체적 목표를 동시에 달성하기 위해 움직인다. 모든 경영은 경영목표를 가장 효율적이면서도 효과적으로 달성하려는 활동과정이다. 즉, 시스템적 과정인 것이다. 효율성과 효과성의 개념이 시스템 접근을 통해 분명히 드러난다. 평생교육기관의 경영을 시스템적으로 접근할 때 우리에게 무엇을 보여 주는지 이 장을 통해 확인할 수 있기를 기대한다.

우리는 상호 연결된 존재로 살아간다. 어떤 외부의 도움을 받지 않고 혼자서 독립적으로 존재할 수 있는 것은 스스로 존재할 수 있는 절대 근원에서나 가능하다. 그래서 상대 세계에서 상호 연결된 존재로서 생존하고, 성장하는 생명체나 조직을 상호작용의 흐름에 초점을 맞추어 '인과의 순환'으로 파악하는 것은 지극히 자연스러운 일이다. 인체를 생각해 보자. 우리가 살아가기 위해서는 음식을 비롯한 생활 자료가 투입되어야 하고, 이것을 소화하고 활용하는 과정을 거쳐 생존하고, 성장하고, 노폐물은 버려지지만 다시 분해되어 다른 누군가의 먹이가 되고 생활 자료가 되어 순환된다. 외부 투입 → 변환 과정 → 산출 → 피드백(환류)의 과정을 거치면서 돌고 돌아가는데 전체적으로 에너지 보존의 법칙이 지켜지므로 지속적인 순환이 가능해진다. 생존하고 성장하는 개체는 이러한 순환과정을 거치는데, 각 개체들은 그보다 더 작은 개체들로 구성되어 있고, 또한 그가 속한 큰 단위의 조직체의 구성원이 된다. 개체란 일정한 경계(boundary)를 가지면서 인과적 순환과정을 거치는 구성체를 말한다. 여러 부분들로 이루어진 전체, 또는 여러 요소들의 총체를 그리스어로 'systema'라 불렀는데(최은수, 배석영, 2009), 인체와 같은 생명체나 사람들로 구성된 사회조직을 'systema'로 파악하는 것이 '시스템 이론(systems theory)', 즉 '체제론'이다.

체제론적으로 접근하면 전체적인 맥락에서 조직경영을 바라볼 수 있고, 어떤 문제가 발생했을 때 전체적인 맥락 속에서 문제의 핵심을 파악하여 근본적인 처방이 가능하다는 장점이 있다. 그래서 생존과 성장을 도모하는 조직경영의 입장에서는 체제론적 접근이 필요하고 여기서는 평생교육기관의 경영을 체제론적으로 살펴보기로 한다.

1. 시스템 이론

사회구성체는 개인과 조직으로 나뉜다. 조직은 대개 2인 이상의 개인이 모여 이루어지지만 1인 조직도 가능하다. 1인 법인조직도 설립 가능하다. 그래서 조직의 본질은 구성원의 숫자가 아니라 조직의 운영이나 활동에 있다는 것을 알 수 있다. 지금 우리가 다루는 평생교육기관 역시 조직이다. 조직(organization)이란 말은 중

세 라틴어 'organizationem'에서 온 말인데, 이것은 신체기관 또는 유기체를 뜻하는 'organum(organ)'을 동사화한 'organizare(조직화하다)'의 과거분사를 어간으로 하여 '조직화된 것'이란 의미를 가지고 있다. 15세기 초반엔 '신체나 그 부분들의 구조'란 의미로 쓰이다가 15세기 중반부터 '유기적인 전체 속에서 부분들이 배열되고 조직화되는 행위 또는 과정'의 의미가 더해졌다. 조직이란 말은 1873년부터 '시스템(system), 기성체제(establishment), 헌법(contitution)'이란 의미를 갖게 되었다(Online Etymology Dictionary). 조직이란 말 속에 이미 '부분들이 모여서 이루어진 전체'라는 '시스템'의 개념이 포함되어 있기 때문에 조직경영에 접근할 때는 '시스템 이론'의 관점을 반드시 짚어 볼 필요가 있다.

'시스템 이론(systems theory)'('체제이론'으로 번역됨)은 1937년 오스트리아 생물학자 버탈란피(Bertalanffy)가 생명현상을 설명하기 위해 '시스템 이론'을 개발하기 시작한 이후 생물학을 넘어 사회체제이론(Parsons, 1951; Getzels & Guba, 1957), 행정조직과 의사결정(Simon, 1947), 정책결정 과정과 분석(Easton, 1957; Sharkansky, 1982), 교육(Kaufman, 1968)에 적용되었고, 1968년에 모든 조직적 현상에 적용될 수 있는 일반이론으로 발전시켰다(Bertalanffy, 1968). 버탈란피는 시스템을 '상설적인 관계에 있는 요소들', 즉 '상호 관련되어 있고 상호 의존적인 부분들로 이루어진 조직체'로 보았다(Stalter, Phillips, Ruggiero et al., 2017). 또 워커(Walker, 1980)는 시스템을 '상호작용 속에 있는 요소들의 복합체'(p. 145)로 보았고, 루트비히와 후만파(Ludwig & Houmanfar, 2012)는 시스템을 '궁극적으로 서브 시스템의 개발과 유지를 통해 환경적 요구(소비자, 경쟁, 경제, 정부 정책 등)를 충족함으로써 생존하는 적응형 실체'로 보았다. 그리고 조직을 '구성원과 환경 간의 상호작용을 조정하는 행동 시스템'으로 보았다(Ludwig & Houmanfar, 2012). 모든 시스템은 공간과 시간에 의해 제한되고, 환경의 영향을 받으며, 구조와 목적에 의해 정의되며, 기능을 통해 표현된다(Beven, 2006). 카우프만(Kaufman, 1972)은 "필요에 의하여 요구되는 결과 또는 산출을 얻기 위하여 서로 상호작용하면서 독립성을 유지하고 작용하는 부분들의 총체"(최은수, 배석영, 2009, p. 66)로 보았다. 정민승과 허준(2020)은 시스템을 "공동의 목표를 달성하기 위하여 상호작용하는 여러 부분들 간의 통합체"(p. 54)로, 최은수와 배석영(2009)은 "투입과 산출이 하나의 테두리 안에서 질서를 가지고 있는 가운데 상호작용하는 집합체로 다른 체제와 구별되는 것"(p. 66)으로 정의했다. 따라서 시스템이란 "일정한 경계를 가지고 하나의 집단의식을 공유하면서 여러 단위들이 기능적으로 상호작용하면서 결합되어 있는 통합체"를 말한다. 상위 시스템은 하위 시스템으로 구성되어 있고, 상위 시스템은 하위 시스템의 환경이 된다. 상하 시스템의 연결과 결합은 중첩적이며 기능적 관계로 되어 있다. 만약 시스템들 간의 관계가 기능적이지 못하면 그 시스템은 효과적으로 작동되지 못하며 결국 도태된다. '시스템 이론'이 일반이론으로 발전할 수 있었던 것은 모든 조직이나 시스템이 생존과 성장 그리고 보다 큰 존재 이유인 사회적 책임을 추구하고 있다는 것과 그 작동방식이 인과의 법칙을 따르고 있기 때문이다. 인과의 법칙이란 세상에 공짜가 없다는 말과 같다. 생존과 성장, 사회적 책임을 다하기 위해서는 그에 상당하는 대가를 지불해야 한다. 그 대가는 비용이라 부를 수도 있고 투입(input)이라 부를 수도 있다.

1) 일반 시스템 이론

버탈란피가 일반 시스템 이론(general system theory)을 생각한 것은 세상의 문제들이 점점 복잡해져 가고, 그 복잡한 문제를 해결하기 위한 방법을 찾기 위함이었다. 기존의 탐구 및 사고방식의 지배적인 형태는 환원주의적 분석이었는데, 환원주의로는 전체적인 것들, 상호 의존성, 복잡성을 다룰 수 없기 때문이었다. 환원주의는 예를 들어 물체를 이해하기 위해서는 물체를 구성하고 있는 분자, 분자를 구성하는 원자, 원자를 구성하는 소립자를 분석해야 하며, 전체(여기서는 물체)는 부분의 지식으로부터 설명되어야 한다는 가정에 기초하고 있다(Montuori, 2011). 하지만 이것은 소위 '구성의 오류'를 범하는 것이다. 단순히 세포를 모은다고 해서 신체의 기관이 되고 신체의 전부를 이룰 수는 없다. 전체는 부분의 합보다 크다는 것이 '구성의 오류'이다. 일단 생명체는 분해하면 죽어 버린다. 환원주의는 어쩌면 살아 있는 생명체보다는 무생물의 화학 구성을 밝히는 데 유용할 수 있다. 신체 기관의 기능의 분화, 신체 기관 간의 상호작용은 환원주의로는 설명될 수 없고, 이런 상호작용이 어우러져 전체적인 복합체로 될 때의 현상을 통일적으로 설명할 수도 없다. 생활조직을 다루는 일반 시스템 이론은 시스템 간의 상호 연결 연구를 허용하고 환경과 상호작용하는 '개방형 시스템(open system)'의 특성을 설명하는 새로운 사고방식으로 제시되었다.

일반 시스템 이론은 여러 학문에 두루 통할 수 있는 학제간(interdisciplinary 또는 transdisciplinary) 연구로 자리 잡았다. 일반 시스템 이론의 공통언어는 복잡한 전체를 형성하는 상호작용하고 상호 의존적인 요소들의 그룹으로 정의되는 '시스템'의 개념이었다. 또한 모든 시스템이 다른 대형 시스템에 내재되어 있고, 자기 조직, 성장 및 적응의 역동적이고 변화무쌍한 과정과 같은 핵심 개념을 강조하는 새로운 세계관을 지향했다. 그러므로 시스템 개념이 생태계와 같은 개념과 함께 생태학이 발전하는 데 중심이 되었다는 것은 놀라운 일이 아니다. 또한 창의성이란 현재 처한 틀을 벗어난 관점을 갖는 것이 본질이므로 현재의 시스템을 초월하는 더 큰 시스템, 즉 생태계가 항상 존재한다는 것을 일깨워 줌으로써 틀을 벗어나게 해 준다. 창의성 연구에서 시스템 접근법은 때때로 생태학적 접근법이라고도 불리는데, 이는 창의성이 출현하는 더 큰 생태계에 대한 강조 때문이다(Montuori, 2011).

일반 시스템 이론은 일반적으로 균형 지향적이고, 특히 20세기 중반 기능주의 사회학에서 해석된 것처럼 근본적으로 정적(static)인 것으로 해석되었다. 질서와 균형에 대한 강조는 사회과학, 특히 탤컷 파슨스(Talcott Parsons, 1902~1979)의 기능주의 사회학이 일반 시스템 이론을 적용하는 데 대한 비판주의자들의 초기 비판의 주요 원천들 중 하나였다. 이것은 근본적으로 정치적으로 보수적이고 창의성과 변화에 개방적이기보다는 현상유지를 지향하는 것으로 여겨졌다. 하지만 시스템이론은 균형 가운데 성장하고 발달하는 변화의 역동적인 현상도 잘 설명해 주는 이론으로 자리 잡았다. 훈련과 교육(Kaufman, 1983), 동기 개발(Schneider, 2001), 성역할 발달(Sinnott, 1986), 조직 개발(Albrecht, 1983; Childress & Childress, 2014), 의사소통(Williams, 1987), 경영목표 달성과 성장(Bible & Bivins, 2011; Gordon, 2021) 등 변화와 성장 그리고 발달을 설명하는 강력한 관점을 제공했다. 일반 시스템 이론은 시스템 접근(systems approach), 시스템 분석(system analysis), 시스템적 사고(systemic thinking), 시스템 관점(systems perspective)으로도 불리고 있다. 볼딩(Boulding, 1956)은 일반 시스템 이론을 과학의 뼈대로 보았고, 버탈란피(1968)는 시스템 이론을 하나의 이론이라기보다는 이론을 생성하기 위한 패러다임 내지 관점으로 생각했다. 라즐로(Laszlo, 1975)는 버탈란피의 『일반시스템 이론의 관점』이란 책의 서문에서 "일반시스템 이론은 과학을 하는 새로운 방법, 새로운 관점을 제안하고 있다. 버탈란피는 하나의 이론보다 훨씬 더 광범위하고 훨씬 더 중요한 것을 열었다. 그는 이

론의 발전을 위한 새로운 패러다임을 창조했다."고 했다.

2) 시스템 접근의 특징

시스템 접근(systems approach), 시스템 분석, 시스템적 사고, 시스템 관점 등 유사 용어를 묶어 '시스템 접근 방식'의 특징을 정리하면 다음과 같다.

① 시스템은 상호작용하는 요소로 구성된다. 통합된 전체를 생성하는 방식으로 배열된 상호 관련 및 상호 의존적 부분들의 집합이다.

② 다양한 하위 시스템(subsystems)은 상호 관계에서 연구되어야 한다.

③ 조직 시스템은 어떤 부분이 내부적이고 어떤 부분이 외부적인지를 결정하는 경계를 가지고 있다. 경계(boundaries)는 시스템을 정의하고 환경의 다른 시스템과 구별하는 장벽을 말한다.

④ 진공 상태에서는 시스템이 존재하지 않는다. 다른 시스템으로부터 정보, 물질 및 에너지를 입력으로 수신한다. 이러한 입력은 시스템 내에서 변환 프로세스를 거치고 출력을 통해 스스로와 다른 시스템에 영향을 준다.

⑤ 조직은 환경에 반응하는 동적 시스템이다.

⑥ 시스템 접근법에서는 하위 시스템의 효율성보다는 시스템의 전반적인 효율성에 주의를 기울인다. 하위 시스템의 상호 의존성이 고려된다. 조직이 가진 복잡한 사회 시스템 각각을 전체로부터 분리하면 조직효과성을 전반적으로 감소시킨다. 라즐로(1972)는 전체는 구성 요소의 분석만으로는 알 수 없는 속성을 갖고 있다고 말한다. 전체 시스템의 총생산량이 하위 시스템의 총생산량보다 많은 것을 시너지(synergy)라 한다.

⑦ 시스템 접근법은 일반 시스템과 전문 시스템 둘 다에서 파악된다. 경영에 대한 일반적인 시스템 접근은 주로 공식적인 조직과 관련이 있고 사회학, 심리학, 철학의 기술과 관련이 있다. 전문적인 관리 시스템은 조직구조, 정보, 계획 및 통제 메커니즘, 직무 설계 등의 분석을 포함한다.

⑧ 인간이나 조직과 같은 시스템에서 학습과 변화, 목표의 달성, 삶의 전환, 리더십 개발 등 변화의 과정을 다루는 데 시스템 접근이 강력한 도구가 될 수 있다.

⑨ 시스템 접근은 특정 목표를 향해 문제의 모든 측면을 조정하려는 체계적인 시도이다. 교육에서의 시스템 접근법은 먼저 학습자에 초점을 맞춘 다음 과정 내용, 학습 경험, 효과적인 미디어 및 교육 전략에 초점을 맞춘다.

⑩ 시스템 이론은 목표 달성을 목표로 하고 조직을 개방형 시스템으로 보기 때문에 경영관리에 유용하다. 버나드(Barnard, 1938)는 경영 분야에 시스템 접근 방식을 최초로 활용하였는데, 상충되는 힘과 사건들 사이의 균형을 유지하고, 책임감이 높아야 효과적인 경영을 할 수 있다고 했다. 로저스(Rogers, 1973)는 의사소통을 조직의 기능에 대한 시스템 분석의 초점으로 보았다. 사이먼(Simon, 1997)은 조직을 의사결정 과정의 복잡한 시스템으로 보았다.

⑪ 시스템 관점은 관리 이론의 통합을 촉진할 수 있는 원동력이 될 수 있다. 양적 및 행동적 접근 방식의 프로세스와 같은 다양한 접근 방식을 전반적인 관리 이론의 하위 시스템으로 취급할 수 있다.

⑫ 시스템 사고는 복잡한 시스템에서 문제해결을 수행하는 능력 또는 기술이다. 시스템은 상호 관련되고 상호 의존적인 부분을 가진 실체이다. 시스템은 그 경계로 정의되며 부분(하위 시스템)의 합보다 크다. 시스템의 한 부분을 변경하면 예측 가능한 동작 패턴으로 다른 부분과 전체 시스템에 영향을 미친다. 게다가 시스템의 일부로 일하는 개인들도 또한 구성 요소이며, 따라서 그 결과에 기여한다(Stalter, Phillips, Ruggiero et al., 2017).

⑬ 시스템 이론(접근, 관점, 사고, 분석)을 이해하기 위한 개념들은 다음과 같다.

- 항상성(homeostasis): 시스템이 외부 장애에 대해 탄력적이고 핵심 특성을 유지하는 경향.
- 적응(adaptation): 자신을 보호하고 목적을 계속 달성하기 위해 내부 변화를 일으키는 시스템 경향.
- 상호 거래(reciprocal transactions): 시스템이 서로 영향을 미치도록 관여하는 순환 또는 주기적 상호작용.
- 피드백 루프(feedback loop): 환경에 있는 다른 시스템의 반응을 기반으로 시스템이 자체 수정되는 프로세스.
- 처리량(throughput): 시스템과 시스템 환경 간의 시간 경과에 따른 에너지 이전율.

- 마이크로 시스템(microsystem): 클라이언트와 가장 가까운 시스템.
- 메소 시스템(mesosystem): 환경 내 시스템 간의 관계.
- 엑소 시스템(exosystem): 세 번째 시스템에 간접적인 영향을 미치는 두 시스템 간의 관계. 예컨대, 아동 발달에서 부모의 직업, 친척관계의 양적 질적 수준 등.
- 매크로 시스템(macrosystem): 정책, 제도, 문화 등 고객에게 영향을 미치는 거시 시스템.
- 등결과성(equifinality): 시스템이 다른 경로를 통해 동일한 목표에 도달할 수 있는 방법.
- 개방 및 폐쇄 시스템(open and closed systems): 외부 환경과 상호작용하는 시스템은 개방 시스템이고, 외부 환경과의 상호작용 없이 내부 요소끼리만 상호작용하는 경우는 폐쇄 시스템이다(Rogers, 1973).
- 크로노 시스템(chronosystem): 적응에 영향을 미치는 결혼, 이혼, 질병, 부상, 이직, 실직과 같은 중요한 인생사건(life events)으로 구성된 시스템.
- 동형성(isomorphism): 시스템 간에 공유되는 구조적·행동적 및 발달적 특징. 밀접한 상호작용의 결과 일정 시스템 무리에서 구성 단위들이 서로 닮아가는 현상을 말한다.

3) 개방 시스템 모형

개방형 시스템 이론은 단순히 조직이 환경에 의해 강하게 영향을 받는다는 개념을 말한다. 환경은 경제적·정치적 또는 사회적 성격의 다양한 힘을 행사하는 다른 조직들로 구성된다. 환경은 또한 조직을 지탱하고 변화와 생존으로 이끄는 핵심 자원을 제공한다. 개방 시스템 이론은 엘턴 메이오(Elton Mayo)의 인간관계 관점, 그리고 조직을 주로 자급자족하는 실체로 취급한 앙리 페이욜(Henri Fayol)의 행정 이론과 같은 초기 조직 이론들에 대한 반응으로 제2차 세계 대전 후에 개발되었다. 사실상 모든 현대 조직 이론은 개방형 시스템 관점을 활용한다. 그 결과, 개방형 시스템 이론은 여러 가지 맛을 갖고 있다. 예를 들어, 상황적합 이론가들(contingency theorists)은 조직들이 그들이 내재된 환경에 가장 적합한 방식으로 조직되어 있다고 주장한다. 제도 이론가들(Institutional theorists)은 조직을 조직구조에 내재된 사회적 가치와 신념이 조직의 변화 속에서 표현되는 수단으로 본다. 이 관점은 조직의 존재 이유와 사회적 책임을 환기시킨다. 자원 의존성 이론가들(Resource dependency theorists)은 조직이 자원 제공자가 지시하는 대로 환경에 적응하는 것으로 본다. 개방 시스템 이론에서 제공하는 관점은 매우 다양하지만, 조직의 생존이 환경과의 관계에 달려 있다는 관점을 공유한다(Bastedo, 2004).

개방 시스템 이론은 학교를 조직으로 이해하는 방법과 교육 지도자들에게 가해지는 요구를 근본적으로 변화시켰다. 학교를 그들의 환경으로부터 독립된 것처럼 다루는 것은 조직변화를 이끌어 가는 요소에 대한 광범위한 오해로 이어질 것이다. 책임 운동(accountability movements), 교사 전문화 및 교수리더십에 대한 오늘날의 연구는 모두 환경의 요구에 대한 이해, 학교정책에의 반영을 통한 결과적 적응 또는 그것의 부족에 대한 인식과 성찰 등에서 비롯되고, 이는 매우 개방적인 시스템 접근의 덕택이다. 사실, 오늘날 학자들은 학교가 발전하는 풍부한 맥락을 고려하지 않는 연구에 대해 당연히 의심을 품고 있다(Bastedo, 2004).

개방형 시스템은 또한 두 가지 주요 시스템 프로세스에 관여한다. 즉, 조직이 생존하는 과정과 성장 욕구를 충족하는 과정이다. 조직의 형태유지 과정(morphostasis)은 사회화와 통제 활동을 통해 주어진 형태를 보존하는 경향이 있다. 형태형성 과정(morphogenesis)은 종종 더 복잡해지거나 차별화됨으로써 시스템을 정교하게 만들거나 변화시킨다. 이것은 조직이 추구하는 생존과 성장을 시스템 접근으로 잘 설명해 주는 설득력을 갖고 있다.

모든 조직들은 공통적인 특성과 자체적인 특성을 갖고 있다. 카츠와 칸(Katz & Kahn, 1966, pp. 23-29)은 개방형 시스템의 공통된 특징 9가지를 기술했는데, 1978년 개정판에서 '통합 및 조정(Integration and coordination)'을 추가하여 10가지로 정리했다(Katz & Kahn, 1978). 그 10가지 특성은 다음과 같으며, 전술한 시스템 접근의 특성과 겹치는 내용이 많다. 그 이유는 말할 것도 없이 시스템 접근이란 개방형 시스템을 상정하고 어떤 현상을 설명하려고 하기 때문이다.

개방 시스템의 10가지 특징은 다음과 같다.

(1) 에너지 투입

열역학 제2법칙은 자연 상태로 방치하면 부서지고 분해되어 소멸의 길로 간다는 것을 알려 준다. 따라서 어떤 조직이든 생존하기 위해서는 외부로부터 에너지가 공급되어야 한다. 에너지는 자원이라고도 한다. 사회조직은 생존하기 위해 외부로부터 자원이 공급되도록 이끌어야 한다. 어떠한 사회조직도 자급자족하거나 자족적이지 않다.

(2) 처리량(Throughput)

개방형 시스템은 사용 가능한 에너지를 변환한다. 몸은 녹말과 설탕을 열과 작용으로 바꾼다. 조직은 새로운 제품을 만들거나, 자료를 처리하거나, 직원을 교육하거나, 서비스를 제공한다. 이러한 활동에는 투입물의 재편성(reorganization)이 수반된다.

(3) 산출(Output)

개방형 시스템은 탐구심으로 만든 발명이든 엔지니어링 회사에 의해 건설된 다리이든 일부 생산물을 환경으로 내보낸다. 심지어 생물체는 폐로부터 이산화탄소와 같은 생리적 산물을 내보내는데, 이것은 식물이 당면 환경에서 유지하며 사는 데도움을 준다.

(4) 사건의 순환으로서의 시스템(Systems as Cycles of Events)

에너지 교환의 활동 패턴은 순환적인 특성을 가지고 있다. 환경으로 내보내는 생산물은 활동 순환의 반복을 위한 에너지원을 제공한다. 생물체나 제도적 조직과 같이 눈에 보이는 경계를 갖지 않은 임의 조직의 사회구조를 어떻게 시스템으로 다룰 수 있을까? 결론적으로 사물보다는 사건의 순환으로 다루는 것이 해답이 된다. 예를 들어, 독서 모임을 생각해 보자. 독서 모임은 임의 모임이기 때문에 제도적인 정관이나 규약이 없다. 그럼에도 회원들끼리 약속을 하고, 합의하여 책을 선택하고, 정기적으로 모임을 갖는다. 이러한 활동은 책이나 모임 장소가 테두리를 정하는 것이 아니라 회원 상호 간의 관계와 이벤트에 의해, 그리고 이벤트의 순환에 의해 돌아간다. 모임이 지속될 수 있는 에너지는 사업을 통한 산출물의 판매를 통해서가 아니라 친밀감 형성, 독서와 학습을 통한 성장 등 '표현적 만족(expressive satisfactions, 드러나는 만족)'을 제공하여 새로이 보충되고 갱신된다.

(5) 음의 엔트로피(Negative Entropy)

열역학 제2법칙이 작동하는 것은 자연 상태에서 엔트로피(무질서도)가 증가한다는 것이다. 그래서 조직이 생존·유지되기 위해서는 엔트로피를 줄이는 노력, 즉 음의 엔트로피가 축적되어야 한다. 에너지/자원을 보충함으로써 음의 엔트로피가 축적된다. 생명체는 에너지 저장에 한계가 있지만 사회 시스템은 한계가 없기 때문에 이론적으로 오랜 생명력을 가질 수 있지만 실제 소멸되는 조직의 수는 많다. 기업의 평균수명은 15.6년에 불과하다(김재환, 2017).

(6) 정보 입력, 부정적인 피드백 및 코딩(Information Input, Negative Feedback, and the Coding)

피드백 원리는 특별한 종류의 에너지 입력인 정보 입력과 관련이 있는데, 이는 환경 조건 및 환경에 대한 시스템의 기능에 대한 일종의 신호이다. 그러한 정보의 피드백은 시스템이 자체의 오작동이나 환경의 변화를 수정하여 안정된 상태 또는 항상성을 유지할 수 있게 한다. 시스템을 정상으로 되돌리기 위한 교정 장치가 없는 경우, 그것은 너무 많은 에너지를 소비하거나 너무 많은 에너지 입력을 섭취함으로써 더 이상 시스템으로서 지속되지 않을 것이다. 정상을 이탈했다는 정보를 제공하는 것이 부정적 피드백이고, 구조의 생존유지를 위해 작동되는 선택적 메커니즘으로 입력되는 것을 '코딩'이라 한다.

(7) 안정된 상태와 역동적인 항상성(The Steady State and Dynamic Homeostasis)

항상성 원리는 엔트로피에 대응하여 성장과 팽창으로 나아가는 모든 복잡한 생물계의 기능에 문자 그대로 적용되지는 않는다. 동적 항상성은 가변성과 교란을 감소시키는 방향으로 시스템 전체가 반응하여 더 새롭게, 더 복잡하고 더 포괄적인 평형이 확립된다. 즉, 정적 균형이라기보다는 동적 균형이다. 생존을 보장하기 위해 시스템은 즉각적인 존재 수준을 넘어 어느 정도의 안전 여유를 얻기 위해 작동한다.

즉, 생존을 보장하기 위한 성장 경향이 있다. 성장은 균형 관점에서 보면 새로운 노멀(new normal)이다.

(8) 차별화(Differentiation)

개방형 시스템은 차별화 및 정교화의 방향으로 이동한다. 확산된 글로벌 패턴은 보다 전문화된 기능으로 대체된다. 인격의 성장은 정신적 기능의 원시적이고 조잡한 조직으로부터 위계적으로 구조화되고 잘 차별화된 믿음과 느낌의 체계로 진행된다. 사회조직은 기능을 더욱 전문화하면서 역할의 증식과 정교화를 향해 나아간다.

(9) 통합 및 조정(Integration and coordination)

차별화가 진행됨에 따라, 시스템은 다양한 부분을 통합하고 조정하기 위한 몇 가지 메커니즘을 제공해야 한다. 조직의 경우, 이것은 다양한 프로세스와 절차를 고안하는 것을 통해 이루어진다. 통합은 규범과 가치의 공유로 달성될 수 있다. 조정을 통한 통일은 조립라인의 스피드 세팅과 같은 고정제어장치들(fixed control arrangements)을 포함한다. 조직이 성장함에 따라 분화와 전문화가 증가하는 경향이 있다. 그래서 조정과 통합의 필요성도 증가한다.

(10) 등결과성(equifinality)

시스템은 다른 초기 조건과 다양한 경로로 부터 동일한 최종 상태에 도달할 수 있다. 동일한 결과에 이르는 여러 경로가 있을 수 있다는 것인데, 시스템의 항상성과 유연성, 균형을 이루어 안정화시키는 경향을 반영한다. 그리고 모든 조직이 성공하기 위해 동일한 행동과정과 전략을 선택하지 않을 수 있다는 것을 의미한다.

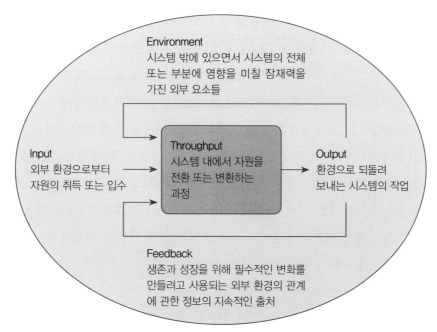

[그림 2-1] 개방 시스템 모형

출처: Katz & Kahn (1966), pp. 23-29를 요약하여 도형화한 Ramosa & Berisha (2014).

2. 평생교육경영에 대한 시스템적 접근

1) 평생교육경영의 개념

평생교육경영을 넓은 의미와 좁은 의미로 나누어 넓은 의미의 차원에서 보면 "개인이나 사회 전체의 학습력 향상을 위하여 교육재화 및 서비스를 생산·분배·관리하는 활동"이며, 좁은 의미의 차원에서는 "평생교육기관의 목적을 달성하기 위하여 인적·물적 자원과 다양한 무형 자원을 최적으로 활용하는 과정"(정민승, 허준, 2020, pp. 12-13)으로 정의하는 경우도 있지만, '평생교육경영은 평생교육기관의 경영으로 보기 때문에'(권두승, 최운실, 2016, p. 23), 평생교육경영은 대개 평생교육기관의 경영으로 정의된다. 평생교육기관 경영의 개념에 대해 '고객만족을 위한 활동'을 강조하여 "'고객'에 해당하는 '학습자'의 요구를 파악하고, 이를 충족시켜 주기 위해 최선의 노력을 다하는 일을 말한다."(김신일, 김재웅, 정민승, 2007, p. 173)고 정의

하는 경우도 있으나, 평생교육기관을 개방 시스템으로 보고 "평생교육조직이 교육목표를 설정하고 평생교육환경으로부터 평생교육활동에 필요한 자원을 확보하고 여건을 조성하여 기관이 추구하는 교육목표를 효과적이고 효율적으로 달성할 수 있도록 운용하는 일련의 과정"(최은수, 배석영, p. 45) 또는 "평생교육시설이나 단체의 교육목표를 설정하고, 평생교육환경으로부터 평생교육활동에 필요한 자원을 확보하고 여건을 조성하며, 교육목표를 효율적이고도 효과적으로 달성할 수 있도록 평생교육활동에 영향을 미치는 일련의 과정"으로 정의한다(권두승, 최운실, 2016, p. 25). 조직은 공통적으로 생존, 성장, 사회적 책임을 추구한다(김재환, 2017). 기업은 이 목표를 이루기 위해서 이윤을 창출하는 활동을 하고, 교육기관은 안정된 수입과 함께 교육적 가치를 창출하기 위한 활동을 한다. 교육적 가치는 개인적으로는 역량개발과 자아실현을 돕고, 사회적으로는 협업능력, 시민의식 향상, 사회적 자본을 창출하는 데 기여한다. 교육적 가치는 안정된 수입의 원천일 뿐 아니라 그 자체가 교육의 목적 내지 사회적 책임을 다 하는 것이기도 하다. 그리고 시스템 접근은 경영학의 현대적 접근의 하나이며, 경영을 시스템적 관점에서 접근하면 전체 경영 시스템을 몇 개의 분석 가능한 하위 시스템으로 분류하기 때문에 디테일을 볼 수 있을 뿐 아니라 경영의 전체 내용을 포괄적으로 살필 수 있는 장점이 있다(신유근, 2011). 이러한 관점에서 평생교육경영을 개방 시스템인 평생교육기관의 경영으로 보고, 정의하면 "평생교육을 수행하는 평생교육기관의 생존, 성장, 사회적 책임을 다하기 위하여 환경으로부터 투입되는 자원과 요구를 효율적·효과적으로 운영하고 반영하는 활동"으로 정리할 수 있다.

개방체제로서의 평생교육경영의 개념적 특징은 다음과 같다(권두승, 최운실, 2016). "첫째, 평생교육경영은 평생교육의 핵심 활동인 교수-학습활동을 지원하고 촉진한다. 둘째, 평생교육경영은 교수-학습활동이 효과적이고 효율적으로 이루어질 수 있도록 계획, 의사결정, 리더십, 관리 및 실행, 그리고 평가하는 활동으로 이루어진다. 셋째, 평생교육경영은 여러 사람들의 노력과 자원이 함께 결합되는 집단적 과정이다. 넷째, 평생교육경영은 평생교육시설이나 단체의 교육활동을 지원하고 조장하는 활동이기 때문에 평생교육기관의 특성과 밀접한 관련을 맺고 있다. 다섯째, 평생교육경영은 평생교육시설이나 단체의 교육활동의 효과성, 효율성을 제고함으로써 학습자 및 사회에 대한 사회적 책무를 수행하는 데 그 근본이 있다"(p. 26).

2) 평생교육기관 경영 시스템

어떠한 조직이든 생존과 성장, 그리고 사회적 책임을 추구한다. 또한 신유근 (2011)의 시스템적 관점으로 보는 경영은 경영 주체의 기업가 정신으로부터 출발하며, 환경으로부터 경영자원과 거시적인 요구를 받아서 경영전략, 경영조직, 사람관리, 혁신관리의 경영활동을 통해 경영성과를 창출하고, 피드백을 통해 환류되는 과정으로 보고 있다. 여기서 기업가 정신은 영리를 추구하는 기업인에게만 요구되는 것이 아니라 사회적 가치를 창출하여 혁신을 도모하는 모든 경영자에게 필요한 것이다. 조직이 오랜 기간 존속하기 위해서는 마치 인체에서의 세포가 계속 재생되듯이 변화무쌍한 환경 변화에 적응할 수 있도록 재탄생되는 혁신이 이루어져야 한다. 그래서 기업가 정신이 필요하고 혁신관리가 요구되는 것이다.

조직은 생존과 성장을 통해 사회적 책임을 다하기 위해 노력한다. 생존과 성장을 도모하기 위해 개방형 시스템은 두 가지 주요 시스템 프로세스에 관여한다. 형태유지 과정과 형태형성 과정인데, 전자는 생존, 후자는 성장 또는 변화에 해당되는 과정으로 볼 수 있다. 조직의 형태유지 과정(morphostasis)은 사회화와 통제활동을 통해 주어진 형태를 보존하는 경향의 프로세스이다. 형태형성 과정(morphogenesis)은 종종 더 복잡해지거나 차별화됨으로써 시스템을 정교하게 만들거나 변화시킨다(Speer, 2004). 이는 마치 아지리스(Argyris, 1977)가 말한 조직에서 이중 루프 학습(쌍고리 학습)이 일어나기 위해서는 두 가지 루프가 필요한 것과 마찬가지다. 하나는 조직목표를 설정하고 내부 피드백을 통해 이를 향한 진행 상황을 모니터링하는 루프이고, 다른 하나는 외부 피드백을 기반으로 조직목표를 변경하는 루프이다. 이를 통해 조직은 환경 변화에 적응할 수 있게 된다. 교육에 시스템 이론을 접목했던 Kaufman(1972; 1983)은 목표에 초점을 맞추는 통상적인 시스템과 니즈에 초점을 맞춰 변화관리 내지 성장에 초점을 맞추는 '두 부분 시스템 모델(a two-part system model)'을 제안한다. 즉, 통상적인 모델은 목표 설정, 요건분석 및 방법 및 수단 선택, 하위 시스템 간의 상호작용의 인식 및 제어, 체계적 방식으로 실행, 형성평가와 총괄평가, 수정의 프로세스이다. 또 외부의 니즈에 초점을 맞추는 모델은 조직 외부의 니즈 평가를 장려하면서 출발선 자체가 달라지는 데서 차이를 보였다. 외부의 니즈는 환경으로부터의 요구라 할 수 있다. 이를 반영한 평생교육경영 시스템을 도표

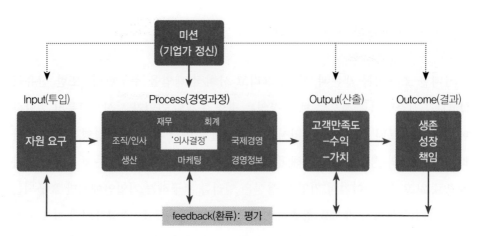

[그림 2-2] 평생교육기관 경영체계

화한 것이 [그림 2-2]이다.

이제 [그림 2-2]의 요소들을 하나하나 살펴보기로 하자.

(1) 미션

미션(mission)이란 기업가 정신을 가진 경영자가 최초로 조직(여기서는 평생교육기관)을 만든 이유, 또는 조직의 존재 이유이다. 경영자의 사업 구상에서부터 조직은 출발한다. 미션은 경영자가 바뀌어도 계속 조직이 나아갈 방향을 제시해 주는 등대의 역할을 한다. 미션 속에는 조직이 추구하는 핵심 가치(core values)가 포함되고, 조직이 이바지하고자 하는 사회적 책임으로 구현된다. 미션은 조직의 경영 시스템의 전 과정에 직간접적으로 영향을 미치고, 외생변수이면서 동시에 경영 시스템 내부에서 작용하는 독립변수이기도 하다.

(2) 환경

환경은 경영 주체가 컨트롤할 수 없는 외부 환경으로 정의된다. 컨트롤할 수 없지만 경영 시스템에 영향을 미치므로 적응해야 한다. 그런데 조직은 환경으로부터 자원과 요구를 받아들여서 경영하고, 또한 산출물과 결과물을 환경으로 내 보냄으로써 간접적으로 환경에 영향을 미치게 된다. 조직이 성장하면 환경에 대한 영향력도 커진다. 환경은 일반환경과 과업환경으로 나눌 수 있다(신유근, 2011).

① 일반환경

일반환경에는 정치, 경제, 사회문화, 기술, 국제적 환경으로 나뉘는데, SWOT 분석의 경우엔 PEST[정치(politicical), 경제(economic), 사회(social), 기술(technology)] 분석의 틀로 이용된다. 정민승과 허준(2020)은 평생교육기관 경영의 일반환경으로 정치적 환경, 법·제도적 환경, 경제적 환경, 사회문화적 환경, 기술적 환경을 꼽았고, 최은수와 배석영(2009)은 정치, 경제, 사회, 법과 제도, 기술적 환경 외에 인구통계적 환경을 포함시켰다.

- **정치적 환경:** 정당정치에서의 정당의 이념과 공약, 집권정당의 성향, 집권자의 평생교육에 대해 우호적인지 아닌지, 관심 분야가 어떤 것인지에 따라 운영 프로그램의 구성, 재정 지원 등에서 큰 영향을 받는다.
- **법·제도적 환경:** 우리나라는 국가 주도의 평생교육 시스템이기 때문에 평생교육법령의 변경은 평생교육기관의 설립, 운영에 영향을 미친다. 법령은 시대 변화에 따라 계속 변경되기 때문에 불리한 방향으로의 변경을 유의하고, 변경되기 이전에 충분히 의견을 반영시킬 필요도 있다.
- **경제적 환경:** 2019년 11월 발발한 이후 코로나19 팬데믹 상황이 장기화됨으로써 오프라인 비즈니스는 큰 타격을 입었고, 비대면으로 진행되는 프로그램이 많아졌다. 전 세계가 마이너스 성장을 하고 있고, 경제가 위축되어 하루하루 살아가는 것이 고통스러운 상황인지라 교육에 대한 관심도 많이 줄어들었다. 이런 상황에서 원격교육 업체는 평생교육기관으로 쉽게 인정받고 있다. 경제가 어려워지면 평생교육은 직업능력 향상, 인재개발을 위한 도구로 이용되는 경향이 있다.
- **사회문화적 환경:** 사회문화적 환경은 사회 전반의 윤리나 도덕, 가치관, 고유한 정서 등으로 구성되어 있다. 사회의 역사가 만들어 놓은 사회문화적 환경은 쉽게 바뀌지 않는다. 수직적인 문화인지 수평적인 문화인지, 빈부격차에 대한 인내심, 무엇을 성공으로 보는지 관점에 따라 평생교육 프로그램의 종류와 진행 방식이 영향을 받는다. 예를 들어, 수평적이면서, 빈부격차에 그다지 민감하지 않고, 중산층 기준이 물질적인 것뿐만 아니라 교양을 중시하는 개인주의적 성향이 강한 서유럽 국가들은 자아실현이나 인격 향상과 같은 인문주의적 프로

그램을 선호하고, 수직적 가치관과 빈부격차와 같은 남과의 비교에 민감하고, 물질이나 지위와 같은 외부적인 기준으로 성공을 평가하는 사회에선 교육을 통한 물질적 성공수단을 제공하는 역량개발 프로그램을 선호한다. 호프스테드 (Hofstede, 1991)에 의하면 문화권에 따라 효과적인 조직경영의 리더십 스타일도 달라져야 한다.

- 기술적 환경: 테크놀로지, 특히 정보통신기술, 정보처리기술의 진보는 생활기기를 스마트화시켰고, 쇼핑, 대인관계, 학습과 정보공유, 영상촬영과 기록의 일상화 등 일상생활과 사고방식까지 바꿔 놓았다. 이제 온라인 원격교육을 통해 학점 취득이 가능하고, 질 높은 MOOC 교육 프로그램이 보편화되고 있다. 전반적으로 온라인 방식의 프로그램 운영으로 전환되는 추세인데, 온라인과 오프라인 방식의 장단점을 보완하는 혼합 형식의 운영도 나타나고 있다. 온라인 교육 형태의 평생교육기관 경영은 전통적인 경영방식과는 달라져야 할 것이다. 아바타를 내세워 수강하는 메타버스(metaverse)나, 인공지능으로 니즈 조사에서부터 프로그램 개발과 진행, 평가까지 아울러 수행하게 되면 최소의 인력과 자원으로 그야말로 네트워킹 경영을 재택환경에서 구현하게 될 것이다.

- 국제적 환경: 글로벌화는 지식정보화 사회와 함께 급속히 진행되었고, 지식산업인 교육 영역에서의 글로벌화는 다른 어떤 분야보다 빠른 진행이 됨으로써 지식정보화에 대응하는 능력을 기르는데도 발 빠른 뒷받침을 제공했다. UN, UNESCO, OECD 등 국제기구에 회원국으로 가입하고 있는 우리나라의 경우 국제적 어젠다인 지속가능경영, 지속가능성장 관련한 평생교육 요구에 부응해야 한다. 또한 글로벌화에 따른 국제 노동력의 이동과 국제결혼의 증가, 테러나 전쟁에 따른 난민의 유입 등 다문화 사회도 빠르게 진행되고 있다. 「문화다양성의 보호와 증진에 관한 법률」이 2020년 시행되고 있지만 단일민족의 전통과 자민족 우선주의의 심리적 장애를 극복하고 세계시민의식을 갖추도록 평생교육적 접근이 필요하다.

② 과업환경

과업환경에는 기업 경영의 경우엔 주주, 노동조합 및 근로자 집단, 소비자 및 소비자 집단, 관계기업, 지역사회, 정부정책 등이 꼽히는데(신유근, 2011), 평생교육경영의 차원에서는 임명권자, 인적 자원의 구성, 고객(학습자), 경쟁관계 평생교육기관, 입지 여건, 정부정책 등으로 나눌 수 있다.

- 임명권자: 평생교육기관은 많은 부분 공공기관(public agencies)이거나 대학부설, 사내대학, 사업장부설, 시민단체부설, 학교부설, 언론기관 부설 등 모기관의 부설 형태로 설립 운영되므로 경영자들이 임명되는 경우가 많다. 이러한 성격 때문에 평생교육기관은 중심성(centrality)을 갖지 못하고, 주변성(marginality)을 갖는다(Courtenay, 1993). 그러다 보니 프로그램 개발 및 운영, 재원 조달에서 우선순위에서 밀리는 등 영향을 받는다. 지식인력개발사업 관련 평생교육시설, 원격 형태 평생교육시설, 평생교육을 주목적으로 하는 시설, 법인, 단체 등은 영리기업도 가능하고 경영자 주도의 경영이 가능하지만, 2021년 6월 8일 개정된 「평생교육법」 제2조 제4호의 규정에 의한 '평생교육사업'으로 인정되어야 국가예산이나 기금의 지원을 받을 수 있게 된다.
- 인적 자원의 구성: 임명되는 경영자가 직면하는 문제는 이미 충원되어 있는 인력을 주어진 환경으로 받아들여서 일을 해 나가야 한다는 것이다. 경영자가 원하는 대로 역량 있는 직원을 채용하거나 기존의 인력을 구조조정하기 힘들다. 그래서 직원교육과 조직문화를 만들어 나가는 지난한 작업이 병행되어야 한다. 그나마 우리나라는 보편적으로 학력 수준이 높기 때문에 직원교육의 효과가 빨리 나타나고, 환경적응도 빠른 편이다.
- 고객(학습자): 인구통계적 환경으로부터 나오는 고객의 인구통계적 특성이 평생교육경영에 영향을 미친다. 연령별, 성별, 학력별, 소득 수준별, 가구원 수, 자가 보유율, 평균수명 등은 학습동기, 자부담 프로그램 운영(고급 프로그램) 여부, 이동수단의 확보, 교육환경, 스마트 기기 활용성, 프로그램의 니즈나 운영 방식에 영향을 미친다.
- 경쟁관계 평생교육기관: 평생교육기관마다 비슷한 교육과정을 운영하기 때문에 기관의 고유정체성을 찾기 어렵고, 정책홍보에만 열을 올린다는 비판이 있다(김수빈, 2019). 지원되는 예산은 정해져 있는데, 비슷한 프로그램으로 비슷한 수준의 강사가 운영하면서 학습자 유치경쟁을 벌이다 보니 인맥싸움, 정치싸움의 양상이 전개되기도 한다. 직업능력향상교육 프로그램의 경우 '바리스타

교육'이 인기를 끌자, 너도 나도 바리스타 교육으로 유치경쟁이 벌어졌다. 새로운 유형의 프로그램 개발과 유능한 강사의 확보가 관건이라 할 것이다.

- 입지 여건: 오프라인 프로그램의 경우 잠재고객인 평생학습자의 접근성이 좋은 곳에서 진행하는 것이 중요하다. 교육 장소는 주 사무소가 있는 곳만 고집할 것이 아니라 편리한 장소를 임대해서 선정해야 할 것이다.
- 정부정책: 기업의 경우엔 조장정책이나 각종 규제정책이 중요한 과업환경이 된다. 회계 기준의 변경, 통화정책이나 재정긴축정책, 독과점 규제, 소비자 보호 등 수많은 정책들이 환경으로 되지만 경우에 따라서는 기업이 정책에 영향을 미치기도 한다. 그러기 위해 인맥을 동원하고 로비스트를 고용하기도 한다. 이런 상황은 평생교육기관도 마찬가지이다. 특히, 예산의 배정, 평생교육사 배치 의무, 연수에 대한 기준, 설립을 위한 시설이나 인허가 기준, 프로그램 평가기준, 평생교육이용권(2021 개정법), 지속가능교육 등 평생교육정책은 직접 평생교육기관 경영에 영향을 미친다.

(3) 투입

투입은 기관의 외부, 즉 환경으로부터 유입되는 자원과 요구이다. 자원은 평생교육기관을 운영하기 위한 에너지로서 인적 자원, 물적 자원, 정보 자원으로 분류된다. 사회적 지지도 중요한 자원이긴 하지만 대외적으로 표방된 기관의 미션과 경영진의 열정·의지로 평가되는 부분이 크다. 자원은 조직의 필요에 의해 적극적으로 동원되는 투입 요소이다. 경영자의 능력에 따라 자원동원과 자원조달 리스크 관리가 달라진다.

요구는 소극적으로 환경으로부터 받아들일 수밖에 없는 투입 요소이다. 학습자들의 니즈일 수 있고, 그리고 모기관(parent organization)이나 감독기관으로부터의 요구일 수도 있고, 일반환경과 과업환경으로부터 오는 일체의 요구가 포함된다. 또한 피드백을 통한 자기 개선을 위한 요구일 수 있다. 이러한 니즈는 종합적으로 평생교육기관의 성장을 위한 새로운 출발선을 제공한다(Kaufman, 1983).

(4) 경영과정

어떤 일을 이루기 위해서는 계획(Plan)해서 실행하고(Do), 꼭 그렇게 이루어지도록 감독(See)하면 된다. 이것은 과업이 이루어지는 '관리의 원리'이다. 크든 작든 모든 관리의 과정은 Plan-Do-See를 따른다. 이것은 어떻게(how)의 원리라고도 할 수 있다. Plan-Do-See의 See를 세분해서 Check(점검)-Action(시정행동)으로 나눈 것이 소위 Deming cycle인 PDCA 사이클이다. 그런데 실행을 위해서는 뭔가 결과를 만들어 내야 하기 때문에 생산, 영업, 관리(회계·재무, 인사, 정보 자원관리와 같은 경영지원 영역) 기능이 반드시 필요하다. 생산은 그 조직의 핵심 아이템을 만들어 내는 기능이고, 영업은 이것을 소비자에게 알려서 판매하는 기능이고, 관리는 생산과 영업 기능들이 잘 돌아갈 수 있도록 지원하는 기능이다. 여기서 생산은 반드시 상품을 생산하는 것뿐만 아니라 서비스라든지 프로그램이라든지 그 조직이 무엇(what)을 할 것인가에 관한 것, 소위 '목적사업'의 수행에 관한 것이다. 한 사람이 경영해도 이런 기능을 반드시 수행해야 한다. 이 기능을 중심으로 경영조직이 만들어져 있다. 이것이 '기능의 원리' 또는 '조직화의 원리'이다. 경영조직은 경영의 하드웨어로서 전체 경영조직은 각각의 기능을 담당하는 하위 조직들이 있고, 이들이 하위 시스템을 구성한다. 현대의 경영조직은 [그림 2-2]와 같이 생산, 마케팅 외에 관리에 해당하는 기능들인 조직/인사(조직관리), 재무, 회계, 경영정보, 국제경영을 기본 기능으로 포함시키고 있다. 이런 영역은 경영학의 필수 과목이기도 하다(김재환, 2017). 경영자의 경영활동은 페이욜이 제시한 계획, 조직관리, 지휘, 조정/통제가 기본인데, 관리조직이 많이 분화된 것은 경영자들이 관리기능을 활용해서 지휘 감독을 하기 때문으로 볼 수 있다. 어쩌면 지휘 감독을 대면으로 하면서 고함을 지르는 방식에서 조직끼리의 견제와 균형을 통해 체계적이고 자동적인 방식으로 진화된 결과로 볼 수 있다.

관리의 원리와 기능의 원리, 이 둘을 합친 것을 '경영' 또는 '경영과정'으로 볼 수 있다. 가장 간단한 것이 기획(Planning)-조직화(Organizing)-인사(Staffing)-지휘(Directing)-통제(Controlling)이다. 조직화가 바로 경영조직을 설계하고 만들거나 과업에 맞게 새롭게 개편하는 것을 말한다. 쿤츠와 웨이리치(Koontz & Weihrich, 1988)는 조직의 목표를 달성하기 위하여 POSDCo를 수행하는 것을 경영으로 보았다. 일찍이 귤릭(Gulick, 1937)은 행정 분야에서 POSDCoRB 이론을 통해 최고 경영자의 경영활동 7가지를 제시한 바 있다. POSDCoRB란 계획(Planning), 조직화(Organizing), 인사(Staffing), 지휘(Directing) 그리고 조정(Coordinating), 보고

(Reporting), 예산(Budgeting)이 그것이다.

　신유근(2011)은 경영자의 경영활동으로 경영전략, 경영조직, 인사관리, 혁신관리를 꼽았는데, 전통적인 '계획, 조직관리, 지휘, 통제' 부분에 혁신관리를 따로 세운 것이 특징이다. 변화의 속도가 빠른 현대 경영에서는 환경 변화에 적응하기 위한 혁신 전략이 아주 중요하다. 경영 전략은 계획 영역에 해당하고, 경영조직(조직화)과 인사관리는 조직관리로 볼 수 있다. 조직관리는 조직을 구성하고(organizing), 인력을 충원하는(staffing)하는 활동이다. 경영자가 가진 가장 강력한 권한이 조직을 개편하고, 사람을 배치하는 인사권이다. 나이(Nye, 2021)는 조직관리 기술을 조직정보의 흐름을 관리하고 구성원들에게 보상하는 기술로 본다. 여기서 조직관리가 의사결정과 함께 정보의 공유와 소통, 동기관리로 이루어져 있음을 알 수 있다. 또한 경영과정에서 핵심적인 과정이 바로 조직관리라는 것도 알 수 있다. 조직관리 차원에서의 경영은 경영자가 의사를 결정하고 실현하는 과정으로 볼 수 있다. 경영조직들에 어떤 과업이 주어지면 Plan-Do-See의 과정을 통해 과업이 기필코 달성되도록 관리된다. 그 각각은 모두 의사결정의 연속으로 이루어진다. 경영과정의 공통분모는 '의사결정'이다(김재환, 2017). 의사결정이 효과적으로 집행되기 위해서는 정보의 공유와 소통, 즉 '의사소통'이 중요하다. 그리고 동기가 부여되고 지속될 수 있도록 '동기관리'도 경영자의 중요한 역할이다. 임파워먼트는 동기관리 차원에 포함시킬 수 있다. 진단·평가·보상은 의사결정, 의사소통, 동기관리에 큰 영향을 미친다. 과업을 달성하는 관리의 원리인 Plan-Do-See가 조직관리에서는 의사결정(plan에 비유), 의사소통과 동기관리(Do), 진단·평가·보상(See)으로 중첩되어 나타나는 것을 볼 수 있다.

　코트니(Courtenay, 1993)는 평생교육기관의 경영과정을 기획(planning), 조직화(organizing), 지휘(leading), 인사(staffing), 통제(controlling)의 일반적인 과정에 프로그램 개발(programming)이 포함되는 특징이 있다고 했다. 그런데 프로그램 개발은 조직화 중 생산기능에 포함되는 것이고, 각 경영조직의 특징에 따라 목적사업이 다르므로 저마다 거기에 맞는 생산조직을 갖추고 있다. 평생교육기관은 공공시설, 비영리법인, 부설기관, 영리법인과 비영리 단체의 성격을 모두 갖추고 있기 때문에 공공 대 민간, 영리 대 비영리, 법인과 비법인 등 거의 모든 형태의 조직 유형을 다양하게 갖고 있어서 쿤츠와 웨이리치(Koontz & Weirich, 1988)가 말하는 일반 공통적인 경영과정만 간단히 살펴보고자 한다.

① 기획

기관의 미션과 비전, 가치철학의 규명과 공유, 목적과 목표의 설정, 경영 전략 수립 등이 포함된다. 미션은 조직의 존재 이유로서 조직이 출발하기 이전에 경영자로부터 구상되며, 조직이 추구하는 목적과 직결된다. 비전은 조직의 중장기적 미래상이며, 목표들이 추진된 결과로 구체적으로 드러난다. 가치철학은 조직이 추구하는 가치의 우선순위이며, 조직의 미션이나 목적과도 일관된 맥락을 가지며 조직 구성원의 구체적인 행동지침이 된다. 경영 전략이란 경쟁과 어려움을 이겨내고 조직이 추구하는 목적, 목표를 달성할 수 있는 방략이다. 원래 전략이란 군사 용어로서 전쟁에서 이길 수 있는 방략을 말한다. 아무리 겉으로 그럴싸해도 패를 보여 주는 것은 정치슬로건이지 전략이 될 수 없다. 하지만 우공이산(愚公移山)의 일화에서처럼 아무리 큰 산이라 하더라도 자손대대로 흙을 퍼나르면 언젠가는 산이 무너지게 되어 있기 때문에 비록 미련스럽더라도 전략이 될 수 있다. 목표가 있고, 그것을 달성할 전략이 갖춰지면 실행하기만 하면 목표를 달성할 수 있다.

② 조직화

개인이 아니라 여러 사람이 협력해서 목표를 이루어야 할 경우엔 조직적인 활동이 필요하다. 조직화는 어떤 일을 이루기 위해 어떤 기능의 하위 조직을 두고, 어떻게 정보를 교환하고 협력하며, 또 견제를 하게 하여 균형을 잡아 나감으로써 조직의 안정성을 유지하게 할 것인가가 중요하다. 조직화는 가치사슬에 맞도록 물 흐르듯 자연스러워야 한다. 이것은 원활한 의사소통이 이루어지는 인프라이기 때문이다. 조직은 전술한 바와 같이 생산, 영업, 관리 기능을 갖추고 있다.

- **생산**: 생산은 기관의 목적사업 또는 주된 아이템을 만들어 내는 기능이다. 평생교육기관의 경우엔 고객의 니즈를 반영하여 프로그램을 만들고, 교수자를 양성하여 훈련시키고, 프로그램을 운영하는 활동이 포함된다. 품질관리도 포함된다.
- **영업**: 영업은 생산한 산물을 고객에게 판매하기 위한 마케팅 활동이다. 비록 고

객에겐 무상으로 제공한다 하더라도 결국 고객의 수요에 의해 조직의 수익이 좌우된다. 평생교육 프로그램이 공공예산으로 지원될 때 보통 학습자의 선호(수강자 수)에 의해 예산할당이 이루어진다. 그리고 생산되는 프로그램과 운영자의 퀄리티가 마케팅을 좌우한다. 이게 교육사업의 특징이다. 교육은 고급스럽고 고수(高手)에 의해 운영될 때 장소를 가리지 않고 학습자가 몰려든다. 그런데 압도적인 프로그램이 아니라면 홍보와 마케팅을 효과적으로 진행할 필요가 있다. 프로그램의 강점을 적극적으로 알려서 고객들이 선택하게 해야 한다. 요즘은 온라인 홍보와 마케팅이 대세이므로 홈페이지나 웹디자인을 고급스럽게 꾸미고 핵심적인 메시지를 세련되게 전달하는 게 중요하다. 교육은 특히 이미지 마케팅(image marketing)이 중요하다.

그리고 A/S 기능이 마케팅에 영향을 미친다. 산품의 특징에 따라 미치는 영향이 다르겠지만, 평생교육 프로그램의 경우 교육 후 추수관리(follow-up)를 어떻게 하느냐에 따라 고객 만족도, 고객 충성도, 고객 이미지, 구전 효과 등 향후 영업에 영향을 미친다. 이것이 고객을 단발성, 단기적 관점으로 볼 게 아니라 고객생애가치(CLV) 관점에서 멀리 내다보고 관리할 필요가 있다는 것이다.

• 관리: 생산과 영업은 가치사슬의 주 활동(primary activities)이지만, 관리 영역은 지원활동(support activities)이다. 가치사슬상의 지원활동에는 크게 인프라스트럭처인 재무/회계, 기획, IR과 같은 활동(대표적으로 재무/회계 영역), 그리고 인적자원관리 분야인 채용, 훈련, 보상 시스템, 물적 자원을 관리하는 조달 영역(procurement, 구매조직), R&D 영역인 제품 디자인, 시험 프로세스, 재료연구, 시장연구 등 기술개발 분야가 있다.

관리 영역은 가치사슬의 지원활동이지만 경영자 입장에서는 관리기능을 통해 지휘, 통제한다. 요즘은 경영정보 시스템(MIS)이 의사결정과 지휘통제에서 매우 중요한 역할을 한다. 경영정보 시스템은 조직의 목표를 달성하기 위하여 다른 하위 시스템을 효율적으로 작동하도록 지원하는 시스템이다. 컴퓨터가 보급되면서 대량의 정보가 요약 공유될 수 있도록 시스템이 설계되어 의사결정에 필요한 정보를 적시에 제공할 수 있게 되었다. 경영정보 시스템은 TPS(Transaction Processing System, 거래와 회계처리의 전산화) 단계에서 CBIS(Computer Based Information System, 컴퓨터 기반 경영정보 시스템),

DSS(Decision Support System: 의사결정 지원 시스템), ES(Expert System: 인공두뇌를 이용한 시스템으로 대안의 제시, 설득, 학습까지 가능한 시스템)로 발전하고 있다.

③ 인사

조직화는 조직의 뼈대를 갖추는 것이다. 조직 명칭, 위계와 보고체계, 기능, 역할에 따른 인원수 등이 정해진다. 조직화 이후엔 실제 직원(staff)을 배치해서 운영하는 것이 인사관리이다. 인사관리는 꼭 맞는 역량조건을 갖춘 인재를 채용하고, 훈련하고, 활용하고, 보상하는 조직적인 활동이다. 인력을 배치하려면 직무분석을 통해 기술된 직무에 맞는 역량을 규명해야 한다. 직무분석과 역량 기반의 인사관리가 가장 과학적인 인사관리라 할 것이다.

④ 지휘

지휘(Directing or leading)란 계획대로 수행되게 하는 활동을 말한다. 조직 구성원들을 목표와 일치하는 방향으로 이끌어 가는 과정이라 할 수 있다. 동기부여와 원활한 의사소통, 팀워크가 형성되어 조직의 시너지가 생기도록 리더십을 발휘하는 과정이기도 하다. 궁극적으로 조직의 목표 달성에 방향이 맞추어져 있고 구성원들과의 인간관계가 중심이 되는 활동이다. 수행과정에서 협조가 잘 이루어지게 하는 과정이 조정(coordinating)인데, 페이욜이 조정을 별도의 경영활동 요소로 세웠지만 조정은 지휘의 일부로 포함되어, 지금은 계획/조직관리/지휘/통제로 통합되었다(Robbins et al., 2021). 조정은 결국 팀워크가 제대로 발휘되도록 하여 계획대로 일이 추진되도록 하는 활동이기 때문이다.

⑤ 통제

통제란 계획대로 일이 진행되고 있는지, 목표대로 진행되었는지 확인하고 평가하고 감독하고 수정하는 활동을 말한다. 경영조직 내에서 이루어지는 PDS(Plan-Do-See) 과정 중 S(See)에 해당하는 활동이다. PDS는 기본적인 관리활동 과정이기 때문에 모든 업무에서 일어나며 중첩적으로 일어난다. 통제는 조직목표를 달성하기 위한 필수과정이다. 여기서 말하는 통제는 경영 프로세스에 대한 일반 통제, 즉 서브 시스템(subsystem)을 포함하는 통제로서 시스템 전체의 개선을 목적으로 하는 피드백 과정과는 구별할 필요가 있다. 하지만 보는 대상만 다를 뿐 확인, 평가, 감독, 수정하는 활동은 같다.

(5) 산출

시스템에서 환경으로 내 보내는 모든 것을 말한다. 평생교육기관의 경우 자신의 역할인 목적사업을 수행하면서 산출되는 평생교육 서비스 일체(프로그램, 강좌)를 말한다. 산출은 결국 수익과 고객 만족도, 고객 참여율과 충성도 등으로 산정된다.

투입(input) 대비 산출(output)의 비율이 효율성(efficiency)이다.

(6) 결과

결과는 산출을 통하여 궁극적으로 얻고자 하는 생존, 성장, 사회적 책임에 얼마나 도움이 되었는지에 관한 것이다. 결과(outcome)는 산출(output)이 있은 후 어느 정도의 시간이 지난 다음에 확인된다. 생존은 재무건전성이나 충성고객 확보 수준으로, 성장은 프로그램의 질적·양적 성장 그에 수반되는 인적·물적 시설의 확충 정도로, 사회적 책임은 역량개발이나 의식의 전환을 통한 사회적 기여와 평판 등으로 평가될 수 있을 것이다.

투입(input) 대비 결과(outcome)의 비율이 효과성(effectiveness)이다.

(7) 피드백

"산출의 결과를 평정하여 다음번의 새로운 투입으로 반영시키는 과정으로, 긍정적·부정적·정보적 피드백이 있다. 체제의 유지와 성장을 위해 외부 환경으로부터 필요한 정보를 지속적으로 가져오는 과정이기도 하다"(정민승, 허준, 2020, p. 55). 피드백 과정에서는 시스템 전체를 확인, 감독, 수정하기 위해 최고경영자가 가진 감사기능(auditing)을 활용할 수 있다는 것이 특징이다.

① 평가

평가는 되먹임(피드백)을 통해 프로세스를 개선하기 위하여 진행된다. 평가를 위해서는 KPI를 결정해야 한다. 산출에 대한 지표는 금전적 수익으로 환산될 수 있는 양적 지표와, 만족도 평가 등의 지표가 사용될 수 있다. ROI(Return on investment)는 투자 대비 수익성을 평가하는 것으로 효율성을 평가하는 기준이다.

결과에 대한 지표는 생존율에 영향을 미치는 재무건전성, 미래 생존에 영향을 주는 직원개발, 고객개발과 충성고객 확보, 우수 교·강사 확보와 네트워킹 등을 반영하는 KPI 개발이 필요하다. 성장에 대해서는 양적 성장과 질적 성장에 관한 지표가 개발되어야 하고, 생존과 성장은 직결되므로 조작적 정의를 통해 생존지표와 성장지표를 구분·정리할 필요가 있다. 또한 사회적 책임 수행지표의 경우, 역량개발이나 의식 전환과 같은 교육목적 달성도뿐 아니라 지역사회활동이나 지속가능성장에의 기여도 등도 포함시킬 필요가 있다.

② 감사

감사는 평가 결과에 대해 원인추적(audit trail)을 하고, 논공행상과 신상필벌을 하여 조직의 기강을 세우고 동기를 자극하기 위해 실시된다. 피터 드러커(Peter Drucker)는 "경영은 과업이며, 규율이고 또한 사람이다"(Drucker, 1974: 신유근, 2011, p. 6 재인용)고 했다. 드러커는 경영에서 기강을 세우는 규율을 중시했다. 이것은 페이욜 이래의 전통이기도 하다. 삼성그룹을 비롯한 일류의 경영조직들은 '규율'을 중시하고, 감사기능을 중시한다.

평가와 감사는 경영자나 관리자의 감독(supervisioning)과 통제(controlling)의 기능을 수행하는 핵심 수단이 된다. 이렇게 해서 확실한 실행과 개선이 가능해지는 것이다.

③ 환경의 요구: 질 관리

산출물과 결과에 대한 환경의 요구는 결국 프로그램에 대한 평판으로 귀결된다. 프로그램의 세련도, 프로그램의 유용성과 매력도, 교수자(퍼실리테이터)의 전달능력, 접근성, 첨단기술 반영도, 추수(follow-up) 관리 등 프로그램과 운영 영역뿐 아니라, 마케팅과 관리 영역에서도 고객요구를 적시에 민감성 있게 반영해 주어야 한다. 그래서 총체적 질관리(Total Quality Management: TQM) 차원의 접근이 필요하다. 이것은 공급자 중심이 아니라 학습자 중심의 질 관리체제이다. 프로그램의 질이 높아야 학점은행기관으로 지정될 수 있고, 비교우위를 확보할 수 있어 생존과 성장, 나아가 사회적 책임을 다할 수 있게 된다.

시스템 접근은 한 영역의 의사결정이나 조치가 다른 영역에 영향을 미친다는 것을 의미한다. 큰 조직을 구성하는 하위 조직들이 상호 연결되어 있기 때문이다. 조직적 성공은 하위 시스템들 간의 상호작용, 상호 의존성, 하위 시스템들 간의 시너지에 달려 있다. 이런 관점에서 루트비히와 후만파(Ludwig & Houmanfar, 2012)가 '시스템은 궁극적으로 서브 시스템의 개발과 유지를 통해 환경적 요구를 충족함으로써 생존하는 적응형 실체'라고 강조한 부분을 다시 한번 상기할 필요가 있겠다. 경영을 시스템으로 접근하면 전체 맥락을 염두에 두고 효과성에 주목하기 때문에 전체적 방향과 함께 디테일도 잘 챙길 수 있게 된다. 사람이 가진 근시안적 본성(Greene, 2020)을 극복할 수 있게 한다.

> **토론 문제**
> 1. 개방 시스템으로 볼 수 없는 것들은 어떤 것이 있는지 예를 들어 보시오. 그리고 그 이유를 시스템의 특성에 비추어 설명하시오.
> 2. 평생교육기관의 경영을 시스템적으로 접근해야 하는 이유에 대해 논하시오. 시스템적 접근을 하지 않았을 때 어떤 결과가 나타날지 예상해 보시오. 또 사례가 있으면 제시하시오.

참고문헌

권두승, 최운실(2016). **평생교육경영론(2판)**. 경기: 교육과학사.

김수빈(2019). 평생학습 중복사업문제, 학습자 혼란 키운다. 평생학습타임즈, 10/10/2019. http://lltimes.kr/?p=46252에서 9/15/2021 인출.

김신일, 김재웅, 정민승(2007). **평생교육경영학**. 서울: 한국방송통신대학교 출판부.

김재환(2017). 고려대 전공체험 강의실: 경영학도를 위한 강의.
출처: https://www.youtube.com/watch?v=ZnfQEgcNx-c 9/6/2021 인출.

신유근(2011). **경영학원론: 시스템적 접근(3판)**. 경기: 다산출판사.

정민승, 허준(2020). **평생교육경영론(개정판)**. 서울: 한국방송통신대학교 출판문화원.

최은수, 배석영(2009). **평생교육경영론**. 경기: 양서원.

Albrecht, K. (1983). *Organization Development: A Total Systems Approach to Positive Change in Any Business Organization*. Prentice-Hall.

Argyris, C. (1977). Double loop learning in organizations. *Harvard Business Review, Sep-*

Oct/1977, 115-125.

Barnard, C. (1938). *The Functions of the Executive.* Harvard University Press.

Bastedo, M. N. (2004). Open Systems Theory. In F. W. English (Ed.), *Encyclopedia of Educational Leadership and Administration.* SAGE. https://sk.sagepub.com/reference/edleadership/n406.xml

Bertalanffy, L. (1968). *General System theory: Foundations, Development, Applications.* NY: George Braziller.

Beven, K. (2006). A manifesto for the equifinality thesis. *Journal of hydrology, 320*(1), 18-36.

Bible, M. J., & Bivins, S. S. (2011). *Mastering Project Portfolio Management: A Systems Approach to Achieving Strategic Objectives.* J. Ross Publishing.

Boulding, K. E. (1956). General systems theory: The skeleton of science. *Management Science, 2*(3), 197-208.

Childress, Q., & Childress, P. (2014). *Best Practices in Organizational Development: A Systems Approach to Achieving Business Potential.* CreateSpace Independent Publishing Platform.

Courtenay, B. C. (1993). Managing the differences in public, private organizations. *Adult Learning, 4*(4), 13-30.

Drucker, P. F. (1974). *Management: Tasks, Responsibilities, Practices.* Harper & Row.

Easton, D. (1957). An approach to the analysis of political systems. *World Politics, 9*(3), 383-400.

Getzels, J. W., & Guba, E. G. (1957). *Social behavior and the administrative process.* The University of Chicago Press.

Gordon, J. (2021). *Systems Theory of Management-Explained.* https://thebusinessprofessor.com/en_US/management-leadership-organizational-behavior/systems-theory-of-management에서 9/12/2021 출력.

Greene, R. (2020). 인간본성의 법칙(*The laws of human nature*, 이지연 역). 서울: ㈜위즈덤하우스. (원저 2018년 출판).

Gulick, L. H. (1937). Notes on the Theory of Organization. In L. Gulick & L. Urwick (Eds.), *Papers on the Science of Administration* (pp. 3-45). New York: Institute of Public Administration.

Hofstede, G. (1991). *Cultures and Organizations: Software of the Mind.* McGraw-Hill: London.

Katz, D., & Kahn, R. L. (1966). *The Social Psychology of Organizations.* John Wiley &

Sons.

Katz, D., & Kahn, R. L. (1978). *The social psychology of organizations* (2nd ed.). New York: Wiley.

Kaufman, R. A. (1968). A system approach to education: Derivation and definition. *AVCR, 16*, 415-425. https://doi.org/10.1007/BF02769075

Kaufman, R. A. (1972). *Educational system planning.* Englewood Cliffs, NJ: Prentice-Hall Inc.

Kaufman, R. A. (1983). A System Approach: A Redefinition. *IFAC Proceedings, 16*(6), 17-23. https://doi.org/10.1016/S1474-6670(17)64340-4

Koontz, H., & Weihrich, H. (1988). *Management* (9th ed.). NY: McGraw-Hill.

Laszlo, E. (1972). Systems philosophy: A symposium. *METAPHILOSOPHY, Apr/1972*, 123-141. https://doi.org/10.1111/j.1467-9973.1972.tb00045.x

Laszlo, E. (1975). "Preface" in *Perspectives on General System Theory*, by L. von Bertalanffy, edited by E. Taschdjian. New York: George Braziller.

Ludwig, T., & Houmanfar, R. (Eds.). (2012). *Understanding Complexity in Organizations: Behavioral Systems.* Routledge.

Montuori, A. (2011). Systems Approach. In M. A. Runco & S. R. Pritzker (Eds.), *Encyclopedia of Creativity* (2nd ed., pp. 414-421). Academic Press. doi:10.1016/B978-0-12-375038-9.00212-0

Nye, J. R., Jr. (2021). EBS 위대한 수업 4강: 리더십의 기술(하). https://www.youtube.com/watch?v=4euW-BVLjNY&ab_channel=%EB%AF%B8%EC%8A%A4%ED%86%A0%EB%A6%ACMi_story

Online Etymology Dictionary. 2001-2021 Douglas Harper. https://www.etymonline.com/search?q=organzation

Parsons, T. (1951). *The social system.* Routledge & Kegan Paul Ltd.

Robbins, S. P., Coulter, M. A., & De Cenzo, D. A. (2021). 경영학원론(제11판)(*Fundamentals of Management*, 양동훈, 임효창, 조영복 공역). 서울: 시그마프레스. (원저 2021년 출판).

Rogers, D. (1973). "General Systems Theory" "Modern Organizational Theory" and Organizational communication. *Paper prepared for a course In Speech Communication*, SUNY at Buffalo, October 1973. Document acquired by ERIC.

Schneider, M. E. (2001). Motivational Development, Systems Theory of. In *International Encyclopedia of the Social & Behavioral Sciences* (pp. 10120-10125). DOI:10.1016/B0-08-043076-7/01661-2

Sharkansky, I. (1982). *Public administration: Agencies, policies, and politics.* San

Francisco: W. H. Freeman.

Simon, H. A. (1997). *Administrative Behavior* (4th ed.). New York: Free Press.

Sinnott, J. D. (1986). *Sex Roles and Aging: Theory and Research from a Systems Perspective.* NY: KARGER.

Speer, D. C. (2004). Family Systems: Morphostasis and Morphogenesis, or "Is Homeostasis Enough?". *Family Process, 9*(3), 259-278. DOI:10.1111/j.1545-5300.1970.00259.x

Stalter, A., Phillips, J., Ruggiero, J. et al. (2017). A concept analysis of systemsthinking. *Nurs Forum, 52*(4), 323-330.

Walker, W. G. (1980). Leadership for lifelong education: The role of educational administration. In A. J. Cropley (Ed.), *Towards a System of Lifelong Education: Some Practical Considerations* (pp. 134-161). NY: Pergamon Press.

Williams, R. A. (1987). *Communication Systems Analysis and Design: A Systems Approach.* Prentice-Hall.

제 3 장

평생교육기관의
개념과 유형

> 지식은 개선되어야 하며 도전 받아야 하고, 끊임없이 증가되어야 한다.
> 그렇지 않으면 지식은 소멸한다.
> −피터 드러커−

···

1. 평생교육기관의 개념을 이해할 수 있다.
2. 비형식 평생교육기관의 현황과 특성을 이해할 수 있다.
2. 평생교육기관의 역할과 기능을 이해할 수 있다.

[학습개요]
···

우리 사회가 저출산 고령화 현상이 심화되면서 베이버 부머 세대의 재교육 등 평생학습의 중요
성이 강조되고 있다. 다양한 유형의 형식. 비형식 평생교육기관에서 다양한 계층의 많은 프로그
램이 개발되어 운용되고 있다. 이에 평생교육기관의 개념을 기반하여 형식, 비형식, 준형식의 평
생교육기관의 유형을 이해하고, 평생교육기관의 역할과 기능에 대하여 학습한다.

1. 평생교육기관의 개념과 유형

1) 평생교육기관의 개념

우리나라 평생교육체제는 국가 주도적 시스템이고, 우리나라 평생교육기관은 「평생교육법」에 기초해서 규정되고 설립, 운영된다. 「평생교육법」 제2조 2호에서 평생교육기관을 정의하고 있다. 평생교육기관이란 다음 각 목의 어느 하나에 해당하는 시설·법인 또는 단체를 말한다.

① 이 법에 따라 인가·등록·신고된 시설·법인 또는 단체
② 「학원의 설립·운영 및 과외교습에 관한 법률」에 따른 학원 중 학교교과교습학원을 제외한 평생직업교육을 실시하는 학원
③ 그 밖에 다른 법령에 따라 평생교육을 주된 목적으로 하는 시설·법인 또는 단체

평생교육기관의 개념을 정의하기 위해서는 기관 설립을 위해 어떠한 요건을 갖추어야 하는지를 살필 필요가 있다. 국가 평생교육진흥과 관련된 업무를 총괄하는 '국가평생교육진흥원'은 대표적인 평생교육기관인데, 「평생교육법」 제19조 제5항에 법인설립을 위한 진흥원 정관에 대해 규정하고 있다. 그 내용은 ① 목적, ② 명칭, ③ 주된 사무소의 소재지, ④ 사업에 관한 사항, ⑤ 임원 및 직원에 관한 주요 사항, ⑥ 이사회에 관한 사항, ⑦ 재산 및 회계에 관한 사항, ⑧ 정관의 변경에 관한 사항이다.

권두승과 최운실(2016)은 평생교육기관을 "평생교육을 실시하는 장소 또는 일정한 평생교육 목표를 달성하기 위하여 구성된 사람들의 집단"(p. 121)으로, 최은수와 배석영(2009)은 "평생교육을 목적으로 설립된 법인 또는 기타 단체로서 그를 실현하기 위한 행동을 수행하는 시설이나 단체"(p. 34)로 정의하고 있다.

우리나라 평생교육기관은 법적 기관이기 때문에 법규에 충실하게 정의할 필요가

있다. 법률에 충실한 개념으로는 "학교의 정규교육과정을 제외한 학력보완교육, 성인문자 해득교육, 직업능력 향상교육, 인문교양교육, 문화예술교육, 시민참여교육 등을 포함하는 모든 형태의 조직적인 교육활동을 수행하는 시설, 법인, 또는 단체"를 말한다. 이것을 좀 더 축약해서 표현하면 "평생교육을 수행하는 시설, 법인, 또는 단체"로 정의할 수 있다.

2) 평생교육기관의 유형

평생교육기관의 유형을 살펴보면 그 준거에 따라 다양하게 제시할 수 있다. 엡스(Apps, 1989)는 정부 주도형, 영리 업체 주도형, 민간 비영리 주도형, 비조직적인 교육기관으로, 메리엄과 브로킷(Merriam & Brockett, 1997)은 기관의 주된 목적이 평생교육인지 아닌지에 따라 평생교육 전담기관, 일반교육기관, 준교육기관, 비교육기관으로, 조석호와 최운실(1986)은 운영 주체에 따라 국가 주도형, 민간 주도형, 종교 및 문화기관 주도형, 기업 주도형으로 각각 분류한다. 또한 김용현(1998)은 교육내용에 따라서 학교 중심 평생교육기관, 준학교체제의 평생교육기관, 민간단체 평생교육기관, 행정기관 중심 평생교육기관, 시설 중심 평생교육기관으로 분류한다. 또한 「평생교육법」에 의거한 평생교육기관의 종류에 대해서 살펴보면, 평생교육기관은 크게 비형식 평생교육기관과 형식 평생교육기관 (초·중등교육 형태 평생교육기관과 고등교육 형태 평생교육기관)으로 구분된다. 형식 평생교육기관은 우리가 익히 알고 있는 초등·중등·고등학교로 의무교육을 실시하는 교육기관과 고등교육 형태의 대학이다. 즉, 정규교육과정을 통해 학위를 취득할 수 있는 교육기관이며, 반면 비형식 평생교육기관은 공식적인 학위의 취득을 목적으로 하지 않으면서 취미활동, 자격증 취득, 건강 및 스포츠 강좌 등의 교육을 실시하는 교육기관으로 기관 부설형, 독립형, 전담형 등 다양한 종류와 특징을 갖고 있어 이에 대하여 살펴보면 다음과 같다(교육부, 2021).

(1) 비형식 평생교육기관
① 부설형 평생교육기관
• 초·중등 및 대학 부설 평생교육기관: 초·중등학교, 대학 및 전문대학에서 운영

하는 평생교육기관

- 사업장 부설 평생교육기관: 산업체, 백화점, 문화센터 등의 부대시설에서 운영하는 평생교육기관
- 시민단체 부설 평생교육기관: 법인으로 행정관청에 등록하여 회원이 300인 이상인 시민단체가 소속 회원 외에 일반 시민을 대상으로 운영하는 평생교육기관
- 언론기관 부설 평생교육기관: 신문, 방송 등의 언론기관이 운영하는 평생교육기관

② 독립형 평생교육기관

- 원격 형태: 정보통신매체를 활용하여 특정, 불특정 다수인에게 원격교육을 실시하거나 다양한 정보를 제공하는 등의 교육을 실시하는 평생교육기관
- 지식 · 인력 개발 형태: 기업 또는 고용노동부와 연계하여 운영되는 시설로서 지식정보의 제공과 교육훈련을 통하여 인력 개발을 주된 목적으로 운영되는 평생교육기관

③ 전담형 평생교육기관

- 시 · 도 평생교육진흥원: 시 · 도별 평생교육 기회 및 정보를 제공, 평생교육 상담, 평생교육 프로그램 운영 및 평생교육기관 간 연계체제 구축 업무를 위하여 시 · 도지사가 대통령령으로 정하는 바에 따라 법인으로 설립 또는 지정, 운영되는 기관
- 평생학습관: 지역 주민을 대상으로 평생교육 프로그램을 운영하는 등 지역 평생교육센터로서의 기존 역할과 평생교육에 관한 연구 및 정보 제공을 목적으로 교육감이 설치 및 지정한 평생교육기관 또는 지자체에서 설치한 평생교육기관이다. 법률적으로 우리나라 평생교육기관은 평생교육시설과 평생교육단체로 구분된다. 평생교육시설은 다시 공공평생교육시설과 일반평생교육시설로 나뉜다.

평생교육단체는 영리, 비영리를 포함하는 법인의 형태와 비영리 단체의 형태가 있다(권두승, 최운실, 2016). 공공평생교육시설은 국가 평생교육진흥원, 시 · 도 평생

교육진흥원, 기초지자체 단위의 평생학습센터, 평생학습관이 있다. 일반평생교육시설은 「평생교육법」에 의해 인가, 신고, 등록된 시설과 다른 법령에 의하여 평생교육을 주된 목적으로 설립된 시설을 말한다.

「평생교육법」에 의해 인가, 신고, 등록된 시설에는 8가지 유형으로 나뉜다.

① 학교 형태 평생교육시설(예: 공민학교, 고등공민학교, 방송통신고등학교, 산업체 부설학교와 특별학급, 학력인정평생교육시설, 산업대학 및 기술대학, 각종 학교 등)

② 사내대학 형태 평생교육시설(예: 삼성전자공과대학교, 삼성중공업공과대학, KDB 한국산업은행금융대학교, LH토지주택대학교, SPC식품과학대학, 대우조선해양공과대학, 현대중공업사내대학, 포스코기술대학 등 총 8개교),

③ 원격평생교육시설(예: 학위 취득이 가능한 원격대학 형태의 평생교육시설과 학력이나 학위를 수여할 수 없는 원격교육시설로 구분),

④ 사업장 부설 평생교육시설(예: 유통업체 부설 평생교육시설, 산업체 부설 평생교육시설)

⑤ 시민단체 부설 평생교육시설(법인이거나 비영리민간단체 지원법에 따라 주무관청에 등록된 단체 또는 300명 이상 회원을 보유한 단체)

⑥ 언론기관 부설 평생교육시설

⑦ 지식 · 인력 개발 사업 평생교육시설(요건–1년 이상 경영실적, 자본금 3억 이상, 전문인력 5명 이상),

⑧ 학교 부설 평생교육시설(예: 전문대학 및 기타 대학 부설 평생교육원 등)이 그것들이다.

다른 법령에 의한 평생교육시설은 학원의 설립 · 운영에 관한 법률, 도서관 및 독서진흥법, 박물관 및 미술관 진흥법, 근로자 직업능력 개발법, 근로자 직업훈련 촉진법, 청소년활동진흥법, 사회복지법, 행정자치법령 등에 의한 학원, 도서관, 박물관, 미술관, 문화원, 직업전문학교, 직업훈련원, 청소년 시설, 사회복지시설, 주민자치센터 등이 포함된다(권두승, 최운실, 2016).

(2) 비형식 교육기관의 현황

「평생교육법」 제2조에 의하면, 평생교육기관의 유형과 제공되는 프로그램은 매우 다양하다. 특히, 비형식 평생교육기관의 주 고객인 성인학습자는 내·외부적 환경 변화와 실생활에 근거한 학습의 필요성 등 다양한 목적을 가지고 평생학습에 참여하므로 학습자 개인의 경험과 학습 요구 사항에 이르기까지 개인차가 크게 발생되기 때문이다.

한국교육개발원의 2021년도 국가 평생교육 통계조사 보고서에 따르면 우리나라 성인의 평생교육 참여율은 30.7%로 성인(만 25세 이상에서 79세) 10명 중 3명은 평생교육에 참여하는 것으로 나타났으며, 남성이 32.0%, 여성이 29.5%이다. 나이별로는 노년층 참여율이 19.2%로 청년층 참여율 40.6%보다 21.4%나 낮게 나타났다. 형식교육의 참여율은 0.8%이며, 비형식 교육 참여율은 30.2%로 나타나 우리나라 평생교육에 참여하는 성인학습자의 대부분은 비형식 교육에 참여하는 것으로 나타났다. 〈표 3-1〉과 같이 우리나라의 비형식 평생교육기관의 수와 운영 프로그램 수는 2020년에서 2022년까지 코로나 상황에서 증가세가 멈추고 감소하는 추세를 보이고

〈표 3-1〉 비형식 평생교육기관의 유형별 기관 수 및 프로그램 수 (단위: 개)

구분	기관 수			프로그램 수		
	2019	2020	2021	2019	2020	2021
총계	4,295	4,541	4,493	244,421	281,420	225,000
초·중등학교 부설	7	8	10	49	38	57
대학원 부설	415	414	416	27,193	27,622	21,189
원격 형태	1,041	1,048	1,042	89,543	106,037	99,997
사업장 부설	415	413	393	71,589	87,658	58,870
시민사회단체 부설	492	474	439	4,311	3,990	2,988
언론기관 부설	842	1,098	1,134	5,299	6,814	6,629
지식·인력 개발 형태	595	594	561	11,158	10,712	7,070
시·도 평생교육진흥원	17	17	17	1,182	2,248	1,834
평생학습관	471	475	481	34,097	36,301	26,366
	〈23〉	〈20〉	〈20〉	〈654〉	〈669〉	〈428〉
학원	(7,791)	(7,897)	(7,940)	(-)	(-)	(-)

출처: 교육부(2021). 2021년 평생교육통계 자료집.

있다. 2021년을 기준으로 비형식 평생교육기관 현황을 살펴보면, 언론기관 부설로 운영되는 평생교육기관이 1,134개로 가장 많으며, 그다음으로 원격 형태, 지식·인력 개발 형태, 평생학습관 시민사회단체 부설, 대학원 부설 순으로 나타났다. 원격 형태는 증가세가 주춤한 반면, 언론기관 부설 비형식 평생교육기관 수는 꾸준히 증가하고 있다.

(3) 형식 평생교육기관

① 복합형 평생교육기관

• 학원: 개인이 대통령령으로 정하는 수 이상의 학습자 또는 불특정 다수의 학습자에게 30일 이상의 교습 과정에 따라 지식·기술·예능을 교습하거나 30일 이상 학습 장소로 제공되는 시설

② 초·중등교육 형태 평생교육기관

• 공민학교: 초등교육을 받지 못하고 학령을 초과한 자에 대한 3년간의 초등교육기관

• 고등공민학교: 초등학교, 공민학교 졸업자에 대한 1~3년간의 사회직업 교육기관

• 고등기술학교: 중학교 이상의 학력 인정자에 대한 1~3년간의 전문기술 교육기관

• 각종 학교: 초·중·고·특수학교와 유사한 교육기관으로 수업연한, 입학자격, 학력인정 등을 달리하는 교육기관

• 산업체 부설 고등학교: 산업체에 근무하는 청소년의 교육을 위하여 산업체가 설치·운영하는 고등학교

• 근로 청소년을 위한 특별학급: 산업체에 근무하는 청소년의 교육을 위하여 산업체에 인접한 중학교 및 고등학교가 두는 야간제 특별학급

• 방송통신 중·고등학교: 방송통신을 통하여 중·고등학교 과정의 교육을 실시하는 교육기관

• 학교 형태의 학력인정 평생교육기관: 「평생교육법」 제31조 제2항에 의거 고등학교 졸업 이하의 학력이 인정되는 학교 형태의 평생교육시설

③ 고등교육 형태 평생교육기관

- 방송통신대학: 정보 · 통신매체를 통한 원격교육으로 고등교육을 받을 기회를 부여하여 국가와 사회가 필요로 하는 인재를 양성하고 열린학습사회 구현을 통하여 평생교육의 발전 기여를 위한 학교
- 산업대학: 산업사회에서 필요로 하는 학술 또는 전문적 지식 · 기술 연구와 연마를 위한 교육을 받고자 하는 자에게 고등교육의 기회를 제공하여 국가와 사회의 발전에 기여할 수 있는 산업 인력을 양성함을 목적으로 하는 학교
- 기술대학(대학, 전문대학): 산업체 근로자가 산업현장에서 전문적인 지식 · 기술의 연구 · 연마를 위한 교육을 제공함으로써 이론과 실무능력을 고루 갖춘 전문인력 양성을 목적으로 하는 학교
- 각종 학교(대학, 전문대학): 대학 수준의 신학교 · 예술학교 · 승가학교 등의 학교
- 원격 · 사이버대학(대학, 전문대학): 정보 · 통신매체를 통해 교육 서비스를 제공하여 학습자가 시간과 공간의 제약 없이 학습하고 학점을 이수하는 경우 전문대학 또는 대학 졸업자와 동등한 학력이나 학위를 인정하는 학교
- 사내대학(대학, 전문대학): 시간적 · 경제적 여유가 없어 대학을 가지 못한 근로자들에게 학교법인 설립 없이 일정 기간 사내교육을 이수하면 학력과 학위를 인정해 주는 평생교육 차원의 고등교육기관
- 기능대학: 「고등교육법」에 따른 전문대학으로서 학위과정인 다기능기술자 과정과 직업훈련 과정 등을 병설 운영하는 교육 · 훈련기관
- 전공대학: 「초 · 중등교육법」에 따라 전공과를 설치 · 운영하는 고등기술학교로서 교육부장관의 인가를 받아 전문대학 졸업자와 동등한 학력 · 학위가 인정되는 평생교육시설로 전환 · 운영하는 기관
- 특수대학원: 직업인 또는 일반 성인을 위한 계속 교육을 주된 목적으로 운영되는 대학원

3) 평생교육기관의 특성

최은수와 배석영(2009)은 학교 교육과 비교한 평생교육기관의 특성에 집중하여 평생교육기관의 성격을 다음과 같이 열거하고 있다.

첫째, 모든 연령층에 개방되어 있다. 평생에 걸친 학습과 교육이라는 평생교육의 특성이 드러나는 부분이다.

둘째, 교육과정이나 교육 기간이 학교 교육에 비해 탄력적이다. 이는 「평생교육법」에도 반영되어 있다. 「평생교육법」 제6조에 의하면 "평생교육의 교육과정·방법·시간 등에 관하여 이 법과 다른 법령에 특별한 규정이 있는 경우를 제외하고는 평생교육을 실시하는 자가 정하되, 학습자의 필요와 실용성을 존중하여야 한다."고 규정하고 있다.

셋째, 교육내용이 실생활과 밀접하다. 성인교육의 '안드라고지(Andragogy) 원리' 중 실생활에 대한 관심을 반영하는 교육내용이어야 한다는 것을 대변하는 특성이라 할 수 있다. 실생활에 연관되는 교육내용은 생활세계를 포괄하는 것이기에 매우 광범위하고 다양하다.

넷째, 대부분 비영리 조직으로 운영되기 때문에 재정적으로 열악하다. 공공성과 비영리가 결합된 이미지를 갖고 있어서 평생교육은 공짜라는 인식이 강하다. 공적 보조금이나 후원금으로 재정을 충당하는 재정 의존성이 강하다. 이것은 국가 주도의 평생교육 시스템이 갖는 '공급자 중심'의 가르치려 들고, 귀 기울이지 않는 경직된 행태가 개선되기 어려운 구조적 토대를 제공한다. 평생교육은 평생학습과 평생학습자에 귀 기울이고 지원하는 역동적이고 유연한 활동이어야 환경 변화에 효과적으로 대응할 수 있다. 권두승과 최운실(2016)은 민간 영역 차원에서의 활성화가 제도적으로 미비하다는 것을 지적하고 있으며, 제도적 측면에서 다음과 같은 평생교육기관의 특징을 제시하고 있다.

다섯째, 평생교육기관에서 실시하는 프로그램과 학습 대상자에 따라, 적용되는 법체계가 다르다는 문제점이 있다. 예를 들어, 학원에서 실시하는 진로교육이 미성년자를 대상으로 할 경우엔 「평생교육법」이 적용되고, 성인을 대상으로 할 경우엔 근로자 직업능력 개발법, 근로자 직업훈련 촉진법, 고용보험법 등의 적용을 받아 교육비 관련 행정처리가 매우 복잡해진다.

여섯째, 평생교육기관을 국가나 지자체에서 설치하고, 운영은 민간에 위탁하는 식으로 경영방식을 취하는 경우가 많다. 직영보다는 아웃소싱이 인력관리나 운영 효율성 면에서 우수하기 때문이다.

일곱째, 평생교육기관의 설치·운영에 관한 기준이나 학습자 보호를 위한 제도적 장치가 거의 없다. 원격교육 형태의 평생교육시설이나 임의단체로 운영되는 평생교육기관에서 문제점이 발견되고, 이 경우 학습자 보호를 위한 제도적 장치가 거의 없다. 그냥 단체를 만들어서 전문 영역의 민간자격증 코스를 임의로 두고 평생교육을 실시하는 경우가 발견되고 있다.

2. 평생교육기관의 역할과 기능

1) 평생교육의 필요성

인구통계적으로 인간의 수명이 크게 늘어나고 산업기술의 발달로 4차 산업시대를 맞이하는 오늘날, 이러한 시대적 변화에 적응을 위한 학습자의 재교육과 평생교육의 중요성은 아무리 강조해도 지나치지 않은 것이다. 데이브(Dave, 1979)는 인간의 종합적인 성장, 즉 인성 발달의 전인성과 계속성에 주안점을 두고 급속한 사회구조의 변화와 인구 증가, 과학적 지식과 기술의 발달, 민주화를 위한 정치적 도전, 매스컴의 발달과 정보의 급증, 경제 수준 향상과 여가 시간의 증대, 생활양식과 인간관계의 균형 상실, 이데올로기로 인한 위기 등 변화하는 사회에 순응하며 사회문제를 순리적으로 해결하고, 개인의 자아실현을 통한 전인적 발전을 위해 평생교육이 필요하다고 하였다. 즉, 평생교육에서 공교육의 순기능적 측면을 중시하였다. 그러나 프레이리(Freire)와 라이머(Reimer)는 공교육의 순기능을 비판하면서 교육이 또 다른 사회 불평등을 재생산하기에 평생교육은 학습자가 학교 교육에서 극복하지 못했던 사회적·구조적 모순에서 벗어날 수 있도록 개인의 의식을 성장시키고 공교육의 모순을 극복하는 수단으로 보았다. 한편, 자비스(Jarvis, 2006)는 평생교육의 역할은 인간의 자유로운 발달을 도모하여 피지배계층의 교육을 통하여 교육과 노동의 생산체계에 밀접한 관계를 맺어 준다고 하였다.

오늘날 평생교육은 빠르고 복잡하게 변화하는 현대사회가 안고 있는 많은 문제들을 효과적으로 해결하고, 이를 예방하기 위하여 모든 사회 구성원들을 대상으로 실천되어야 한다. 더불어 학교교육으로부터 소외되었거나 혜택을 받지 못한 사람들에게 교육의 기회를 제공하여 교육적 격차를 해소하고 교육의 기회균등을 실현하는 교육기관의 역할을 수행해야 한다. 또한 급격한 사회 변화에의 적응과 타 문화에 대한 이해 증진, 세대 간 · 남녀 간 · 집단 간의 조화와 협력, 학교 밖 청소년 직업훈련, 다양한 성인교육 등에 관한 사회 구성원들의 요구가 증가됨에 따라 오늘날 평생교육의 필요성은 더욱 강조되고 있다.

2) 평생교육기관의 역할

오늘날 평생교육환경은 더욱 경쟁적으로 변화하면서 평생교육기관은 학습자를 유치하기 위한 치열한 경쟁을 해야 하는 환경에 직면해 있으며, 일률적인 교육 서비스를 제공하는 상황 속에서도 평생교육기관은 경제적 균형과 기회를 창출해서 다른 교육기관과는 보다 차별화되는 다양한 전략을 구사하는 것이 요구된다(오혁진, 2003). 또한 평생교육기관은 사회 구성원의 다양한 학습 요구에 적극적으로 대처하고, 효과적인 교육 서비스를 제공해야 하는 책무성과 평생교육기관을 합리적으로 경영해야 하는 역할을 요구받고 있다.

평생교육기관 간 학습자 유치를 위한 치열한 경쟁 속에서도 평생교육기관의 존재 이유에 걸맞은 학습자가 원하고 만족하는 교육 서비스를 제공해야 한다. 또한 평생교육의 발전을 위해서는 평생교육기관은 학습자의 다양한 요구를 수용하고 평생교육기관의 특수성, 개별성, 고유성 등을 고려한 가치경영이 필요하다(강경애, 2019). 그러나 비슷한 자원과 기술적 환경을 지닌 평생교육기관들은 제도적 구속력, 핵심 기술과 조직목표의 모호성, 환경의 불확실성으로 인하여 각각의 평생교육기관이 독자적인 프로그램을 개발하거나 마케팅 전략을 모색하는 데에는 많은 어려움이 있어 대부분 정부기관이나 제도에 의한 정당성을 인정받은 구조를 택하고 있다(하연섭, 2016). 평생교육이 효율적으로 실시되기 위해서는 무엇보다도 가정교육, 학교교육, 사회교육이 상호 유기적 관계를 가지고 효과적으로 실시되어야 한다. 또한, 누구나 언제 어디서나 교육과 학습이 가능한 평생학습체제의 정착이 필요하다. 평생교육기관이 효과적인 교육 서비스를 통하여 긍정적인 영향을 미치기 위해서는 다음과 같은 역할을 해야 한다.

① 평생교육기관은 기존의 학교교육이 지니고 있는 비효율성과 비능률성을 극복

하고, 학교교육의 보완적 · 보충적 기능을 수행하여 모든 사람들이 연령과 장소의 제한을 받지 않으며, 개개인의 삶의 질을 향상시키고 개개인의 교육권과 학습권을 보장함으로써 교육기회의 균등화와 확대를 위하여 노력해야 한다.

② 평생교육기관은 사회 변화에 따라 필요한 가치 · 지식 · 기술 등을 필요로 하는 많은 사람들에게 교육의 기회를 제공하여 사회를 유지하고 발전하게 한다.

③ 평생교육기관의 양적인 증대만으로는 교육의 불평등을 해소하기는 힘들다. 실제로 평생교육에 참여하는 사람들은 평생교육의 원래 취지와는 달리 사회 · 경제적 지위가 비교적 높은 사람들도 많기 때문이다. 따라서 오히려 평생교육이 또 다른 교육의 불평등 구조를 심화시킬 수도 있기 때문에 이러한 양면성을 고려하여 평생교육기관의 역할을 정립하는 것이 필요하다.

3) 평생교육기관의 기능

평생교육기관은 구체적으로 어떤 일을 하는 곳인가? 전 사회 구성원의 다양한 계층을 대상으로 사회적 · 기술적 학습 욕구를 충족하는 성공적인 평생교육을 수행하기 위해서는 학습자 욕구를 충족할 수 있는 실용적인 콘텐츠의 학습 프로그램과 이러한 프로그램을 효과적으로 전달하는 교수자, 그리고 평생학습의 필요성을 인식하고 적극적으로 참여하고자 하는 학습자, 이상 세 요소를 기본적으로 갖추어야 한다. 조직적인 교수–학습활동 속에는 직접적인 교수활동 외에도 평가활동, 네트워킹 활동, 평생교육사 · 교수자 · 종사자 등 전문인력 양성 및 연수 활동, 경영 진단, 자문 및 상담, 정보수집 및 제공, 기타 학습자 지원활동 등이 포함된다. 각 평생교육기관마다 주력으로 하는 전문 영역이 있고, 법령을 통해 지원되는 분야 몇 가지를 선정해서 각자의 사업 영역으로 삼고 있다. 그래서 평생교육기관의 경영을 다루기에 앞서 그 기관의 주력 사업이 무엇이며, 어떠한 법적 근거를 갖고 있는지 파악하는 것이 중요하다. 평생교육기관이 수행하는 기능은 다음과 같다.

(1) 프로그램 개발 및 운영

「평생교육법」 제2조 제1호에서 규정한 평생교육의 영역은 "학교의 정규교육과정을 제외한 학력보완교육, 성인문자 해득교육, 직업능력 향상교육, 인문교양교육, 문화예술교육, 시민참여교육 등을 포함하는 모든 형태의 조직적인 교육활동"이고, 이와 관련한 교육 프로그램을 개발하고 운영하는 것을 말한다. 「평생교육법」 제24조 제2항에서 평생교육 전문인력인 평생교육사에 대해 "평생교육사는 평생교육의 기획·진행·분석·평가 및 교수업무를 수행한다."고 규정하고 있다.

(2) 학점은행기관으로 활동 가능

「평생교육법」 제23조에 따라 운영하는 프로그램이 한국평생교육진흥원의 학습계좌 평가인증을 받으면 학점은행기관으로 활동할 수 있다.

(3) 평생교육 실습기관으로 참여 가능

평생교육사 자격증 취득을 위한 필수과목 중 '평생교육실습' 과목에 대한 실습기관은 「평생교육법」 제2조 제2호에 따른 평생교육기관이 전부 포함되었다.

(4) 일반평생교육시설의 역할

평생교육기관은 교육훈련, 연구용역, 교육위탁사업, 경영진단 및 평가, 자문 및 상담을 실시하는 시설의 역할을 한다. 「평생교육법」 제38조와 시행령 제67조에 따른 '지식정보의 제공과 교육훈련을 통한 인력 개발'을 주된 내용으로 하는 지식·인력개발 관련 평생교육시설의 운영 주체는 지식정보의 제공사업, 교육훈련 및 연구용역사업, 교육위탁사업, 교육훈련기관의 경영진단 및 평가사업, 교육자문 및 상담사업, 교수–학습 프로그램의 개발 및 공급사업을 1년 이상 경영한 실적이 있는 자로 한다고 규정하고 있다. 이것으로 유추해 보면 일반평생교육시설의 역할을 알 수 있다.

(5) 공공평생교육시설의 역할

시·군·구 내지 읍·면·동 단위의 평생학습관의 기능에 대해 조례에서 규정하는 것은(권두승, 최운실, 2016) ① 평생교육 프로그램 개발, ② 평생교육 종사자에 대한 연수, ③ 평생교육에 관한 정보수집·제공 및 평생학습의 상담, ④ 지역 주민을 위한 평생교육 프로그램의 운영, ⑤ 기타 평생학습에 관한 사항 등이다.

(6) 협회나 단체의 역할

예를 들어, 한국평생교육총연합회(home page :http://www.kfle.or.kr/default/subpage01/sub02.php)는 ① 평생학습운동 전개: 평생학습 생활화 운동, 평생학습 축제, 연차대회, ② 평생교육정책 지원: 평생교육 관련 정책수립 및 제도개선 등에 관한 포럼, 평생교육연구, ③ 평생교육 네트워크: 평생교육 관계자, 지역별 구심체 기능 강화 및 연계를 통한 연결망 강화, ④ 평생교육기관 컨설팅: 평생교육기관 분석 및 평생교육 관련 위탁사업 수행, ⑤ 평생교육 국제교류 협력: 평생교육 세미나 개최 및 민간교류 등의 사업을 전개하고 있다.

단체의 성격에 따라 다르겠지만 대개 평생교육 진흥을 위한 이벤트 개최, 프로그램 모델 개발, 위탁사업, 평생교육 관련 조사분석 및 연구개발, 네트워킹 강화, 민간 차원의 교류협력 등의 역할을 담당하고 있다.

토론 문제
1. 평생교육기관의 유형과 특성에 대하여 설명하시오.
2. 평생교육기관의 역할과 기능에 대하여 설명하시오.

참고문헌

강경애(2019). 평생교육기관의 동형화와 탈동형화 현상 분석 연구. 평생교육학연구, 25(1), 23-53.
교육과학기술부(2008). 2008 평생교육법, 시행령, 시행규칙 해설자료. 서울: 교육과학기술부.
교육부(2021). 2021년 평생교육통계 자료집. 교육부, 한국교육개발원.
권두승, 최운실(2016). 평생교육경영론(2판). 경기: 교육과학사.
김용현(1998). 사회교육과 열린 평생학습. 서울: 독자와함께.
남정걸(2008). 평생교육경영학(개정판). 경기: 교육과학사.
오혁진(2003). 평생교육경영학. 서울: 학지사.
임태희(2016). 평생교육기관의 조직문화가 평생교육사의 직무만족에 미치는 영향. 서강대학교 교육대학원 석사학위논문.
임재홍(2022). 100세 시대 은퇴자의 꿈. 서울: 행복에너지.

조석호, 최운실(1986). 평생교육진흥방안. 서울: 한국교육개발원.

최은수, 배석영(2009). 평생교육경영론. 경기: 양서원.

하연섭(2016). 제도분석: 이론과 쟁점(제2판). 서울: 다산출판사.

Apps, J. (1989). *Providers of adult and Continuing education: a framework*. San-Francisco: Jossey-Bass.

Dave, R. H. (1979). *Foundation of Lifelong Education*. Hamburg: UNESCO. Institute for Education, and Oxford: Pergamon Press.

Jarvis, P. (2006). *From adult education to the learning society*. NY: Routledge Taylor & Francis Group.

Merriam, S. B., & Brockett, R. G. (1997). *The profession and practice of adult education*. San-Francisco: Jossey-Bass.

제2부
평생교육경영과 리더십

제 4 장

평생교육기관
경영자

경영의 모든 성과는 경영자의 성과이다.
모든 실패는 경영자의 실패이다.
−피터 드러커−

....

1. 평생교육기관 경영자의 개념과 역할을 이해할 수 있다.
2. 평생교육기관 경영자의 역량을 기르는 원리와 마음자세를 이해하고 실천할 수 있다.

[학습개요]
....

개방 시스템이란 모두가 하나로 연결되어 있다는 뜻이다. 외부 도움 없이 독자적으로 에너지를 만들어 쓸 수 없기 때문에 외부로부터 에너지인 자원을 받아서 본연의 과업을 수행하고, 생산된 것을 외부로 내보낸다. 스스로 존재하는 절대 근원이 아닌 다음에야 모든 존재는 서로서로 의존해서 존재하고 살아가는 것이다. 개방 시스템으로서의 평생교육기관 역시 시스템의 일반적 특성에 따라 사회 구성체로서 상호 연결된 가운데 존립한다. 더불어 살아가야 하니 따라야 할 규칙이 있다. 상호 연결된 존재적 특성은 '공동운명체'라는 말로도 규정지을 수 있다. 공동운명체적 특성은 '배(ship)'를 타고 목적지를 향해 항해하는 것에 비유되곤 한다. 한 배에 탄 사람들은 배와 운명을 같이 하는 운명공동체이다. 배의 구성원들은 엄격하게 구조화된 조직 속에 각자 맡은 역할을 수행한다. 경영자는 일반 선원의 근무를 감독하고 명령을 내릴 수 있는 지위에 있는 사람이다. 배에서는 선장뿐 아니라 갑판장, 기관장, 통신장, 1등 항해사 등 간부들이다. 조직의 특성은 의사결정을 내려야 움직인다는 것이다. 구성원 모두가 의사결정에 영향을 미칠 수는 있지만 결정을 내리는 자는 경영자이다. 최고경영자는 조직의 궁극적 의사결정자이다. 의사결정권을 가진 사람은 그 결정에 반드시 책임을 져야 한다. 배에서의 최고경영자는 선장이다. 선장의 지휘하에 배는 일사불란하게 움직여 목적지에 도착한다. 그렇다면 선장을 비롯한 간부들이 어떻게 해야 배를 목적지까지 안전하고도 효율적이고, 효과적으로 운항할 수 있을까? 간부로서의 역할은 무엇이며, 이러한 역할수행을 잘하기 위해서는 어떤 역량이 필요하고 또 개발해 나갈 것인가? 이 부분에 대한 궁금증을 가지고 이 장을 공부하기 바란다.

경영은 결국 사람이 하는 일이고, 그중에서도 경영자의 역할이 가장 중요하다. 기업이든 기관이든 어떤 조직이든 경영자의 기업가 정신에서 시작된다. 그가 가진 꿈과 포부와 가치관이 조직의 미션(mission)이 되고, 비전(vision)이 되고, 가치(values)가 된다. 나중에 전문경영인이 경영을 맡더라도 창업정신은 그대로 남아 계승된다. 평생교육기관의 경우엔 국가 주도의 평생교육체제로 운영되기 때문에 「평생교육법」을 비롯한 법령 속에 평생교육의 영역, 평생교육기관의 설치기준, 가치, 준수해야 할 원칙이 정해져 있어서 이들이 '창업정신'을 대신하고 있지만 기관장(경영자)이 가진 평생교육사업의 구상이나 비전, 가치관에 따라 평생교육기관의 운영 프로세스가 달라지고, 개성과 문화가 달라진다. 변화의 속도가 빠른 만큼 평생학습의 수요의 양과 질에 대한 요구가 커지고 있다. 주어진 예산 속에서 다량의 평생학습 요구를 충족시키기 위해서는 효율성과 효과성을 고려한 '경영 마인드'를 가지고 전략적인 경영을 하지 않을 수 없다. 이것이 평생교육기관을 기업처럼 경영해야 하는 필요성이라 할 수 있다(최은수, 배석영, 2009). 평생교육기관을 행정이 아닌 경영의 관점으로 접근할수록 경영자의 역할은 더욱 중요해진다. 행정은 정해진 절차대로 관리하고 문제해결을 하여 기관을 유지하는 데 목표를 두지만, 경영은 생존하기 위해 프로그램 개발과 서비스 향상, 원가절감을 위해 끊임없이 혁신하여 경쟁에서 살아남는 필사적인 노력을 해야 하고, 새로운 도전을 감행하여 성장할 수 있는 기회를 계속 만들어 나가야 한다. 경영은 이처럼 혁신과 도전을 본질로 하는 기업가 정신이 필요하다. 나이(Nye, 2021)에 의하면 이미 시스템 경영이 정착된 미국 대기업에서 CEO의 영향력은 10~14%로 평가되고 있다지만 시스템 경영이 정착되지 못하고 조직력이 약한 소규모 기관이나, 경영자 의존적인 집단주의 문화를 가진 조직에서 경영자의 영향력은 조직의 사활을 좌우하는 중요성을 가지고 있다.

이 장에서는 평생교육기관의 경영자는 누구이며, 어떤 역할을 하는지, 어떤 역량을 갖춰야 하는지 살펴보기로 한다. 어떤 원칙을 가지고 일을 해야 하는지는 제1장에서 살펴보았기 때문에 그 부분을 참고하면 될 것이다.

1. 평생교육기관 경영자의 역할

1) 평생교육기관의 경영자는 누구인가

"조직이란 특정한 목적을 달성하기 위해 체계적인 질서 아래 모인 사람들의 집합"(Robbins, Coulter, & De Cenzo, 2021, p. 3)으로 조직 구성원은 경영자와 종업원으로 나뉜다. 종업원은 일을 직접 수행하지만 다른 종업원을 감독할 책임이 없는 구성원이고, 경영자는 종업원을 지휘하고 감독하는 일을 하는 사람이다. 경영자는 최고경영자(top manager), 중간경영자(middle manager), 현장경영자(first-line manager)로 나뉜다. 최고경영자는 최고 의사결정권자인 CEO(Chief Executive Officer)를 지칭하지만, 각 부분의 최고책임자를 포함한 최고경영층을 뜻하기도 한다. 조직을 크게 생산/영업/관리로 나눌 때, 목적사업을 수행하는 생산기능에 해당하는 사업 부문을 관장하는 COO(Chief Operating Officer), 영업 부문을 총괄하는 CMO(Chief Marketing Officer), 관리 부문에서는 재무를 총괄하는 CFO(Chief Financial Officer), 정보를 총괄하는 CIO(Chief Information Officer), R&D를 총괄하는 CTO(Chief Technology Officer) 등 여러 명칭들이 있다. 조직의 규모에 따라 기능이 세분화되고 중요도에 따라 독립된 부문으로 부각된다. 최고경영층은 조직의 나아갈 방향을 결정하고, 구성원들에게 영향을 미칠 정책과 가치를 결정한다. 중간경영층은 중간관자들이라고도 불리며, 최고경영층과 현장경영자 사이의 중간에 위치하면서 현장경영자들을 감독하고 최고경영층의 정책을 설명하는 역할을 한다. 조직의 의사소통의 핵심적인 역할을 하기 때문에 중간경영층이 튼튼할수록 시너지가 극대화된다. 현장경영자 또는 현장관리자들은 최일선에서 종업원의 일상 업무를 감독한다(Robbins et al., 2021).

평생교육기관의 최고경영자는 평생교육시설의 설치자(「평생교육법」 제28조 제1항) 또는 평생교육시설의 운영자(「평생교육법」 제18조 제2항)로 불린다. 설치자는 개인 또는 법인이 가능하고, 설치자와 운영자가 일치하지 않는 경우가 발생한다. 하지만 설치자의 설치목적, 설치이념, 가치관 등은 운영자에게 그대로 계승되어 운영의 지침이 된다.

2) 경영자의 역할

일찍이 체스터 바너드(Chester Barnard, 1886~1961)는 『임원의 기능(The Functions of the Executive)』이란 책에서 조직 임원의 세 가지 유형의 기능을 밝혔다. 첫째, 공식적인 상호작용을 통한 유지와 조직적 커뮤니케이션(communication)이다. 한 마디로 '커뮤니케이션'으로 줄여서 말해도 되는 기능이다. 단순히 커뮤니케이션으로 끝나는 게 아니라 조직목표를 달성하기 위해 조직 구성원들의 '필수적인 서비스'를 확보하는 데 그 목적이 있다. 둘째, 조직목적(organizational purpose)을 설정하고 정의하는 것, 셋째, 동기부여(motivation)이다. 바너드는 재무적 동기부여뿐 아니라 비재무적 동기부여 기술을 제안했다. 그 가운데는 ① 권력을 잡을 수 있는 기회와 두드러질 수 있는 기회의 제공, ② 솜씨의 자랑, ③ 즐거운 조직, ④ 상호 지원 및 개인적 태도, ⑤ 소속감 등이 포함되어 있다(Barnard, 1938). 바너드는 조직경영을 시스템적인 관점에서 접근한 최초의 인물이며, 그는 조직이란 개인들이 따로 일을 하는 개인플레이보다는 조직을 만들어 팀플레이를 하는 것이 더 훌륭한 성과를 낸다고 보았다. 소위 조직의 시너지 때문에 개인들의 성과의 합보다는 조직 전체의 성과가 더 좋다는 것을 시스템의 특징으로 보았다. 그래서 조직의 시너지를 내는 데 가장 중요한 것은 조직 내 커뮤니케이션을 원활히 하는 것이고, 그리하여 개인들의 필수적인 서비스(essential services)를 확보하는 것이 조직의 목표를 달성하는 데 가장 중요한 요소로 본 것이다. 하여튼 경영자가 하는 일을 파악하는 방법으로 이렇게 기능적인 측면으로 접근하는 방법이 있다. 앞서 종업원과 경영자를 구분하는 기준은 다른 사람의 업무를 관리·감독하는 기능이 있느냐 하는 것이었다. 로빈스 등(Robbins et al., 2021)은 경영자가 하는 일을 파악하는 세 가지 방법으로 기능적인 접근 외에 역할로 접근하는 법과 기술과 역량으로 접근하는 법을 체계적으로 제시했다. 로빈스 등의 관점에서 보면 바너드의 접근은 기능, 역할, 역량의 세 접근법이 혼재되어 있는 셈이다. 이제 이 세 가지를 구분하여 살펴보자.

(1) 기능적 접근

먼저 기능적 접근은 경영자가 종업원의 일을 관리·감독하는 기능을 유형화시켜 보는 것이다. 페이욜(Fayol, 1930)은 경영자의 관리·감독 기능을 계획, 조직화

(조직화와 인사를 합한 개념으로서의 조직관리의 의미), 지휘, 조정, 통제하는 것으로 파악했다. 지금은 계획(planning), 조직화(organizing), 지휘(directing or leading), 통제(control)의 네 가지로 압축되었다. "계획이란 목표 설정, 전략 수립, 행동 계획을 개발하는 활동을 말하고, 조직화란 수행할 업무와 담당자를 결정하여 보고체계를 만들고 누가 결정할 것인가를 정하는 것이고, 지휘란 종업원에게 동기부여를 하고, 그행동을 지휘하며, 가장 효과적인 의사소통 창구를 선택하고 갈등을 해결하는 활동이며, 통제란 목표와 비교하여 특별한 일탈이 있는지 살피며, 계획대로 업무가 추진되는지 감독하는 활동이다"(Robbins et al., 2021, p. 7).

(2) 역할을 중심으로 한 접근

역할을 중심으로 한 접근은 경영자가 관리·감독 기능을 수행하기 위해서는 특정한 역할이 필요하다는 관점에서 접근하는 것이다. 민츠버그(Mintzberg, 1973)는 세 분야 10가지 역할을 제시하고 있다. "관리 역할은 모든 경영자에게 적용되지만 상대적 중요성은 경영자 종류에 따라 다를 수 있다. 역할은 주로 직위의 성격에 따라 미리 결정되지만 각 경영자는 그 역할을 해석하고 행사하는 방법에 약간의 유연성이 있다. 세 분야는 관리자의 대인적 행동(리더, 연락 담당자, 최고위자), 정보처리 행동(감시자, 전파자, 대변인), 의사결정 행동(기업가, 방해 처리자, 자원 배분자, 협상가)을 하면서 수행된다"(p. 83).

〈표 4-1〉 Mintzberg의 10가지 경영자 역할

행동 분야	역할	내용
대인적 행동 (interpersonal behavior)	리더 (leader)	-하위 조직이 조직목표 달성에 통합된 전체로 기능토록 리딩 -지침, 동기부여, 고용, 훈련, 지시, 칭찬, 비판, 승진 및 해고 등의 활동이 리더 역할과 관련
	연락 담당자 (liason)	-조직 외부와 관계망 구축. 정보와 호의의 원천이 됨 -새로운 접촉 형성, 연락 유지, 호의를 얻을 수 있도록 호의를 베푸는 행동
	최고위자 (Figurehead)	-법적·사회적 성격의 상징적 의무 수행 -문서 서명, 회의 및 의식 주재, 방문객 접견

정보처리 행동 (information-processing)	감시자 (monitor)	-감독자 역할 수행을 위해 보고서 및 메모 읽기, 회의 및 브리핑 참석, 현장관찰 투어 -문제와 기회 발견
	전파자 (disseminator)	-경영자는 부하직원이 접근할 수 없는 정보에 접근 가능 -일부 정보는 원래대로 또는 해석·편집 후 부하직원에 전달
	대변인 (spokesperson)	-보고 의무(중간관리자는 상사에게, 최고경영자는 이사회 및 소유주에게 보고) -경영자는 자신의 조직을 효과적으로 대변하고 존경을 받기 위해 조직과 환경에 대한 최신 지식을 보여 주어야 함
의사결정 행동 (decision-making behavior)	기업가 (entrepreneur)	-기존 상황을 개선하기 위한 기회를 활용하기 위해 변화 개시자, 설계자 역할 -신제품 개발, 새 장비 구입, 구조 개편 실시
	방해처리자 (disturbance handler)	-부하들 간의 갈등, 핵심 부하의 상실, 화재나 사고, 파업 등 예기치 못한 위기 처리 -관리자는 이 역할에 최우선 순위 부여
	자원배분자 (resource allocator)	-자금, 인력, 자재 장비 시설 및 서비스와 같은 자원을 배분하기 위해 권한을 행사 -자원할당 권한을 통해 전략 형성에 대한 통제력 유지, 전략적 목표 달성을 위해 하위 단위 조정 통제 가능
	협상가 (negotiator)	-자원 투입을 요구하는 협상엔 권한 있는 경영자 필요 -노조, 중요 고객, 공급업체, 컨설턴트, 핵심 인력 고용, 인수, 대규모 대출 신청 등

출처: Mintzberg (1973), pp. 83-86 요약.

(3) 역량 중심 접근법

역량 중심 접근법은 경영자가 종업원을 관리·감독하여 조직목표를 달성하려면 특정한 기술과 역량이 필요하다는 데서 착안한다. 카츠(Katz, 1974)의 '세 가지 역량 접근(three-skill approach)'이 유명하다. 카츠에 의하면 최고경영층에게는 개념적 기술(conceptual skills)이 중요하고, 중간경영층에게는 대인관계 기술(human skills), 현장경영자는 전문적 기술(technical skills)이 많이 필요하다고 한다.

개념적 기술이란 기업 전체를 볼 수 있는 능력을 말한다. 조직의 다양한 기능이 서로 의존하는 방식과 한 부분의 변경이 다른 모든 기능에 어떻게 영향을 미치는지 인식하는 것이 포함된다. 그리고 산업, 지역사회, 그리고 국가 전체의 정치, 사회, 경제 세력에 대한 개별 비즈니스의 관계를 시각화하는 것으로 확장된다. 이러한 관계를 인식하고 어떤 상황에서도 중요한 요소를 인식하면 경영자는 전체 조직에게 유익한 방향으로 행동할 수 있게 된다. 따라서 어떤 결정의 성공 여부는 결정을 내리는 사람과 실행에 옮기는 사람의 개념적 기술에 달려 있다. 조직의 전반적인 성공은 정책 결정을 수립하고 수행하는 최고경영층의 개념적 기술에 달려 있기 때문에 이 기술은 관리 프로세스의 통합, 조정 요소이며 전반적으로 중요한 위치를 차지한다.

대인관계 기술은 그룹 구성원으로서 효과적으로 일하고 그가 이끄는 팀 내에서 협력적인 노력을 구축하는 경영자의 능력이다. 전문적 기술은 주로 '사물'(프로세스 또는 물리적 개체)과 관련된 작업과 관련이 있는 반면, 인간관계 기술은 주로 사람과 작업하는 것과 관련된다. 이 기술은 개인이 자신의 상사, 동료 및 부하 직원을 인식하는 방식과 이후에 행동하는 방식에서 드러난다. 고도로 발달된 인간관계 기술을 가진 사람은 다른 개인 및 그룹에 대한 자신의 태도, 가정 및 신념을 알고 있다. 그는 이러한 감정의 유용성과 한계를 볼 수 있다. 자신과 다른 관점, 인식, 신념의 존재를 받아들임으로써 그는 다른 사람들의 말과 행동이 실제로 무엇을 의미하는지 이해하는 데 능숙하다. 그는 자신의 행동이 의미하는 바를 자신의 맥락에서 다른 사람들과 의사소통하는 데 똑같이 능숙하다. 그러한 사람은 부하들이 그들에게 직접적인 영향을 미치는 계획과 실행에 참여하도록 격려함으로써 비난이나 조롱을 두려워하지 않고 자신을 자유롭게 표현할 수 있는 승인과 안정감의 분위기를 조성하기 위해 노력한다. 그는 조직 내 다른 사람들의 필요와 동기에 충분히 민감하여 그가 수행할 수 있는 다양한 행동 과정에 대한 가능한 반응과 결과를 판단할 수 있다. 이러한 감수성을 가지고 있기 때문에 그는 다른 사람들의 이러한 인식을 고려하는 방식으로 행동할 수 있고 기꺼이 행동한다.

전문적 기술은 사물을 다루는 능력과 관련된다. 즉, 특정 종류의 활동, 특히 방법, 프로세스, 절차 또는 기술을 포함하는 활동에 대한 이해와 능숙도를 의미한다. 전문적 기술은 전문 지식, 해당 전문 분야의 분석 능력, 특정 분야의 도구 및 기술 사용 능력을 포함한다. 일선 현장에서의 작업을 지휘하고 감독하고, 문제를 해결해 주기 위해 주로 필요한 능력이다. 직업 및 현장 훈련 프로그램의 대부분은 이 전문 기술을 개발하는 데 주로 관련되어 있다.

이상과 같이 경영자가 하는 일을 그가 수행하는 기능, 그 기능을 수행하기 위해 맡아서 하는 역할, 또 기능을 잘 수행하기 위해 필요한 역량의 관점에서 접근하는 것을 소개했다. 이 가운데 가장 간명한 것은 로빈스 등(2021)이 지적하는 바와 같이 기능으로 접근하는 방법이다. 카츠의 역량으로 접근하는 방법도 경영자가 계층에 따라 어떤 역량을 발휘하는 데 주안점을 두어야 하는지를 분명하게 직관하게 하는 장점이 있지만 경영자가 하는 일을 망라해서 간단명료하게 제시하지는 못한다. 경영자의 역량에 관해서는 다음 절에서 다시 살펴볼 것이다. 계획, 조직화, 지휘, 통제라고 하는 경영자 기능은 조직 규모의 크고, 작음이나 영리, 비영리 조직을 막론하고 공통적인 것이다.

평생교육기관 경영자의 역할에 대해서는 2008년 「평생교육법」을 전면개정한 후 교육과학기술부(2008)가 법규 해설 자료를 통해 밝힌 '평생교육기관 설치자의 사회적 역할'을 참고할 필요가 있다. [그림 4-1]에서 보는 바와 같이 정부가 평생교육기관 설치자에게 요구하는 사회적 역할은 먼저 다양한 평생교육 프로그램을 개발하여 주민의 삶의 질 향상에 기여해 달라는 것이다. 그리고 평생교육기관 상호 간의 연계와 협력을 강화하고, 취약계층에 대한 평생교육 활성화를 통해 평생학습 진흥을 위해 함께 노력하자는 것이다. 학교나 민간 부문 평생교육기관 상호 간의 연계와 협력은 카츠의 연락 담당자(liason) 역할에 해당한다. 하지만 평생교육기관 상호 간의 연계 협력은 경쟁관계 속에서 쉽지 않은 일이다. 생존을 위해서는 고객, 국가 및 공공기관, 후원자 등과의 연계 협력이 필요하다. 평생교육기관 설치자의 사회적 역할은 전형적으로 '어떤 일을 통해 사회에 어떤 기여를 하겠다'는 조직의 미션 진술(mission statement)의 형식을 취하고 있다. 우리나라 평생교육 시스템이 국가 주도

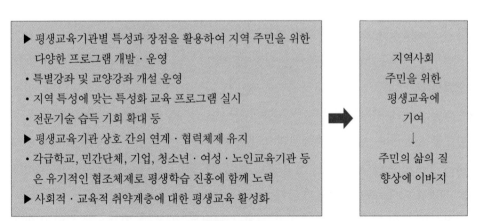

[그림 4-1] 평생교육기관 설치자의 사회적 역할
출처: 교육과학기술부(2008), p. 123.

의 평생교육 시스템임을 잘 보여 주는 장면이라 하겠다. 평생교육기관의 경영자는 이러한 미션을 수행하기 위해서 계획, 조직화, 지휘, 통제의 기능을 훌륭하게 수행해서 경영하면 될 것이다.

평생교육기관의 주 업무는 평생교육 프로그램을 개발하여 운영하는 것이다. 이 업무는 평생교육사를 비롯한 전문인력이 수행하는데, 「평생교육법 시행령」 제17조에 평생교육사의 직무를 규정하고 있다. ① 평생교육 프로그램의 요구분석 · 개발 · 운영 · 평가 · 컨설팅, ② 학습자에 대한 학습정보 제공, 생애능력 개발 상담 · 교수, ③ 그 밖에 평생교육 진흥 관련 사업계획 등 관련 업무가 그것이다. 이러한 업무를 효과적으로 수행하게 하기 위해서는 어떤 경영자의 역할이 필요할까? 캐머런과 퀸(Cameron & Quinn, 1999)의 조직문화에 관한 경쟁가치 모형이 정리된 이후, 2000년대부터 조직성과나 직무만족에 커다란 영향을 미치는 요인으로 조직문화와 관련한 경영자의 역할이 주목받고 있기 때문에 이와 관련된 내용을 간단하게 살펴보기로 한다.

어떤 조직이든지 조직문화가 조직 구성원의 직무만족이나 조직성과에 지대한 영향을 미친다. 조직문화를 구성하고 있는 것은 ① 조직비전(존재 이유, 미래상, 도달 경로), ② 조직가치(행동규범, 기준, 판단 근거), ③ 조직에너지(열정, 동기, 역량) 등 세 가지 요소로 본다(김성남, 2014). 이 세 요소 가운데 조직가치 측면, 즉 조직 구성원이 갖고 있는 신념, 가치, 행동규범을 조직문화로 정의하는 경우가 많다(이재은, 이연주, 2008). 조직에서 상사가 부하직원에게 갑질하고 괴롭히는 것은 개인적 성향으로 치부할 수도 있겠지만, 그런 것을 용인하고 방관하는 조직문화가 있기 때문이다. 위계문화(hierarchy culture)에서 이런 일이 발생할 가능성이 높다. 로빈스 등(2021)에 의하면 "직원의 50%가 경영자로부터 벗어나기 위해 직장을 떠나며, 직원의 32%가 몬스터닷컴(Monster.com)의 설문조사에서 상사를 끔찍하다고 평가했다"(p. 12). 메이오 클리닉(Mayo Clinic)은 전 세계에서 그 조직문화를 벤치마킹하려는 병원인데, 환자우선주의 협진체계를 100년 동안 가꾸어 왔고, 협업이 일상사가 되어 상사들은 조직 구성원들의 성장을 위해 노력하고 승진시키기 위해 협력한다(이용균, 2016). 그렇다면 어떤 조직문화가 평생교육사의 직무만족에 가장 바람직한가? 캐머런과 퀸(1999)의 '경쟁가치 틀 안에서의 조직문화 유형(흔히 '경쟁가치 모형'이라 부름)'은 위계문화(hierarchy, 내부 통제와 효율성을 중시), 집단문화(Clan, 협업과 가족적 분위기), 시장문화(market, 경쟁, 결과 지향), 임시문화(adhocracy, 위험감수, 혁신, 기업가적 역동성) 등 네 가지로 나뉘는데, 이 가운데 협력가치 또는 관계가치를 중시하는 집단문화(clan culture)가 바람직한 것으로 나타났다(임태희, 2016). 평생교육사의 직무 특성이 협업, 팀워크, 임파워먼트, 가족적인 분위기 속에서 공동의 목표를 추구하는 문화일 때, 그리고 경영자가 퍼실리테이터, 멘토, 팀빌더로서의 리더일 때 효과적인 직무 수행이 된다는 것을 알려 준다. 이는 평생교육사가 전문직으로서 지식근로자의 특징을 갖고 있다고 볼 때, 지식근로자의 업무 양태를 집중(focus), 협업(collaboration), 학습(learn), 교류(socialize)등 4가지의 특징을 갖는 것으로 파악한 겐슬러(Gansler)사의 조사와 일맥상통한다(김성남, 2014). 하지만 어떤 조직문화가 평생교육기관 경영에서 바람직하다는 것을 일률적으로 말할 수는 없고, 영리와 비영리 부문의 혼합비율에 따라 바람직한 조직문화의 양태가 다를 수 있다(장용선, 문형구, 2006). 조직문화를 형성하는 데 경영자의 스타일과 리더십이 큰 역할을 하기 때문에 경영자의 역할로 조직문화의 형성과 관리를 포함시킬 필요가 있다(김성남, 2014; 이정훈, 2004). IBM의 루이스 거스트너(Louis Gerstner) 전 회장은 "조직문화는 경영의 승부처 중의 하나가 아니다. 승부 그 자체다"라고 했다(김성남, 2014).

2. 평생교육기관 경영자의 역량

극도로 구조화된 대조직이나 공공조직의 경우엔 최고경영자의 비중이 크지 않을지 모르지만, 많은 민영 평생교육기관과 같이 조직의 규모가 작고, 유연성이 높은 조직일수록 최고경영자를 비롯한 경영자들의 역할이 매우 크다. 미꾸라지 한 마리가 전체 물을 흐릴 수 있고, 영명한 지도자를 만나면 무너져 가는 조직도 다시 살아나 번영한다. 일본에서 살아 있는 경영의 신으로 존경받고 있는 이나모리 가즈오(稻盛和夫, 1932~2022)는 경영자의 마음가짐이 조직의 명운을 결정한다고 단언한다(이나모리 가즈오, 2021). 그는 2010년 일본항공이 파산하자 하토야마(鳩山由紀夫) 당시 일본 총리의 요청으로 단 세 명의 측근만 데리고 투입되어 13개월 만에 흑자로 전환시켰으며, 2012년 3월에는 역대 최고 흑자를 기록한 업적을 남겼다. 게다가 영리추구와 이타심, 합리와 초월적 가치를 조화시키며 사업적 성공을 이룩했기 때문에 '거룩한 기업인'으로 추앙받고 있다. 피터 드러커(Peter Drucker, 1909~2005)는 최고경영진이 성과를 내면 조직이 성과를 내는 것이라 했다(Drucker, 2004).

　조직이란 목표를 달성하기 위한 인간 집단인데, 조직목표를 설정하고, 조직화하고, 통제함으로써 목표를 달성하도록 이끄는 주체는 다름 아닌 경영자이다. 경영자는 자신의 역할을 효과적으로 수행하기 위해 갖추어야 할 역량이 있다. 역량이란 주어진 과업에서 성과를 내기 위해 필요로 하는 지식(knowledge), 기술(skill), 태도(attitude)를 말한다. 평생교육기관 경영자에게 있어서의 역량 중 "지식은 평생교육 기관 경영 관련 의사결정에 도움이 되는 정보, 경영과 관련한 리더십 행사에 필요한 지식을 말한다. 경영기술이란 경영활동에 필요한 기획, 조직화, 실행, 통제, 피드백을 지속적으로 관리, 통제하는 능력을 말한다. 태도란 교육기관 경영자로서 교육기관 경영의 효율성 제고는 물론 높은 성과를 유지함과 동시에 교육기관의 장으로서 필요한 교육적인 태도를 동시에 갖추고 있어야 한다는 것을 의미한다"(권두승, 최운실, 2016, pp. 162-163). 그렇다면 이런 역량을 어떻게 기를 것인가? 구체적으로 경영자가 공통적으로 수행해야 할 역할에 대해서는 민츠버그(1973)의 세 분야 10가지 역할, 또 역량에 대해서는 카츠(1974)의 '세가지 역량 접근(three-skill approach)'을 소개했는데, 개념적인 접근에 그칠 뿐 구체적인 실천 원리가 제시되지 않은 흠이 있다. 그래서 여기서는 역량을 발휘하면서 동시에 역량을 기르는 'Drucker의 8가지 실천 원리'를 그의 논문(Drucker, 2004)을 중심으로 살펴보고, 평생교육기관의 경영자가 가져야 할 마음자세를 살펴보고자 한다.

1) 효과적인 경영자의 역량: Drucker의 8가지 실천 원리

드러커(2004)에 의하면 트루먼 대통령(Harry Truman, 1884~1972)은 카리스마가 한 푼도 없었지만 미국 역사상 가장 유능한 대통령 중 한 명이었다. 마찬가지로, 그가 65년 이상의 컨설팅 경력을 갖고 일한 최고의 비즈니스 및 비영리 최고경영자 중 일부는 카리스마나 외향성 등의 전형적인 리더의 자질을 갖춘 사람들이 아니었다. 그들은 성격, 태도, 가치, 강점 및 약점 측면에서 중구난방이었다. 그들은 외향적인 사람에서 거의 은둔적인 사람까지, 느긋한 사람에서 통제적인 사람까지, 관대한 사람에서 인색한 사람까지 다양했다. 하지만 그들을 모두 효과적으로 만든 것은 그들이 똑같은 8가지 실천관행(practices)을 따랐기 때문이다.

① 그들은 "무엇을 해야 합니까?"라고 물었다.
② 그들은 "무엇이 조직을 위해 옳은 것입니까?"라고 물었다.
③ 실행 계획을 개발했다.
④ 그들은 결정에 대한 책임을 졌다.
⑤ 그들은 의사소통에 대한 책임을 졌다.
⑥ 그들은 문제보다 기회에 집중했다.
⑦ 생산적인 회의를 진행했다.
⑧ 그들은 '나'가 아니라 '우리'라고 생각하고 말했다.

처음 두 가지 실천관행은 그들에게 필요한 지식을 제공했고, 다음 네 가지는 이 지식을 효과적인 행동으로 전환하는 데 도움이 되었다. 마지막 두 가지는 조직 전체가 책임감과 책무성을 느끼도록 했다. 이들을 부연해서 살펴보자.

(1) 필요한 지식 얻기
▶ 무엇을 해야 하는지 진지하게 물어라

'무엇을 해야 하는지'를 진지하게 묻는다면 과업수행에 필요한 지식을 얻을 수 있다. 무엇을 하고 싶은지 묻는 게 아니라 무엇을 해야 하는지 물어야 한다. 1945년 트루먼(Truman)이 대통령이 되었을 때 그가 원하는 것은 루스벨트(Roosevelt) 대통령의 뉴딜과 사회개혁을 완성하는 것이었다. 하지만 무엇을 해야 하는지를 묻자마자 외교가 절대적인 우선순위임을 알게 되었다. 그는 외교 분야의 가장 유능한 대통령이 되어 소련을 견제하고, 마셜 플랜(Marshall Plan)을 통해 전 세계가 50년간의 번영을 누리게 했다. 드러커는 한 번에 두 가지 이상을 처리하면서 효과적인 경영자를 본 적이 없다고 한다. 그래서 무엇을 해야 하는지를 묻고 반드시 우선순위를 정하고 추진한다. 그리고 최우선순위의 일을 완료하고 나면 두 번째, 세 번째 과업을 순차적으로 추진하는 것이 아니라, 다시 무엇을 해야 하는지 묻고 우선순위를 다시 정해서 그중에 최우선적인 과업을 추진한다. GE의 최고경영자였던 잭 웰치(Jack Welch, 1935~2020)는 우선순위의 가장 위쪽을 차지하는 과업 몇 개 중 자신이 가장 잘할 수 있는 일에 집중했다. 자기가 잘할 수 없는 일은 과감하게 위임했다.

▶ 이것이 조직을 위해 옳은 것인가?

그다음으로 효과적인 경영자들이 해야 하는 질문은 "이것이 조직을 위해 옳은 것인가?"이다. 기업의 경우를 예로 든다면, 이것이 주주에게 맞는지, 주가에 맞는지, 직원에게 적합한지, 임원들에게 적합한지 묻지 않는다. 그들은 조직에 옳지 않은 결정이 궁극적으로 어떤 이해관계자에게도 옳지 않다는 것을 알고 있다.

(2) 실행계획 작성

경영자는 실행자이다. 지식은 행동으로 옮겨지지 않으면 무의미하다. 실행에 옮기기 전에 경영진은 자신의 경로를 계획해야 한다. 그는 원하는 결과, 가능한 제한 사항, 향후 수정 사항, 체크인 지점 및 시간을 보내는 방법에 대해 생각할 필요가 있다.

먼저 경영진은 다음과 같이 질문하여 원하는 결과를 정의해야 한다. "조직은 향후 18개월에서 2년 동안 나에게 어떤 기여를 기대하는가? 나는 어떤 결과를 약속할 것인가? 기한이 어떻게 되는가?" 그런 다음 그는 행동에 대한 제한을 고려한다. "이행동 방침은 윤리적인가? 조직 내에서 허용되는가? 합법인가? 조직의 미션, 가치, 정책과 부합하는가?" 긍정적인 대답은 그 조치가 효과적일 것이라고 보장하지는 않지만 이러한 제한을 위반하는 것은 확실히 잘못되고 비효율적이다.

행동 계획은 약속이 아니라 의도에 대한 진술이다. 속박이 되어서는 안 된다. 모든 성공은 새로운 기회를 만들기 때문에 자주 수정해야 한다. 모든 실패도 마찬가지이다. 비즈니스 환경, 시장, 특히 조직 내 사람들의 변화에 대해서도 마찬가지이다. 이러한 모든 변화는 계획의 수정을 요구한다.

또한 실행 계획은 기대치에 비해 결과를 확인하는 시스템을 만들어야 한다. 유능한 경영진은 일반적으로 실행 계획에 두 가지 점검 사항을 포함한다. 첫 번째 확인은 계획 기간의 중간에 이루어진다. 두 번째는 다음 실행 계획이 작성되기 전 마지막에 발생한다.

마지막으로, 실행 계획은 경영진의 시간관리의 기초가 되어야 한다. 시간은 경영진에게 가장 희소하고 소중한 자원이다. 실행 계획은 경영진이 자신의 시간을 어떻게 보낼지 결정하도록 허용되지 않는다면 무용지물이 될 것이다.

(3) 실행

계획을 실행으로 옮길 때 경영진은 의사결정, 의사소통, 기회(문제가 아닌) 및 회의에 특히 주의를 기울여야 한다. 이것을 한꺼번에 살펴보자.

▶ 결정에 책임을 진다

사람들이 다음을 알 때까지 아직 결정이 내려진 게 아니다.

- 그것을 수행할 책임이 있는 사람의 이름
- 마감일
- 결정의 영향을 받아 이에 대해 알고, 이해하고, 승인해야 하는 사람들의 이름
- 결정에 직접 영향을 받지 않더라도 결정에 대해 알려야 하는 사람들의 이름

조직의 중요 업무에서 성과가 없는 사람을 용납하지 않는 조직풍토에서 가장 유능한 사람에게 책임을 맡기지 않아서 성과가 나지 않는 수가 많다. 인사권을 가진 경영진은 조직에서 배제된 직원이 발생할 때 체계적인 의사결정 검토를 통해 자신을 돌아보아야 한다. 기대치와 반대되는 결정 결과를 확인하면 자신의 강점이 무엇인지, 개선해야 할 부분이 무엇인지, 지식이나 정보가 부족한 부분이 있는지 알 수 있다. 이것은 자기 계발을 위한 강력한 도구가 될 수 있다. 보편적인 경영천재는 없다. 자신이 잘할 수 없는 영역에 대해서는 위임하는 것이 현명하다. 체계적인 의사결정 검토를 하지 않는 경영자는 무능한 분야에도 유능한 것처럼 행동하고 오판하는 경우가 많다.

의사결정에 대한 대부분의 논의는 고위경영진만 결정을 내리거나 고위경영진의 결정만 중요하다고 가정한다. 이것은 대단히 위험한 판단이다. 경영과정은 개별 전문 기여자와 일선 감독자를 시작으로 조직의 모든 수준에서 결정이 내려짐을 보여 준다. 겉보기에 낮은 수준의 결정은 지식 기반 조직에서 매우 중요하다. 지식근로자는 다른 누구보다 자신의 전문 영역(예: 세무 회계)에 대해 더 많이 알고 있어야 하므로 그들의 결정이 조직 전체에 영향을 미칠 가능성이 높다. 좋은 결정을 내리는 것은 모든 수준에서 중요한 기술이다. 지식을 기반으로 하는 조직의 모든 사람에게 명시적으로 가르쳐야 한다.

▶ 소통에 책임을 진다

유능한 경영진은 실행 계획과 정보 요구 사항을 모두 이해하고 있는지 확인한다. 구체적으로 말하자면, 계획을 공유하고 모든 동료(상급자, 부하 직원, 동료)에게 의견을 구하는 것을 의미한다. 동시에 각 사람에게 작업을 완료하는 데 필요한 정보를 알려 준다. 체스터 바너드(1938) 덕분에 조직은 소유권이나 명령이 아니라 정보에 의해 결속된다는 사실을 우리 모두 알고 있다. 그러나 너무 많은 경영진이 정보와 정보의 흐름이 정보 전문가(예: 회계사)의 일인 것처럼 행동한다. 결과적으로 그들은 필요하지도 않고 사용할 수도 없는 엄청난 양의 데이터를 얻지만 필요한 정보는 거의 얻지 못한다. 이 문제를 해결하는 가장 좋은 방법은 각 경영진이 필요한 정보를 식별하고 요청하고 얻을 때까지 계속 확인하는 것이다.

▶ 기회에 집중하라

훌륭한 경영진은 문제보다 기회에 초점을 맞춘다. 물론 문제해결은 필요하지만 결과를 낳지 않는다. 손상을 방지할 뿐이다. 기회를 활용하면 결과가 나온다. 무엇보다 유능한 경영진은 변화를 위협이 아니라 기회로 여긴다. 그들은 조직 안팎의 변화를 체계적으로 살펴보고 "이 변화를 조직의 기회로 어떻게 활용할 수 있습니까?"라고 묻는다. 특히, 경영진은 다음 7가지 상황에서 기회를 찾는다.

- 자신의 조직, 경쟁 조직 또는 업계에서 예상치 못한 성공 또는 실패
- 시장, 공정, 제품 또는 서비스에 있는 것과 있을 수 있는 것 사이의 격차
- 조직 또는 해당 산업의 내부 또는 외부에 관계없이 프로세스, 제품 또는 서비스의 혁신
- 산업 구조 및 시장 구조의 변화
- 인구 통계
- 사고방식, 가치, 인식, 기분 또는 의미의 변화
- 새로운 지식 또는 새로운 기술

유능한 경영진은 문제가 기회를 압도하지 않도록 월간보고서 첫머리에 문제의 나열 대신 기회를 나열하도록 한다. 진정한 재앙이 없는 한, 기회가 분석되고 적절

하게 처리될 때까지 경영진 회의에서 문제가 논의되지 않게 한다. 문제보다는 기회에 유능한 직원을 배치하기 위해 6개월마다 기회 목록과 성과 목록을 작성하여 매치시키도록 한다.

▶ 회의를 생산적으로 만들어라

비록 일선 경영자라 할지라도 하루일과는 절반 이상이 사람을 만나는 회의로 되어 있다. 단 한 사람과의 대화도 만남이요, 회의이다. 회의가 효과적이려면 경영진이 회의를 생산적으로 만들어야 한다.

효과적인 회의 운영의 핵심은 어떤 회의가 될 것인지 미리 결정하는 것이다. 다양한 종류의 회의에는 다양한 형태의 준비와 다른 결과가 필요하다.

① **성명, 발표 또는 보도 자료를 준비하기 위한 회의**: 이것이 생산적이려면 한 회원이 미리 초안을 준비해야 한다. 회의가 끝나면 사전 임명된 구성원이 최종 텍스트 배포에 대한 책임을 져야 한다.

② **발표를 위한 회의(예: 조직 변경)**: 이 회의는 발표와 그에 대한 토론으로 제한되어야 한다.

③ **한 회원이 보고하는 회의**: 보고서 외에는 논의되지 않아야 한다.

④ **여러 구성원 또는 모든 구성원이 보고하는 회의**: 토론이 전혀 없어야 하거나 설명을 위한 질문으로 토론이 제한되어야 한다. 또는 각 보고서에 대해 모든 참가자가 질문할 수 있는 짧은 토론이 있을 수 있다. 이 형식이라면 회의 전에 보고서를 모든 참가자에게 배포해야 한다. 이러한 종류의 회의에서 각 보고서는 미리 설정된 시간으로 제한되어야 한다.

⑤ **소집 임원에게 알리기 위한 회의**: 경영진은 경청하고 질문해야 한다. 요약해야 하지만 프레젠테이션을 해서는 안 된다.

회의를 생산적으로 만들려면 상당한 자제력이 필요하다. 경영진은 어떤 종류의 회의가 적절한지 결정하고 그 형식을 고수해야 한다. 또한 회의의 특정 목적이 달성되는 즉시 회의를 종료해야 한다. 훌륭한 경영진은 다른 문제를 논의하지 않는다.

좋은 후속 조치(follow-up)는 회의 자체만큼이나 중요하다. 후속 조치의 위대한 대가는 1920년대부터 1950년대까지 제너럴 모터스(General Motors)를 이끌었던 알프레드 슬론(Alfred Sloan)이었다. 슬론은 주당 6일의 근무일 중 대부분을 회의에 보냈다. 공식 회의가 시작될 때 슬론은 회의의 목적을 발표했다. 그는 귀를 기울였고, 메모를 하지 않았고, 혼란스러운 점을 명확히 하는 것 외에는 거의 말을 하지 않았다. 마지막으로, 그는 요약하고 참가자들에게 감사 인사를 하고 자리를 떴다. 그런 다음 그는 즉시 회의 참석자 한 명에게 짧은 메모를 작성했다. 그 메모에서 그는 토론과 그 결론을 요약하고, 회의에서 결정된 모든 작업 할당(주제에 대해 다른 회의를 열거나 문제를 연구하기로 한 결정 포함)을 설명했다. 그는 마감일과 그 임무를 담당할 임원을 지정했다. 그는 회의에 참석한 모든 사람에게 메모 사본을 보냈다. 슬론이 자신을 탁월한 유능한 경영자로 만든 것은 각각의 작은 걸작인 이 메모를 통해서였다.

유능한 경영진은 주어진 회의가 생산적이거나 시간 낭비라는 것을 알고 있다.

(4) '우리'라고 생각하고 말하라

마지막으로 익혀야 하는 실천 관행은 다음과 같다. '나'라고 생각하거나 말하지 말고, '우리'라고 생각하고 말하시오. 유능한 경영진은 공유할 수도 위임할 수도 없는 궁극적인 책임이 자신에게 있음을 알고 있다. 그러나 그들은 조직의 신뢰가 있기 때문에 권위가 있다. 이것은 그들이 자신의 필요와 기회를 생각하기 전에 조직의 필요와 기회를 먼저 생각한다는 것을 의미한다.

유능한 경영자는 성격, 강점, 약점, 가치, 신념 면에서 크게 다르다. 그들의 공통점은 올바른 일을 한다는 것뿐이다. 일부는 유능하게 태어난다. 하지만 효과적인 경영자에 대한 수요가 너무 많아 비범한 재능만으로 그 수요를 채울 수 없다. 효과성은 규율이다. 그리고 모든 규율과 마찬가지로 효과성은 학습될 수 있으며 획득되어야 한다.

2) 평생교육기관 경영자의 마음자세

경영 마인드란 조직의 경영자가 경영과정에서 효율성을 추구하고, 효과를 내려는 마음가짐을 말한다. 드러커의 말처럼 이것은 경영자가 가져야 될 규율이고 기본이다. 왜냐하면 경영마인드는 조직의 생존과 성장의 바탕이 되기 때문이다. 이에 덧붙여 평생교육기관은 엄연히 사회의 한 구성체로서의 책무도 다해야 한다. 바로 유익한 프로그램을 만들어 개인의 자아실현을 돕고, 인적·문화적·사회적 가치를 생산하여 인적자원개발 및 국가경쟁력 강화와 사회 발전에 이바지함과 동시에 평생교육의 진흥에 기여하는 것이다. 평생교육기관이 가지는 독특한 조직적 특성과 사명을 고려할 때 평생교육기관의 경영자에게 요구되는 마음자세는 보다 엄격한 중심이 서 있는 가운데 유연한 처세가 필요하다고 할 것이다. 왜냐하면 평생교육기관은 법률주의, 교육기관이 갖는 윤리성과 도덕성이 엄격하게 요구되는 한편으로 테크놀로지 수용의 민감성, 고객요구나 환경적 요구의 유연한 수용, 정보적 감수성의 필요성에서 요구되는 네트워킹력이 중요하기 때문이다. 여기서는 평생교육기관의 경영자가 그 경영을 탄탄하게 뒷받침할 마음자세에 대해 살펴보기로 한다.

(1) 평생교육기관의 경영원칙 준수

제1장에서 평생교육기관의 경영원칙에 대해 살펴보았다. 원칙에는 예외가 있지만 지키는 것이 유익하다. 이제 제1장에서 언급되었던 내용을 다시 요약하면서 상기해 보고자 한다. 잊지 말고 규율로 삼아야 하기 때문이다.

먼저 교육이념 및 평생교육 이념에 충실한 경영이어야 한다. 교육법률주의의 원칙에 따라 「헌법」, 「교육기본법」, 「평생교육법」에 규정된 이념에 충실한 경영이 필요하다. 그 내용으로는 기회균등의 원칙, 자율성 보장의 원칙, 중립성 보장의 원칙, 평생학습권의 보장과 그 구현을 위한 학습자에 대한 사회적 대우와 학습계좌제 운영이다. 경영자는 이를 인식시키고 평생학습자들이 불이익을 받지 않도록 해야 한다.

다음으로 경영과정의 윤리성이 보장되어야 한다. 교육은 말로서가 아니라 모범을 보고 배우기 때문에 평생교육을 실시하는 평생교육기관이 그 운영하는 프로그램의 내용과 일치되게 경영도 교육적으로 이루어져야 한다. 편법이나 술수가 아닌 가성비로 승부하는 정도경영, 민주시민교육을 실시하는 교육기관답게 운영에 있어서의 민주성 확립, 가치 중립적인 진리교육을 해 나가는 전문성, 기업윤리를 교육하는 기관답게 회계부정이 없는 깨끗한 경영이 이루어져야 한다는 것을 다시 강조한다. 특히, 수익 획득의 수단으로 기관 부설 평생교육시설이 우후죽순 생겨나 난립되면서 경쟁이 치열해졌다. 정해진 예산을 놓고 평가인정과 학점은행기관으로 선정되기 위한 경쟁도 치열해지다 보니 공정성과 윤리경영의 원칙이 더욱 중요해졌다.

끝으로 지속 가능한 경영이 되도록 공공성과 수익성과의 조화가 이루어져야 한다. 문제는 기회균등과 학습권을 보장하는 공공성을 추구할수록 교육비를 높게 책정할 수 없어 재정안정성이 위협을 받는다는 점이다(최은수, 배석영, 2009). 이 문제가 해결되지 않으면 우리나라 평생교육 프로그램은 질적 수준이 떨어지고 새로운 개발보다는 남의 것을 베끼는 가운데 비슷한 내용으로 넘쳐날 것임이 불을 보듯 뻔하다. 이것은 결국 전문성을 떨어뜨리고 평생교육 전체에 대한 신뢰를 저하시키게 될 것이다. 이 문제를 해결하기 위한 방안이 평생교육 전체 시스템 차원에서 지속적으로 강구되어야 한다.

조직이 경쟁환경 속에서 살아남기 위해서는 환경 변화에 효과적으로 대처해야 한다. 현재 공통된 변화로 지목되고 있는 고객, 혁신, 소셜미디어, 지속 가능성의 중요성에 유의할 필요가 있다. 이 변화의 범주는 모든 조직의 생존이 걸린 핵심 범주라 할 수 있다. 고객에게 사랑을 받아야 프로그램이든 제품이든 살아남을 수 있고, 고객사랑을 받기 위해서는 끊임없이 혁신하고, 새로운 테크놀로지를 적극 받아들이고, 새로운 교육 어젠다에서 기회를 발견해야 한다. 이를 좀 더 부연하자면, 고객만족을 위해서는 고객을 대하는 직원들의 서비스 질이 높아야 한다는 것, 번영하려면 혁신해야 한다는 것을 깊이 인식하고 혁신의 마음가짐을 구성원 모두가 공유하는 것이 중요하다는 것, 테크놀로지는 첨단을 적용해야 참신한 이미지와 함께 그 자체가 교육적일 수 있다는 것, 그리고 지속가능성장을 위한 교육은 프로그램에 반영할 어젠다라는 것을 유념해야 한다.

(2) 힘의 원천을 개발하기 위한 마음자세: 이나모리 가즈오 사례

테트 등(Tett et al., 2000)은 가장 중요한 경영자의 역량(Managerial Competence)으로 "의사결정, 팀빌딩, 결단력, 자기표현, 예의 바름, 개인적 책임감, 신뢰, 충성심, 프로페셔널리즘, 관대함, 적응력, 창의적 사고, 회복탄력성, 경청, 자기 계발"(Tett, Guterman, Bleier, & Murphy, 2000; Robbins et al., 2021, p. 9 재인용)을 꼽았다. 리더의 조건으로 언급되는 성격, 태도, 가치, 강점과 같은 요소는 이나모리 가즈오에 의하면 수면 위에 보이는 기둥의 일부이고, 이것을 바꾸려면 잘 안 바뀐다는 것이다. 예를 들어, 성격은 개인을 특징 짓은 지속적이며 일관된 행동양식으로 정의에서부터 잘 안 바뀌는 것임을 알 수 있다. 태도나 가치, 강점도 마찬가지이다. 그러면 전혀 바꿀 수 없는가? 바꿀 수 없는 게 어디 있겠는가! 기둥의 뿌리에 해당하는 것이 마음가짐인데 마음가짐을 바꾸면 모든 것을 바꿀 수 있다(이나모리 가즈오, 2021). 역량이란 개념은 타고난 능력과 달리 개발 가능한 지표들이다. 테트 등(2000)이 말하는 경영자의 역량 요소들은 하나같이 마음가짐을 바꿔서 학습을 매개로 개발될 수 있는 것들이다. 경영자의 역량 요소 가운데 회복탄력성이 필요한 이유는 좌절과 실패와 시행착오와 상처를 경험하기 때문이다. 참되고 바른 신념이 단단하면 할수록 쉽게 상처를 입지도 않을 뿐만 아니라 더 빨리 회복한다. 좌절과 실패와 시행착오, 상처는 완벽하지 못한 인간이 겪는 숙명이다. 힘의 원천을 개발하려고 하는 이유도 이런 숙명을 회피하기 위함이라기보다는 오히려 직시해서 넘어진 데서 다시 벌떡 일어서기 위함일 것이다. 일어서기 위해서는 힘이 필요하고, 조직이 위기에 빠졌을 때는 더 큰 힘이 필요한데, 변화와 위기가 일상인 경영자로서는 힘을 갖춰야 한다. 그래서 경영자는 힘의 원천을 개발하려는 노력을 게을리 해서는 안 된다. 자기 계발을 통한 실력 향상은 물론, 인간관계력을 비롯한 유익한 힘이라면 어떤 것이라도 개발할 필요가 있다. 지금 얘기하고 있는 역량도 힘의 하나이다. 힘을 기르는 원리는 역량 개발과 같이 마음가짐에서 출발하여 경험하고 학습하고 성공을 거두어 사회적 지위가 높아지면서 길러진다. 리더에게 요구되는 영향력 차원에서의 힘의 원천은 흔히 5가지로 분류된다(최은수, 배석영, 2009, pp. 244-245).

① 보상적 힘(Reward Power): 요구된 역량 발휘에 대해 보상해 줄 수 있는 능력.

② 위압적 힘(Coercive Power): 상대방의 의사를 강압·강제할 수 있는 힘. 폭력이나 불법적인 힘도 가능하다. 상사가 위압적일 때 거짓 보고서, 거짓말 은폐, 조직 목적의 고의적 방해 등의 부작용이 발생할 수 있고 이는 나중에 조직에 큰 해악을 끼칠 수 있다. 일찍이 도산 안창호는 조선을 망국으로 이끈 원수는 '거짓'이라 했고, 그가 설립한 대성학교 학생들에게 항상 "죽더라도 거짓이 없어라. 농담으로라도 거짓말을 말아라"고 당부했다(이광수, 1997).

③ 합법적 힘(Legitimate Power): 공식적 또는 법적으로 주어지는 힘. 어떤 지위를 갖고 있는 데서 오는 포지션 리더(position leader)에게 합법적 힘이 주어진다.

④ 모범적 힘(Referent Power): 사람들이 리더로 생각해 주는 힘. 힘을 가지려 의도

하지 않아도 사람들을 격려하고 고무시키는 리더이다. 평생교육에서 가장 가치 있는 힘이다. 리더는 모델이 되고, 사람들은 그런 리더를 본받으려 한다.

⑤ 전문적 힘(Expert Power): 리더가 주어진 영역에서 더 많은 지식과 능력을 가졌다고 인정하는 팔로워들의 관점이 힘의 원천이다. 이것은 강연, 워크숍, 콘퍼런스 등을 통해 획득될 수 있다.

영향력을 가진 사람이 리더라는 입장에서 리더십을 영향력의 관점에서 본다면 리더와 관리자는 반드시 일치할 필요는 없다. 관리자는 부하가 있고, 부하에게 지시 감독하는 위치에 있는 사람이다. 그러나 리더는 지위가 없더라도 모범적 힘이나 전문적 힘으로 리더가 될 수 있다. 리더는 옳은 일을 하는 사람이고 관리자는 일을 올바로 하는 사람이다(Leaders do right things, Managers do things right)(Bennis & Nanus, 1985). 이것의 본래 버전은 드러커(1967)의 "효율성은 일을 옳게 하는 것이고, 효과성은 옳은 일을 하는 것이다(Efficiency is doing things right; effectiveness is doing the right things.)"이다. 둘을 함께 보면 관리자는 효율성에 집중하고, 리더는 효과성에 집중하는 개념임을 알 수 있다. 또한 리더는 변화와 혁신을 추진하는 사람이고, 관리자는 현상유지를 위한 문제해결에 집중한다(Kotter, 1990). 그런데 현실적인 경영자는 관리자로서의 지위에 있으면서 리더십을 발휘한다. 관리자이면서 동시에 리더일 것이 요구되는 것이다. 그래서 현대 경영에서 경영자는 '옳은 일을 옳게 수행하는 자(do the right thing right)'이다(Stack, 2016). 이리하여 경영자는 위에서 말하는 보상, 위압, 합법, 모범, 전문적 힘을 모두 발휘하여 강력한 힘을 발휘하면서 조직을 이끌어 간다. 5가지 힘을 복합적으로 발휘할 수 있는 지위로 가면서 그에 어울리는 역량을 개발해 가는 것이 진정으로 힘 있는 경영자의 모습이라 할 것이다.

이나모리 가즈오(2021)는 '리더는 옳은 일을 하는 사람이다' 내지 '경영자는 옳은 일을 옳게 처리하는 사람이다'는 것을 잘 보여 주는 모범 사례를 제공한다. 그는 "리더는 결단을 미루어서는 안 된다. 옳은 일일 때는 더욱 그러하다. 쉽고 어렵고는 뒤의 문제다. 이해득실이 아닌 당위를 근거로 판단하는 것은 쉬운 일은 아니었다. 옳다고 생각한 일을 끝까지 관철해 내겠다는 자부심을 품었기 때문에 내가 벌인 사업은 반드시 성공할 수밖에 없다고 확신했다. 나의 신념은 흔들림 없는 바위처럼 굳건했다. 인간으로서 옳은 일을 한다! 내가 가장 먼저 정한 경영의 원칙은 이것이었다.

앞으로는 옳은 일을 옳은 방식으로 일관해 나갈 것이라고 직원들에게 천명했다. 인간으로서 옳은 일이란 무엇일까? ① 정직하라, ② 거짓말을 하지 말라, ③ 배려하라, ④ 겸손하라, ⑤ 남의 것을 빼앗지 말라와 같은 것이다. 나와 회사가 아니라 인간으로서 옳은지 그른지 판단하여 그대로 행하라. 만약 경영자인 제가 인간으로서 옳지 않은 일을 할 경우에는 솔직하게 지적하고 거침없이 비판해 달라. 하지만 내가 말하고 행동하는 것이 옳다고 생각한다면 끝까지 따라와 달라. 나는 지금까지도 이 신념을 지키고 실천하는 데 애쓰고 있다."(pp. 153-167 발췌 정리)고 했다.

또한 "수천 명이 넘는 종업원을 거느린 조직의 경영자라면 최악의 상황에서도 분노에 휩싸여 적과 아귀다툼을 벌여선 안 된다. 고요하고 담대하게 문제의 한복판을 지나갈 줄 알아야 한다. 상대를 넘어뜨리려고 생각하는 순간 자신의 마음도 더러워진다. 근거 없이 남을 비방하는 사람들은 그냥 내버려 두면 그에 상응하는 처벌을 받기 마련이다. 동조하거나 대항하지 않으면 그들은 머지않아 조용히 사라질 것이다. 마음이 부르지 않으면 그 어떤 일도 일어나지 않는다. 실수할 수 있다. 실패할 수도 있다. 그러나 그것에 마음을 빼앗겨선 안 된다. 어떤 상황에서도 휘청거리지 않고 마음을 잘 간수하는 것, 이것이 리더가 가장 먼저 갖춰야 할 태도다."(p. 99)라 했다. 옳은 길을 가는 리더의 흔들림 없는 마음가짐을 보여 주는 단면이라 할 것이다.

옳은 방향성을 놓치지 않기 위해서는 전체 맥락에 깨어 있는 정신이 필요하다. 방향을 놓치는 이유는 대개 사심에 물들어 맑은 정신, 또는 본래의 초심을 잃어버린 탓이다. 그래서 이나모리 가즈오는 흔들림 없는 마음가짐을 강조했다고 본다. 이런 마음가짐과 함께 아예 전체적인 맥락을 놓치지 않도록 시스템을 갖춰 놓는 것도 중요하다. 경영을 시스템으로 접근하면 전체 맥락을 염두에 두고 효과성에 주목하기 때문에 전체적 방향과 함께 디테일도 잘 챙길 수 있게 된다. 사람이 가진 근시안적 본성(Green, 2020)을 극복하는 데 도움을 준다.

**토론
문제**

1. 평생교육기관 경영자는 누구인가? 기관 하나를 조사하여 토론해 보자.
2. 평생교육기관 경영자가 역할수행에 필요한 역량을 기르려고 할 때 마음자세가 출발점이 된다는 것에 대해 긍정하는가? 긍정한다면 직접 경험한 사례나 들어 알고 있는 사례가 있으면 말해 보시오.

참고문헌

교육과학기술부(2008). 2008 평생교육법, 시행령, 시행규칙 해설자료. 교육과학기술부.

권두승, 최운실(2016). 평생교육경영론(2판). 경기: 교육과학사.

김성남(2014). '최고 직장' 구글이 부럽다고? CEO의 의사결정이 곧 조직문화다. DBR(Dong-A Business Review, 165(2014. 11월 issue2). https://dbr.donga.com/article/view/1201/article_no/6751/ac/magazine

이광수(1997). 도산 안창호. 서울: 범우사.

이나모리 가즈오(2021). 왜 리더인가(김윤경 역). 경기: 다산북스.

이용균(2016). 메이요 클리닉의 교훈. 의학신문, 9/8/2016 기사. http://www.bosa.co.kr/news/articleView.html?idxno=2047964

이재은, 이연주(2008). 조직문화 유형이 조직몰입도에 미치는 영향: Kimberly & Quinn의 조직문화 유형을 중심으로. 한국정책론집, 8, 60-80.

이정훈(2004). 학교 조직문화 형성 변인 탐색. 교육행정학연구, 22(4), 85-104.

임태희(2016). 평생교육기관의 조직문화가 평생교육사의 직무만족에 미치는 영향. 서강대학교 교육대학원 석사학위논문.

장영수(2018). '교육의 기회균등'의 헌법적 의미와 개선방안. 고려법학, 89, 1-41.

장용선, 문형구(2006). 사업다각화에 따른 하위문화 형성과정: 비영리조직을 중심으로. 인사·조직연구, 14(1), 1-51.

최은수, 배석영(2009). 평생교육경영론. 경기: 양서원.

Barnard, C. (1938). *The Functions of the Executive*. Harvard University Press.

Bennis, W. G., & Nanus, B. (1985). *Leaders: The Strategies for Taking Charge*. NY : Harper & Row.

Cameron, K. S., & Quinn, R. E. (1999). *Diagnosing and Changing Organizational Culture: Based on the Competing Values Framework*. Upper Saddle River, NJ: Prentice Hall.

Drucker, P. F. (1967). *The Effective Executive*. NY: Harper & Row.

Drucker, P. F. (2004). What makes an effective executive. *Harvard Business Review, 82*(6), 58-63.

Fayol, H. (1930). *Industrial and general administration*. Sir I. Pitman & sons, ltd.

Green, R. (2020). 인간본성의 법칙(*The laws of human nature*, 이지연 역). 위즈덤하우스. (원저 2019년 출판).

Katz, R. I. (1974). Skills of an effective administrator. *Havard Business Review, 52*(5), 90-102.

Kotter, J. P. (1990). What leaders really do. *Harvard Business Review, 68*, 103-111.

Mintzberg, H. (1973). *The Nature of Managerial Work*. NY: Harper & Row.

Nye, J. R. Jr. (2021). 위대한 수업: 조지프 나이-누가 리더인가? 1강 리더를 찾는 법. https://www.ebs.co.kr/tv/show?prodId=411911&lectId=60096024EBS

Robbins, S. P., Coulter, M. A., & De Cenzo, D. A. (2021). 경영학원론(제11판)(*Fundamentals of Management*, 양동훈, 임효창, 조영복 공역). 시그마프레스. (원저 2021년 출판).

Stack, L. (2016). *Doing the Right Things Right: How the Effective Executive Spends Time*. Berrett-Koehler Publishers.

Tett, R. P., Guterman, H. A., Bleier, A., & Murphy, P. J. (2000). Development and content validation of a "hyperdimensional" taxonomy of managerial competence. *Human Performance, 13*(3), 205-251. https://doi.org/10.1207/S15327043HUP1303_1

제 5 장

평생교육기관의
리더십 및 의사결정

세상에서 가장 현명한 사람은 모든 사람으로부터 배우는 사람이다.

가장 사랑받는 사람은 칭찬하는 사람이다.

가장 강한 사람은 감정을 조절할 줄 아는 사람이다.

-탈무드-

[학습목표]
....

1. 리더십 이론의 발전과정에 대해 이해한다.
2. 평생교육에서의 리더십에 대해 이해한다.
3. 의사결정의 개념 및 의사결정 과정에 대해 이해한다.
4. 평생교육기관에서의 의사결정 방법에 대해 이해한다.

[학습개요]
....

제5장에서는 평생교육기관과 리더십, 평생교육기관과 의사결정에 대해 배운다. 먼저, 리더십의
개념과 리더십 이론의 발전과정에 대해 배우고 평생교육에서의 리더십을 이해하기 위해 교육리
더십과 온정적 합리주의 리더십에 대해 배운다. 더불어 평생교육 리더의 자질과 특성을 이해하
고 평생교육 리더십의 유형에 대해 살펴본다. 다음으로 의사결정의 개념에 대해 이해하고 의사
결정 과정에 대해 배운다. 또한 개인적 의사결정과 집단 의사결정의 차이에 대해 이해하고 평생
교육기관에서 활용 가능한 다양한 의사결정 방법에 대해 살펴본다.

1. 평생교육기관과 리더십

1) 리더십론

조직이 목표를 설정하고 이를 달성하기 위해서는 계획 수립(planning)을 하고, 조직을 만든(organizing) 후에 리더는 조직 구성원들을 지휘(directing)하는 관리활동을 해야 한다. 리더가 수행하게 될 관리활동으로써 지휘는 크게 리더십, 동기부여, 팀 혹은 집단관리, 의사소통 등으로 나눌 수 있다. 즉, 어떤 조직을 지휘하기 위해서 지휘자는 리더십을 갖추고 팀 또는 집단을 고려하면서 조직 구성원들에게 동기를 불어넣어야 하며, 조직 전체의 의사소통이 원활하게 이루어질 수 있도록 노력해야 한다(장영광, 정기만, 2021).

리더십(leadership)이란 조직의 목표를 달성하기 위해 조직 구성원들의 행동에 영향을 미치는 과정이다. 즉, 조직의 목표 달성을 위해 조직 구성원들이 적극적인 행동을 하도록 유도하고, 자발적으로 움직이도록 하는 영향력이라고 할 수 있다.

리더십에 대한 연구의 전개과정을 살펴보면 초기의 리더십 연구는 "어떤 사람이 리더십이 있을까?"에 의문을 가지고 훌륭한 리더들의 공통적인 특성을 파악하고자 하였다. 즉, 효과적인 리더십이 개인적 특성에서 유래한다고 보는 특성이론(trait theory)이 연구되기 시작하였다. 리더는 일반적인 사람들과 무언가 다를 것으로 보고 리더로 인정받는 사람들의 성격, 지능, 심지어 신장과 같은 신체적 특성, 사회적 배경 등에서 공통점을 찾아 이론화를 모색했다. 특성이론에서는 성공적인 리더가 갖추어야 할 많은 공통적인 특성이 제시되었는데, 로케(E. Locke)는 성공적인 리더의 개인적 특성으로 추진력, 창조성, 자신감, 인지능력, 동기부여, 경영지식, 유연성, 정직과 청렴을 제시하였다. 그러나 이것은 어떤 사람에게는 맞지만 다른 사람에게는 적용할 수 없는 등 리더의 특성을 명확히 하지 못했고, 일반론적으로 적용하기에도 무리가 많았다. 그래서 뒤이어 연구되기 시작한 이론이 리더십 행위이론이다.

행위이론(behavioral theory)은 "리더가 어떻게 행동할 때 리더십이 발휘될까?"에 의문을 가지고 훌륭한 리더들의 행동양식을 파악하고자 하였다. 즉, 효과적 리더와 효과적이지 못한 리더의 행동 유형을 나누어 보는 접근방법이다. 이 이론에서는 리더십을 전제형, 민주형, 자유방임형으로 나누기도 하고 더 복잡하게 유형화해 보기도 했다. 예를 들어, 블레이크와 모턴(R. Blake & J. Mouton)은 리더의 행동을 생산 중심(과업 지향) 차원과 인간 중심(관계 지향) 차원으로 구분하고 리더가 '생산' 및 '인간'에 대해 갖는 관심 정도를 각각 9등급으로 세분한 후 이를 대응시켜 81개의 리더십 종류를 식별하고 각 리더십의 특징을 설명하는 리더십 격자(the leadership grid) 이론을 제시하였다. 하지만 행위이론으로도 바람직한 리더십에 대한 명확한 결론을 얻지 못하자 리더의 행위와 조직의 상황을 연계하여 특정 상황에서 보다 효과적인 리더십 유형을 찾고자 시도하게 되었다. 이러한 연구 접근 방식을 리더십 상황이론이라고 한다.

　상황이론(contingency theory)에서는 "어떤 상황에서 리더의 어떤 행동이 리더십을 발휘할까?"를 연구한다. 즉, 효과적인 리더십이란 리더의 개인 특성이나 특정 행동에 좌우되는 것이 아니라 리더의 특성과 리더가 놓인 상황이 맞아떨어질 때 나오는 것이라고 본다. 상황이론에 의해 많은 실용적 이론 모델이 만들어졌는데 대표적으로 피들러 모델(Fiedler model), 상황대응 리더십 모델(situational leadership model)이 있다. 피들러 모델은 피들러(F. E. Fiedler)가 제시한 것으로 리더의 성격특성과 상황변수를 조합해 적합한 리더십 유형을 찾고자 한 이론 모델이다. 상황대응 리더십 모델은 허시(Paul Hersey)와 블렌처드(Kenneth H. Blanchard)가 내놓았다. 이 이론은 부하들의 성숙도나 준비 정도가 개개인마다 다르기 때문에 같은 리더십이라도 제각기 다르게 받아들이고 그 결과 리더십 효과가 크게 달라진다는 것이다. 따라서 리더십은 부하의 성숙도에 따라 달리해야 효과를 낼 수 있다는 것이다. 예를 들어, 성숙도가 높고 지도받을 준비가 잘된 부하에게는 일을 믿고 맡기는 위임형 리더십이 효과적이지만, 성숙도나 준비 정도가 낮은 부하에게는 지시하는 스타일의 리더십을 발휘해야 한다는 것이다.

　상황이론 이후에 여러 이론을 수정 · 보완하며 새롭게 등장한 리더십 이론으로는 카리스마적 리더십(charismatic leadership)과 변혁적 리더십(transformational leadership) 등이 있다. 카리스마적 리더십은 추종자나 부하들이 리더의 특정 성향 내지 행동에서 보통 사람들에게서 볼 수 없는 탁월한 자질, 곧 카리스마를 인정하고 따르는 데 기초한 리더십이다. 카리스마는 다른 사람들의 신념이나 가치, 행동에 영향력을 행사하고 확신을 심어 주는 리더의 능력을 말하는 것으로 카리스마적 리더십은 미래 비전의 제시, 높은 열정과 자신감, 솔선수범적 행동, 성취 지향성, 높은 사회적 욕구 등 구성원을 압도하는 인간적 매력을 소유한 리더와 그에 영향을 받은 구성원의 관계에서 나오는 것으로 보고 있다.

변혁적 리더십은 조직원의 의식과 가치, 문화를 바꾸고자 하는 데 주안점을 두는 리더십으로 부하들로 하여금 미래 비전의 공유를 통해 자신의 몰입도를 높임으로써 처음 생각했던 것보다 훨씬 높게 목표를 넘어선 성과를 달성할 수 있도록 동기부여해 주는 것을 말한다. 즉, 특정한 성과의 가치와 중요성에 대한 지각 수준, 그리고 성과를 달성할 수 있는 방법에 대한 지각 수준을 상승시키고, 부하들이 보다 큰 조직을 위해 자신의 이기심을 초월할 수 있도록 하며, 개인 욕구의 범위를 확장하거나 수준을 높이는 것이다.

이상에서 살펴본 특성이론, 행위이론, 상황이론의 전통적 리더십 이론들은 리더십을 한 사람의 리더에게 초점을 맞춰 개인의 특성과 능력에 의존하는 관점으로 바라보았다. 그에 대한 한계점을 수정ㆍ보완하여 등장한 카리스마적, 변혁적 등 현대적 리더십 이론들은 리더의 상징적이고 정서적인 측면에 초점을 맞춰 리더가 조직 구성원들에게 미치는 영향관계로 이해하고자 하였다. 이렇듯 리더십에 대한 개념은 시대의 흐름에 따라 바라보는 관점에 따라, 수많은 조직들의 복잡한 상황에 따라 다르고, 또한 학문 분야에 따라 변화를 거듭하며 다양한 리더십 유형으로 개념화되었다.

2) 평생교육에서의 리더십

(1) 교육리더십

평생교육경영은 평생교육조직이 교육목표를 설정하고, 조직이 추구하는 교육목표를 성공적으로 달성하기 위한 일련의 운용과정이라고 하였다. 교육과 학습이 일어나는 상황적 맥락에서 볼 때 그동안 학교장을 대상으로 연구되어 온 교육리더십의 개념을 평생교육기관에 적용하여 이해할 수 있을 것이다. 즉, 평생교육기관을 학교로 평생교육기관의 경영자를 학교장으로 해석하여 교육리더십을 이해해 보고자 한다.

교육 분야에서도 리더십에 대한 정의는 지속적으로 진화되고 확장되어 왔으며,

대표적으로 교육리더십(educational leadership), 교사리더십(teacher leadership)으로 전개되어 왔다. 교육리더십과 교사리더십은 다양한 리더십 이론들의 역사적 발전을 통해 그 틀을 갖추었으며, 특성, 행위, 상황, 카리스마적 리더십, 변혁적 리더십 등이 융합된 구성개념을 함축한다(Alig-Mielcarek, 2003; 신승원 2011 재인용).

호이와 호이(Hoy & Hoy, 2009)는 교육리더십을 "학습자들의 교육만족과 교육효과성의 중요한 변인들에 긍정적인 영향력을 발휘하는 교사, 교육과정 전문가, 교육행정가 등을 포함한 모든 교육 관련 관계자들의 공유된 리더십"으로 정의하였다. 헬름(Helm, 2005)은 "교수–학습의 모델이 되고 머리와 가슴으로 사람을 이끌며 조직이 안정되도록 공고한 네트워크를 구축하고 성장과 실험의 비옥한 분위기를 만드는 것, 학교 교육목표를 달성하기 위하여 교사, 교직원, 학생 등을 움직이기 위한 상호작용이나 민주적 영향력"이라고 제시하였다(유선주, 2013). 즉, 교육리더십은 교육행정가뿐만 아니라 교사를 포함하고 있으며, 교육목표를 위해 노력하는 모든 구성원들과 관련된 것으로 그 관점이 확대되면서 교사리더십이 이론화되었다(Gronn, 2000; 서진상, 2013 재인용).

정광희(2008)는 교사리더십을 "교사가 사명감과 교육 대상에 대한 애정과 책임감, 교육 비전을 가지고 교육활동을 실천함으로써 교육의 일차적 수혜자인 학생의 교육적 성장은 물론 상호작용에 관계하는 모든 구성원과 조직의 질적 향상에 이바지하는 실천적 역량"이라고 정의하였다. 또한 교육리더십의 핵심적인 대상이 교사라면, 교사리더십의 주요 대상은 학생이며, 교육리더십이 교육적 분위기 조성과 관리 기능에 초점을 맞추면서 '관계 지향적'인 의미에 보다 더 무게를 둔다면, 교사리더십은 효과적 수업에 초점을 맞추면서 학습자의 '목적 지향적'인 의미에 비중을 둔다고 하였다(정광희, 2008).

교육리더십과 교사리더십의 개념이나 특성, 리더십이 발휘되는 범위 및 대상은 상황에 따라 차이가 존재하지만, 교육활동 전반의 질적 향상을 추구한다는 목표에서 기본적으로 맥을 같이 한다(신승원, 2011). 교육리더십과 교사리더십에 대한 개념과 속성들을 연구한 여러 학자들의 의견을 종합하여 교수리더십(instructional leadership)을 개념화하고 교수리더십의 성인교육적 의의를 도출한 신승원(2011)의 연구를 정리하면 다음과 같다.

신승원(2011)은 머피(Murphy, 1990)와 베버(Weber, 1996), 할링거와 머피(Hallinger

& Murphy, 1985)의 모델을 통해 교수리더십을 개념화하였다. 즉, 교수리더십에 적용될 수 있는 공통적 요소로 학습이론과 학습자의 개인차에 대한 이해, 교수 역량, 동기부여, 교수 프로그램과 학습자 관리, 수업환경 조성능력을 추출하여 각각의 요소를 설명하였다.

첫째, 교수 리더(instructional leader)는 대표적인 학습이론에 대한 장점 및 단점을 이해하고 그것을 교육에 적용할 수 있어야 한다. 즉, 사고력과 암기, 창조력, 문제해결 등 학습자가 어떻게 학습하고 지식을 구성하는지에 초점을 맞추는 인지주의 이론과 학습자의 행위, 기술, 습관 등의 경험을 통해 야기되는 관찰 가능한 행위에 초점을 맞추는 행동주의 이론, 학습활동과 지식을 자신의 기존 경험과 통합시켜 새로운 지식으로 재구성하고 창출한다는 구성주의 이론의 관점을 교수-학습에 적절하게 적용해야만 한다.

둘째, 교수리더십에는 학습자들의 지적 호기심 자극과 학습에 대한 높은 관심 유지, 학습을 통한 자기효능감 향상 요소들이 포함된다. 효과적 교수 리더는 인본주의적 관점에서 학습자의 내적 자원인 자신감, 자기주도성, 자아실현 욕구, 자존감 등을 상승시키는 내적 동기를 제공하고, 행동주의적 관점에서 학습에 대한 명확한 목표 설정과 구체적 보상 및 처벌 등의 외적 동기를 적절하게 제공하며, 사회문화적 관점에서 학습자를 학습공동체에 적극적으로 참여시킴으로써 학습 동기를 유발하는 다양한 전략을 사용한다.

셋째, 교수리더십의 핵심적 요인은 교수-학습의 개선에 기여하는 효과적인 교수 자질이며 능력이다. 즉, 유능한 교수 리더는 해당 분야에 대한 지식, 교수 전략, 교육과정, 학습자의 특성, 학습 상황, 교수목표 등에 대한 전문적 지식뿐만 아니라 창의적이고 조직적인 기획력과 온화함과 친절, 교육에 대한 열정 등의 자질을 갖추어야 한다.

넷째, 효과적 교수 리더(instructional leader)는 수업과 학습자를 관리하는 역량을 갖추어야 한다. 이것은 교육목표와 능력, 요구하는 것들이 각기 다른 개별 학습자들로 북적대는 교실 현장을 협동적이고 생산적인 교육의 장이 될 수 있도록 관리하여, 모든 학습자가 자기주도적으로 학습을 관리할 수 있도록 하는 시스템을 창출하는 교수리더십을 의미한다.

다섯째, 수업 현장은 복합적인 사회적 시스템으로써 긍정적 수업 분위기와 공동체 문화를 조성하는 것은 효과적인 교수-학습에 필수적 요소이다. 따라서 유능한 교수 리더는 교육 성과와 만족도에 중요한 영향력을 행사하는 사회적 맥락의 중요성을 인지하고, 학급의 문화와 분위기, 교육목표의 방향을 조직의 정체성으로 결속시켜 학급공동체의 효능감을 높여야 한다(Hoy & Hoy, 2009). 이처럼 교수리더십은 교육목표의 실현을 위해서 학습자의 성취도에 초점을 맞추며 교수의 질을 개선하고, 교수 시간과 자원을 창의적이고 효과적으로 활용하고, 학습자의 성취 과정을 관찰하고, 관찰과 평가 자료를 교수-학습의 기획에 집중적으로 반영하는 데에 여러 학자가 동의하고 있다(Marks & Printy, 2003).

이들이 제안한 교수리더십의 구성 요인에 대한 관점을 종합해 보면, 리더십을 발휘하는 교육전문가는 '학습자의 역량 감독관'에서 '학습자의 성장 조력자'라는 방향으로 전환되고 있음을 알 수 있다(Marks & Printy, 2003, p. 374). 요약하면, 교수리더십을 발휘하는 교수자는 학습자의 요구에 부응하는 교육목표를 수립하고, 교수-학습 개선의 목표와 일관되는 전문가적 성장을 지원하고, 긍정적 학업 분위기를 조성해 평생학습에 대한 의욕을 고취하는 교육전문가로 지칭될 수 있다(Hoy & Hoy, 2009).

(2) 온정적 합리주의 리더십

기존의 전통적 리더십이 성인교육 분야의 리더가 추구해야 하는 준거 가치들을 모두 내포하기에는 한계들이 있기 때문에 성인교육 리더십을 위한 새로운 패러다임으로 온정적 합리주의 리더십(compassionate rationalism leadership)이 제안되었다. 온정적 합리주의 리더십의 개념은 전체적으로 합리주의적 리더십을 바탕으로 하고 있지만 합리주의 리더십이 갖고 있는 한계점들을 온정주의 리더십으로 채워 간다는 개념이다.

최은수(2011)에 따르면 합리주의적 관점에서 인간은 이성을 통해 이해력을 높이고 합리적 의사결정을 할 수 있도록 해 주는 수단으로 이성을 활용한다. 이성에 의한 합리주의 패러다임에 기반하고 있는 성인교육 리더십은 여러 준거 가치들을 합리적으로 추구할 수 있도록 기준 틀을 제공하여 성인교육 리더십에 반드시 필요하다. 하지만 다음과 같은 한계점들을 내포하고 있다. 첫째, 인간의 선택은 언제나 완벽하거나 합리적으로만 이루어지는 것이 아니다. 둘째, 개인이 합리적이고 윤리적 · 이타적일 수 있다고 해도, 조직의 구성원으로서는 조직의 이익이나 조직 간 이익 갈등을 위해 합리적인 개인일지라도 다분히 이기적 · 위선적 · 정치적으로 변할 수 있는 가능성이 크기 때문에 완전한 합리성을 발휘하기 어렵다. 셋째, 합리성은 보통 절차나 관례, 또는 개인들이 속한 주변 환경에 따라 상황적으로 변할 수 있는데 이러한 상황 변화는 합리주의 패러다임의 기본 토대 중 하나인 예측과 통제 요인들이 달라질 수 있기 때문이다. 넷째, 완벽한 합리성을 추구하기 위해 시간, 에너지, 재정 등의 충분한 자원이 필요하지만 현실적으로는 항상 자원이 부족하기 마련이며 합리성을 추구하는 과정에서 비용이 이익보다 크다면 때로는 비합리성이 나타날 수 있다. 끝으로 조직의 측면에서 조직 의사결정 시 개인의 이성 활동을 바탕으로 한 합리주의적 패러다임 적용이 지나칠 경우 효율성이 증대되는 반면 조직 구성원들의 심리적 및 사회적 요인이 간과될 가능성이 크기 때문에 이러한 경우 조직 구성원들의 동기유발이나 충성심이 낮아질 수 있다.

이러한 합리주의의 한계성 때문에 이를 보완하는 개념으로 최은수(2011)는 온정주의를 제시하였다. 온정이란 타인이나 타인의 정서를 이해하고 감정을 공유하는 것으로 이해할 수 있다. 특히, 온정주의는 타인에게 이익을 주거나 친절함을 목적으로 하는 등의 박애주의 행동과는 달리 정서적으로 타인의 고통이나 괴로움을 공유하고 경감하는 데 중점을 두고 있으며, 또한 겸손의 가치를 내포하고 있다. 이는 리더의 위치에 있더라도 모든 구성원을 존중하고, 그들의 인간으로서의 고유한 존엄성을 지켜주어야 함을 의미한다. 겸손은 실용적 가치가 내포되어 있는데, 겸손을 실천하는 리더는 '자기만이 좋은 아이디어를 갖고 있는 것은 아니다' 라는 것을 염두에 두고 있다. 또한 온정적 리더십은 신뢰를 중요하게 여긴다. 리더의 입장에서 신뢰는 어떤 결정 사항에 대해 뒷받침 증거가 충분하지 않더라도 조직원들은 리더의 행동을 수용하며, 조직원의 입장에서는 리더가 구성원 각자에게 호의를 갖고 대하며 이는 특정인을 편애하거나 차별하여 승자나 패자를 만들지 않는 것을 의미한다 (최은수, 2011). 온정주의적 리더십은 민주적 이상에 기초하여 조직 구성원들과 함께 활동에 참여하는 성인교육의 리더십과 의미가 상통한다는 장점도 있는 반면 한계점도 가지고 있다. 최은수(2011)는 조직에서 온정주의가 지나치게 팽배해질 경우 객관성보다 주관성에 치우쳐 기존의 질서와 규범이 무너질 수 있다고 하였다.

최은수(2011)는 이러한 합리주의 리더십과 온정주의 리더십을 바탕으로 21세기 조직 운영의 효과성을 극대화하기 위해 합리주의 리더십과 온정주의 리더십의 장점을 통합한 개념인 온정적 합리주의 리더십을 제시하였다. 온정적 합리주의 리더십이란 대개의 상황에 있어서 리더가 이성에 기초하여 합리주의 리더십을 보이지만 조직 구성원들에게 온정을 베풀어야 할 상황에 있어서는 온정주의 리더십을 발휘하는 리더십을 의미한다. 온정적 합리주의 리더십은 합리주의 리더십이 많은 부분을 차지하고 온정주의 리더십이 일부분을 차지한다.

(3) 평생교육기관의 리더십

① 평생교육 리더의 자질 및 특성

최근 평생교육에 참여하는 사람들이 늘어남에 따라 평생교육기관의 설립 및 운영 주체가 다양해지고 있으며, 그 규모도 점차 커지고 있다. 그만큼 한 기관이 운영하는 프로그램의 수가 늘어나고, 프로그램 개발자 및 운영자, 교수자 등 다양한 평생교육 관련 업무를 담당하는 현장전문가 또한 늘어나고 있다. 이렇듯 규모가 커지고 구성원이 증가하고 업무가 다양해짐에 따라 평생교육기관 경영자의 경영능력은 기관 운영의 성패를 좌우하는 중요한 자질이 되었다. 즉, 평생교육 리더의 자질은 평생교육기관 구성원들로 하여금 조직의 목표 달성을 위한 자발적인 수행과 헌신을 얼마나 이끌어 낼 수 있는가와 관련이 있다.

권인탁(2009)이 제시한 평생교육 리더에게 필요한 능력과 자질은 다음과 같다. 첫째, 평생교육기관의 기능에 관한 충분한 인식을 갖추고 이해하며 헌신해야 한다. 둘째, 평생교육기관의 구조에 관한 충분한 이해를 바탕으로 참여한다. 셋째, 평생교육기관에서 발생하는 감독, 요원개발, 평가 등 일련의 과정에 관한 충분한 이해를 바탕으로 관련된 역할을 잘 수행할 수 있도록 숙달되어야 한다. 넷째, 프로그램 개발에 필요한 검증된 개념적 모델을 이해하고 적용할 수 있도록 숙련이 필요하다. 다섯째, 학습자들의 지속적인 변화와 요구를 수용하여 객관적이고 체계적인 분석을 할 수 있는 능력이 필요하다. 여섯째, 평생교육기관의 사회문화적 환경에 대한 철저한 이해가 필요하다. 일곱째, 고객의 철저한 진단을 바탕으로 평생교육기관의 임무를 철저히 점검하여 평생교육의 잠재적 대상자를 사전에 파악하는 능력이 필요하다. 여덟째, 잠재적 평생교육 대상자의 리더를 파악할 수 있는 전략이 요구된다. 아홉째, 잠재적 평생교육 리더와 대상자들과의 공동노력을 통하여 학습자의 교육 요구를 확인하고 분석할 수 있는 능력이 필요하다.

최은수와 배석영(2017)은 리커트(Likert)의 성공적 리더의 특성을 바탕으로 평생교육기관의 경영에 필요한 효과적인 리더십을 다음과 같이 제시하였다. 첫째, 평생교육 리더는 구성원들과 좋은 인간관계와 같은 사회적 지원을 최대로 활용해야 한다. 둘째, 평생교육 리더는 평생교육을 사랑하고 기관의 목표와 비전을 명확하게 설정하고 구성원들에게 제시해야 한다. 셋째, 평생교육 리더는 평생교육에 관한 다양한 정보와 지식을 수집하여 전문성을 제공해야 한다. 넷째, 평생교육 리더는 개별적 배려를 통하여 구성원들의 역할 차별성을 유지하고 격려한다. 다섯째, 평생교육 리더는 세부적인 지시보다는 전체적인 시각에서 일반적인 지시와 감독만을 한다.

정리하면 평생교육기관 경영자에게 요구되는 자질 및 능력은 평생교육적 가치관과 사명감을 바탕으로 한 기관경영에 필요한 기술적 능력과 인간관계 능력, 의사결정 능력 등이다. 먼저, 기술적 능력은 다양한 프로그램의 개발 및 홍보 기술, 마케팅, 교수매체 활용 등 평생교육을 실시하기 위해 필요한 구체적인 방법이나 기술 등을 활용할 수 있는 능력이다. 다음으로 인간관계 능력은 내부 구성원과의 접촉, 학습자 관리, 외부 교수자와의 관계, 지역사회 및 정부 관계자와의 관계 등 평생교육기관과 관련된 여러 분야의 사람들과 효과적으로 일할 수 있는 능력이다. 끝으로 의사결정 능력은 기관의 인적 자원, 물적 자원을 종합적으로 파악하여 효과적이고 효율적인 경영을 할 수 있도록 중요한 결정을 내리는 판단능력이다. 이상에서 살펴본 평생교육 리더의 자질과 능력, 평생교육기관에서의 효과적인 리더십의 발휘를 평생교육 리더의 기본적인 자질과 특성으로 규정할 수 있을 것이다.

한편 오혁진(2021)은 평생교육기관의 경영자가 경영능력과 리더십을 겸비하는 것이 바람직하지만 현실적으로는 그렇지 못한 경우가 많기 때문에, 리더십과 경영능력 각각을 소유하고 있는가에 따라 네 가지 유형으로 경영자를 나누어 각 유형별 특성과 개선 과제들을 제시하였다. 즉, 리더십과 경영능력에 의한 평생교육기관 경영자의 유형을 [그림 5-1]과 같이 도식화하였으며, 평생교육기관 경영자들은 아래 네 가지 유형 중의 하나에 속한다고 보았다.

이상적 경영자란 리더십과 경영능력이 모두 우수한 경우이다. 즉, 조직 구성원들에게도 긍정적인 영향을 미쳐 자발적인 추종을 이끌어 내고 각종 전문적인 경영기

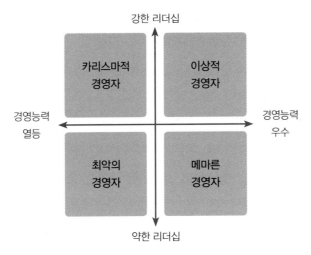

강한 리더십

| 카리스마적 경영자 | 이상적 경영자 |

경영능력 열등 ←→ 경영능력 우수

| 최악의 경영자 | 메마른 경영자 |

약한 리더십

[그림 5-1] 리더십과 경영능력에 의한 평생교육기관 경영자의 유형

출처: 오혁진(2021), p. 65.

법을 활용하는 능력이 우수한 경우를 말한다. 평생교육에 대한 신념이 투철하고 기관의 실무자와 학습자에게 평생교육자로서의 모범을 보이며 동시에 프로그램 관리, 재무관리, 인적자원관리, 마케팅 관리 등 경영자로서 갖추어야 할 능력을 두루 갖춘 경우를 말한다. 이러한 유형에 해당하는 평생교육기관 경영자는 현재의 상태를 유지하면서 양쪽 측면의 계속적인 질적 향상을 위해서 노력해야 한다.

카리스마적 경영자란 리더십은 뛰어나나 경영능력은 떨어지는 경우이다. 즉, 평생교육에 대한 강한 신념을 바탕으로 강력한 추진력을 발휘하며, 인간적인 감화력으로 타인으로부터 자발적으로 추종하게 만들지만, 경영 마인드의 결핍으로 어떤 상황을 체계적으로 관리하거나 결과물을 제대로 정리하지 못하는 경우를 말한다. 이런 유형에 해당하는 평생교육기관의 경영자들은 보다 체계적인 경영능력 향상을 위해 노력해야 하며, 관리능력이 탁월한 참모들의 지원을 받는 것도 바람직하다. 또한 스스로 독선적인 경영에 빠지지 않도록 주의해야 한다.

메마른 경영자란 경영관리 능력은 우수하지만 리더십이 약한 경우이다. 즉, 체계적인 경영기법을 학습하고 도입하여 기관을 효율적으로 관리하지만 구성원들과의 인간적인 유대관계, 융통성이 부족하여 인간적인 추종을 받지 못하는 경우이다. 그 이유로는 평생교육에 대한 신념과 사명감의 결핍, 기관의 실무자 또는 학습자들과의 교육관의 대립, 교육지도자로서의 인간애 부족 등을 들 수 있다. 메마른 경영자는 단기적으로는 성과를 올릴 수도 있으나 장기적으로는 실패할 가능성이 높은 경영자라고 볼 수 있다. 이런 유형에 해당하는 경영자들은 조직 구성원들에 대해 열린 자세를 취해야 하며 인간적인 관계와 신뢰구축을 위해 노력해야 한다. 또한 조직 구성원의 참여 및 의견 수렴의 노력도 기울여야 한다.

최악의 경영자란 리더십도 없고 경영능력도 부족한 경우이다. 즉, 조직관리 기법에 대한 이해도 부족하고 교육적 사명감도 부족하며, 조직 구성원과의 관계도 원만하지 못하여 긍정적인 영향력을 미치지 못하는 경우를 말한다. 이런 경우에는 조직의 와해 및 파국의 가능성이 크다. 이런 유형의 경영자는 리더십 및 경영능력의 향상을 위한 장기적인 노력이 필요하며, 단기적으로는 경영자의 교체도 고려할 필요가 있다.

오혁진(2021)은 앞과 같이 평생교육기관 경영자의 유형을 나누고 각 유형별 특징과 개선을 위한 과제를 제시하였다. 한편 모든 평생교육지도자가 평생교육기관의 경영자가 되어야만 할 필요는 없지만 모든 평생교육기관의 경영자는 평생교육지도자가 되어야 할 필요가 있으며, 그때 진정한 의미의 평생교육의 발전이 이루어질 수 있을 것이라고 하였다.

② 평생교육 리더십의 유형

평생교육기관에서 경영자가 리더십을 발휘해야 하는 영역은 실제로 매우 다양하고 복잡하다. 평생교육기관의 성격 및 소속, 특성에 따라 평생교육 리더의 역할과 임무에 차이가 있기 때문인데, 프로그램 개발 및 평가에 비중을 두는 일반 기업체 소속 기관이냐 프로그램 홍보 및 수강생 확보에 더 큰 비중을 두는 대학 소속의 평생교육원이냐에 따라 리더의 역할과 임무는 다르다. 따라서 평생교육 리더십을 분류하고 그 유형의 특성을 살펴볼 필요가 있다. 에델슨(Edelson, 1970)이 제시한 평생교육기관 경영자에게 요구되는 리더십으로 프로그램 리더십, 정책 리더십, 정치적 리더십, 대중 리더십, 전문적 조직 리더십에 대해 살펴보면 다음과 같다.

◆ 프로그램 리더십

평생교육기관에서 프로그램은 해당 기관의 계획된 사업실행 여부 및 기관의 존립 여부를 결정짓는다. 대부분의 평생교육 수강생들은 기관의 프로그램을 평생교육의 실체 또는 본질로 인식하기도 한다. 따라서 프로그램의 질 관리는 기관의 생존에 절대적인 요소이므로 프로그램이 없는 평생교육기관은 존재할 수 없음을 시사해 주고 있다(이향란, 2020).

평생교육기관의 교육목적을 검토하기에 앞서 프로그램은 기관형성의 기본적인 수단이며, 지역경제의 향상과 더 나은 직업을 얻는 데의 조력, 여가시간의 활용 등과 같은 목적에서도 평생교육 프로그램을 분석해 볼 수 있다. 프로그램 리더십은 이러한 상호관계를 이해하고 프로그램 개발에 미치는 요인을 분석하는 것이 필요하다(김용현 외, 2018; 이향란, 2020).

따라서 평생교육기관의 핵심 사업이라고 할 수 있는 프로그램을 검토하거나 분석하는 수준을 넘어 프로그램에 대한 전문적 지식이 필요하며, 프로그램의 질이 가지고 있는 중요성을 이해할 수 있어야 한다는 점에서 프로그램에 대한 리더십을 발휘할 수 있어야 한다.

◆ 정책 리더십

평생교육기관의 경영자는 해당 기관의 경영 전략과 정책개발을 위한 출발점으로써 정부의 정책기조와 관련된 정책 현안들을 제대로 파악해야 하며, 이것을 바탕으로 새로운 전략과 기관의 정책을 개발해 나가야 한다. 평생교육기관 경영자는 평생교육기관 정책개발의 리더로서 기관의 새로운 정책개발 및 비전을 개발하도록 하고, 그러한 정책개발을 기관의 구성원들로 하여금 새롭게 추진하도록 하는 리더십을 발휘할 필요가 있다(김인숙 외, 2020).

◆ 정치적 리더십

평생교육기관의 리더는 자신이 책임지고 있는 조직의 목표와 이익, 성과향상을 위해 정치적으로 행동하고 기관 내외의 다양한 수요자의 요구와 다른 조직과의 갈등 해결을 위해 정치적 능력을 발휘해야 생존이 가능하다. 이것은 평생교육기관 경영자가 기관의 내부 환경에 대한 내부 역량만을 중심으로 리더십을 발휘해야 하는 것이 아니라, 기관의 외부 환경에 대한 대외적 관계에 있어서도 리더십을 발휘해야 한다는 것을 의미한다(김동일, 2021).

◆ 대중 리더십

대중 리더십은 평생교육기관 경영자가 조직의 내·외부에서 지녀야 할 인간관계와 관련한 리더십을 말한다. 즉, 내부적으로 평생교육 리더는 대중 리더십을 통해 조직 구성원들이 자율성과 책무성을 가지고 자신의 업무를 수행할 수 있도록 도와주어야 하며 평생교육기관이 고도의 지식 공유 조직이라는 특성을 감안하여 교육 담당자 및 강사 등 외부 인적자원에 대한 인간적인 배려와 올바른 대인관계 리더십을 발휘해야 한다.

◆ 전문적 조직 리더십

평생교육기관 경영자는 평생교육기관이 다양한 영역에서 협력체제로 연결되어 있는 공공의 이익을 위한 기관이라는 점에서 타 기관과의 협력적인 체제를 이끌어 낼 수 있어야 한다. 또한 고도의 지식 공유 조직이며 전문적 교육 조직체라는 것을 염두에 두고 전문적 조직으로써 제대로 기능을 수행할 수 있도록 해야 한다.

전문적 조직체로서 평생교육기관의 경영자는 구성원들에게 평생교육기관의 운영, 프로그램의 개발, 조직 구성원의 역량 강화 등과 같은 영역에서 생길 수 있는 여러 문제, 도전, 그리고 이슈에 관한 관심을 유도할 수 있어야 하고, 그러한 기회를 다양한 차원에서 제공해야 한다. 이에 평생교육기관을 발전시키고자 하는 경영자는 개인의 전문성 함양은 물론 조직의 전문성 개발을 위해 노력하여야 하며, 관련 협의체 등에 참여하여 해당 조직을 확대하고 더욱 활성화시킬 수 있는 책무성을 수용할 수 있어야 한다(김동일, 2021).

결국 일반적인 교육 리더십이든 평생교육 리더십이든, 교육적 리더십은 교육에 대한 전문적인 지식에서 나오는 것으로, 교수-학습, 프로그램 개발, 교육기관의 운영 등에 대한 전문적인 지식과 능력을 통해 효과적인 교육이 이루어질 수 있도록 하는 전문가가 갖추어야 할 덕목이다(김인숙 외, 2020).

2. 평생교육기관과 의사결정

1) 의사결정의 의의

(1) 의사결정의 개념과 성격

앞서 그동안 학교장을 대상으로 연구되어 온 교육리더십의 개념을 평생교육기관에 적용하여 평생교육기관을 학교로, 평생교육기관의 경영자를 학교장으로 해석하여 교육리더십을 이해해 보고자 하였다. 교육 분야에서의 의사결정 또한 그동안 학교단위를 대상으로 학교단위 의사결정의 양상과 학교장의 의사결정 과정의 특성들이 연구되어 왔다. 여기서 학교단위 의사결정이란 의사결정의 범주가 학교단위라는 것이다. 즉, 학교단위를 토대로 한 의사결정을 의미하는 것으로 교육이 직접 일어나는 바로 그 공간을 상정하는 것이다(조병래, 2005). 모든 경영활동은 곧 의사결정의 연장선이라는 점에서 학교장은 학교의 경영자이자 최종 의사결정자이다. 학교장이 판단하고 선택한 결정은 조직 구성원들에게 영향을 미쳐 학교조직의 목표를 성공적으로 달성하는 데 지대한 영향을 미친다(유평수, 2004)는 점에서 학교단위 의사결정 또한 평생교육기관에 적용 가능하다고 본다.

모든 조직과 개인은 매 순간 의사결정을 한다. 조직은 조직 수준에서 개인은 개인 수준에서 나아가 사회는 사회 수준에서 국가는 국가 수준에서 의사결정을 하게 된다. 이때 의사결정이 올바르게 이루어지느냐 아니냐는 조직, 개인, 사회, 국가의 발전과 성패에 영향을 주게 된다. 현대와 같이 변화가 급속하고 불확실성으로 가득 찬 사회에서 의사결정의 중요성은 더욱더 부각된다(백정미, 2005).

의사결정은 주어진 문제를 해결하기 위해 여러 대안 중에서 합리적인 방법으로 최선의 대안을 선택해 가는 과정이다. 따라서 기관을 경영하는 모든 경영자들에게 가장 중요한 과업 중 하나이다. 평생교육기관 경영자도 마찬가지로 얼마나 합리적인 의사결정을 할 수 있는가에 따라 기관경영의 성과가 결정된다고 볼 수 있다. 특히, 평생교육기관에서는 최근 조직규모의 확대와 인적구성의 다양성 등 현재 평생교육기관이 처한 상황에서는 의사소통을 바탕으로 한 효율적인 의사결정 능력이 매우 중요한 경영자의 자질로 부각되고 있다.

학교단위 의사결정 양상과 질적 특성을 분석한 조병래(2005)는 학교단위 의사결정이란 학교에서 제기되는 모든 의사결정 영역에서 문제 인식 및 설정부터 대안 탐색, 최적의 대안 결정, 시행, 그리고 평가에 이르는 제 국면을 구성원들이 자발적으로 학교 실정에 맞게 해결해 가는 일련의 과정이라고 하였다. 그리고 학교단위 의사결정의 성격을 다음과 같이 정리하였다.

첫째, 학교단위 의사결정은 기관 차원의 것이다. 학교장의 대부분의 의사결정은 주로 학교, 교육청 또는 교육부와 관련된 것들로 학교운영 전반에 관한 것이다. 때문에 의사결정의 질이 곧 해당 기관의 질과 목표성취 수준을 좌우하게 된다. 따라서 학교단위 의사결정은 단순히 개인 차원이 아니라 조직 전체적인 것이다.

둘째, 학교단위 의사결정은 전략적이다. 기관차원의 결정이 이루어진 다음에 학교장은 그 결정이 원활히 실행될 수 있도록 도와야 한다. 학교장은 조직을 어떻게 발전시키고 변화시킬 것인지, 그 과정에서 자신은 어떠한 행동을 해야 할 것인가를 결정해야 한다. 전략적 결정을 위해서는 자신의 능력에 대한 이해뿐만 아니라 결정에 참여하게 될 사람들의 능력 및 태도에 대한 이해, 역사와 전통, 자원 등과 같은 외부 환경에 대한 이해, 그리고 의사결정과 관련하여 일의 우선순위와 직원의 연수 및 교육에 대한 이해가 요구된다. 전략적이라는 것은 과학적이고 합리적이어야 한다는 것을 의미이다. 따라서 조직의 효과성과 효율성 측면에서 전략적 결정은 마땅히 추구되어야 한다. 그러나 교육조직에서의 전략은 그 방법과 내용면에서 반드시 교육적이고 윤리적이어야 한다.

셋째, 학교단위 의사결정은 학교장의 행동과 관계된다. 학교장은 일정한 계획이나 전략의 범위 안에서 다양한 행동 선택을 해야 한다. 즉, 다양한 집단의 사람들과 어떻게 원활하게 의사소통할 수 있는지, 특정 집단과 얼마나 많은 의사소통이 필요한지, 다양한 집단의 사람들과 어떤 의사소통 방법을 사용할지 등을 고민해야 한다. 학교장은 계획성 없는 행동을 아무렇게나 할 수는 없다. 새로운 상황은 학교장의 개인적 반응을 요구한다. 따라서 의사결정에 있어서 학교장은 여러 가지 상황에 대한 고려는 물론 자신의 행동 특성에 대한 충분한 이해를 바탕으로 의사결정을 하는 것이 바람직하다(유평수, 1998).

앞에서 제시한 세 가지 학교단위 의사결정의 성격은 일반 학교조직에만 한정 된 것은 아니다. 교육이 직접 일어나는 바로 그 공간이라는 상황적 맥락에서 평생교육기관에도 충분히 적용 가능한 내용이기 때문에 학교단위를 개별 평생교육기관으로, 학교장을 기관장 혹은 경영자로 해석하여 이해해도 될 것이다.

(2) 의사결정의 과정

일반적으로 의사결정 과정은 문제 인식, 대안탐색, 대안 비교평가, 대안 선택의 과정을 거치게 된다. 사이먼(Simon)은 의사결정의 과정을 큰 틀에서 정보 (intelligence), 설계(design), 선택(choice)의 세 단계로 보았다. 먼저, 정보 및 문제 인식 단계는 문제의 식별을 위한 자료수집 단계로써 문제를 인식하고 현재와 미래 상태의 차이를 인식하는 것이다. 즉, 의사결정을 위해 요구되는 조건들을 위한 환경을 탐색하고, 문제와 기회를 구별할 수 있는 단서를 찾기 위해 필요로 하는 모든 자료를 얻고 처리하여 조사하는 과정이다. 의사결정의 과정이 어떻게 시작되든지, 그 첫 절차인 정보 단계는 의사결정 과정의 다음 단계를 위한 정보 근거를 획득하는 데 필요한 자료수집, 분류 및 처리, 제시를 포괄한다.

다음으로 설계 단계는 문제파악을 토대로 여러 대안을 설정하고 각각의 대안을 분석하는 과정이다. 대안적 해결을 위한 기획 단계로써 이 단계에서는 가능한 활동 노선을 만들고 개발하며 분석활동을 한다. 또한 문제를 이해하고 해결책을 모색하며 해결책이 활용 가능한지 검증하게 된다. 이 단계에서는 계량분석기법이나 통계적인 모형 등을 사용하여 각 대안에 대해 가능한 결과들을 예측한다.

끝으로 선택 단계는 해결책을 선택하고 그 과정을 모니터하는 단계이다. 다시 말해 활용 가능한 여러 대안들 중 하나의 대안이나 활동 노선을 선택해 집행하는 과정이다. 선택활동을 통하여 비로소 공식적인 결정을 이루게 되고 결과적으로 취해질 조치를 발동하게 된다(백정미, 2005).

조병래(2005)는 학교단위 의사결정은 학교에서 제기되는 모든 문제를 궁극적으로 해결하는 데 그 목적이 있다고 하였다. 이러한 문제를 해결하기 위해 상황적 인식을 포함한 문제의 성격 파악과 당면 문제의 분석, 해결 방안의 모색, 그 방안의 실행, 실행 결과의 검토 등 일련의 과정을 통해 이루어진다고 하였다. 그는 학교단위 의사결정 단계를 다음과 같이 분류하였다.

① 문제 인식 및 설정

문제 인식 및 설정 단계는 학교를 중심으로 발생하고 제기된 문제를 의사결정 문제로 전환하는 과정이나 행위이다. 존스(Jones, 1970)는 이 단계를 문제해결을 위한 요구와 제안으로 개념화하였고, 구체적인 기능적 활동으로 인지 및 정의, 결집, 조직화, 그리고 대표 등으로 분류하였다. 즉, 공식적인 문제로의 채택은 조직 구성원의 문제를 인지하고 정의함으로써 결집되고, 문제 중 일부는 조직화되어 문제해결에 대한 요구를 조성하여 조직 구성원을 대표하는 사람에 의해 성립된다고 보고 있다.

문제 인식 및 설정 단계를 시작 단계, 구체화 단계, 확장 단계, 진입 단계로 보는 학자(Cobb, Ross, & Ross, 1976)도 있고, 문제의 해결을 바라는 사람들이 그들의 의도를 달성하기 위해 참여하는 참여과정의 일면으로 문제 진술, 의사소통, 조직화의 과정으로 보기도 한다. 이와 같이 문제 인식 및 설정 단계는 학교단위 측면에서는 학교단위의 문제 발생, 제기된 문제의 여론화, 그리고 학교 문제의 공식적 의제화 단계로 구분해 볼 수 있을 것이다.

② 대안 탐색 단계

대안 탐색은 자료를 수집하고 문제를 분류하는 등 문제점들을 분석하고, 여러 가지 대안을 고안하고 비교 및 검토하는 등 최적의 대안을 결정하기 위한 준비 단계이다. 이 과정은 결정에 필요한 것을 발견하는 정보활동, 가능한 활동 계획을 찾아내어 발전시키고 분석하는 설계활동, 이전의 선택들에 대한 평가를 해 보는 평가활동으로 구분된다(Simon, 1960, pp. 40-41). 이 단계는 제기된 학교단위 문제의 규명 및 정의, 학교단위 문제 해결을 위한 자료수집 및 탐색의 과정을 거친다고 할 수 있다.

③ 최적 대안 결정 단계

대안 탐색을 거친 학교단위 문제들은 최종안으로 결정되고 채택되어 학교단위 의사결정 체제가 학교방침으로 전환되어 가는 과정을 의미한다. 이 단계에서 고려할 과제로 상황 분석 및 문제 인식과 교육목표, 경영목표 및 경영방침, 활동계획 및 평가계획 등을 들 수 있다. 왜냐하면 최적 대안 결정은 학교가 달성하고자 하는 목표를 이루는 데 요구되는 방침활동들을 미리 준비하는 과정으로 국가의 교육계획 및 지역의 교육계획과 맥을 같이하면서 효율적 집행과 그 결과에 대한 대비책의 뼈

대가 수립되어야 하기 때문이다.

④ 시행 단계

이 단계는 최적의 대안을 실행하는 과정으로써 목표를 해석하고 구체적인 수단을 마련하여 자원을 확보하고 구체적이고도 개별적으로 실제적인 학교단위의 현실에 적용하여 실천해 가는 과정이다. 시행 단계에서는 목표 지향성과 과정성을 중요시하고 있다. 시행의 결정은 프로그램을 구체적으로 기획·구성하여 그 대상 집단에게 도달 가능하도록 준비하는 노력이 이루어지게 되는 상태로, 인력 고용 및 훈련, 기술적 장비 구입, 임금 지불 그리고 외부 세계와의 커뮤니케이션 등 외부 접촉기능과 같은 지원과정의 도움을 필요로 한다. 또한 대안의 구체화, 현장실천을 위한 준비과정을 포함하고 있다는 점에서 대안결정과는 구분된다. 시행은 합리적으로 이루어져야 하지만 지식의 불완전성과 물적 자원의 부족, 시행자의 능력 부족과 시행 조직 상호 간의 갈등, 지나친 법규의 적용과 표준운영 절차 등의 현실적인 요인에 의해 제약 받을 수도 있다. 따라서 최적 대안 목표를 달성하기 위한 시행이 되기 위해서는 시행과정을 보다 철저하게 기술할 필요가 생긴다. 여러 학자들의 대체적인 견해는 활동 결과에 대한 측정이나 통제, 감독의 단계를 평가의 단계로 보면 최적 대안 달성을 위한 실행지침의 개발, 교무조직화, 교내·외의 자원 확보, 실행의 단계로 구분할 수 있다(김소동, 2002, pp. 39-41).

⑤ 평가 단계

이 단계는 시행이 목적 달성에 성공했는지를 측정하는 것이다. 즉, 학교단위에서 대안 결정과 그 결정을 시행하는 것만으로는 종결되지 않고, 시행의 영향과 내용을 재검토하여 합리적인 최적의 대안을 결정할 수 있도록 유용한 정보를 제공하고, 학교의 교육계획 수정·변경과 각종 자원의 재배분을 가능하게 한다. 그리고 시행의 방법을 개선할 수 있으며 장래에 채택될 의사결정 과정에 대한 비판적 안목을 제공할 수 있도록 하여 보다 완전한 학교단위의 의사결정 효과를 거둘 수 있게 해준다.

이상의 학교단위 의사결정 과정은 순환적 과정이다. 이러한 단계의 과정들은 일정한 순서에 따라 진행되는 게 아니라 전 단계 어디에서든 다양한 환류과정이 가능하다. 즉, 문제 인식 및 설정 단계를 통한 대안 탐색과 최적 대안이 결정되고 이것은

시행을 통해 그 결과가 나타나며 또다시 문제 발생에 영향을 미치게 되는 것이다.

2) 의사결정 방법

(1) 개인적 의사결정과 집단 의사결정

로빈스와 저지(Robbins & Judge, 2012)는 개인적 의사결정의 특징을 다음과 같이 설명하고 있다. 우리는 종종 "최고 의사결정자는 합리적이고 명문화된 제약하에서 일관적이고 가치를 극대화하는 선택을 한다"라고 생각한다. 이러한 의사결정은 6단계(1. 문제 정의, 2. 의사결정의 기준 확인, 3. 기준별 가중치 부여, 4. 대안 개발, 5. 대안 평가, 6. 최적안의 선택)의 합리적 의사결정 모델을 따른다. 합리적 의사결정 모델은 의사결정자가 완벽한 정보를 가지고 오류 없이 관련된 대안을 나열할 수 있으며, 가장 유용한 대안을 선택할 수 있다는 가정에 기반한다. 하지만 실제로 모든 의사결정이 합리적 모델을 따르는 것은 아니다. 종종 최적의 해결책보다도 수용 가능하거나 적절한 안에 만족한다. 많은 문제는 합리적 의사결정 모델에 사용되는 기준들을 사용하여 세분화시킬 수 없을 만큼 복잡하기 때문에 최적의 해결책을 가지고 있지 않다. 그래서 사람들은 만족할 만한 답을 원한다. 즉, 사람들은 만족할 만하거나 충분하다고 생각되는 해답을 찾는다(Robbins & Judge, 2012). 이는 개인의 의사결정 활동이 복잡한 모든 사항을 통해 이루어지는 게 아니라 핵심 사항만을 다루는 제약적이고 단순한 모델을 통해 이루어진다는 '제한된 합리성'이라는 용어로 개념화된다.

의사결정자들은 제한된 합리성을 사용하지만, 시스템적인 편견과 오류들 역시 의사결정자들의 판단에 스며든다. 노력을 최소화하고 어려운 흥정을 피하기 위해, 사람들은 경험, 충동, 직감, 주먹구구식의 편리한 방법에 지나치게 의존한다. 많은 경우 이러한 지름길들이 도움이 되지만 합리성으로부터 심각한 왜곡을 일으킬 수 있다. 가장 일반적인 왜곡들로, 첫째, 직관적 의사결정을 들 수 있다. 추출된 경험으로부터 만들어진 무의식적인 과정을 말한다. 둘째, 고착적 편견, 이것은 초기 정보에 집착하는 경향을 말하는데 이로 인해 사람들은 후속 정보에 적절하게 대처하는 데 실패한다. 셋째, 확정적 편견, 이것은 선택적 지각의 특수한 형태로써 과거의 선택 방식을 재확인시켜 주는 정보는 받아들이고, 과거의 판단과 모순되는 정보는 무시하려는 경향을 말한다. 넷째, 활용적 편견, 이것은 즉각적으로 사용 가능한 정보에 근거해 판단하려는 성향을 말한다. 다섯째, 몰입의 심화, 이것은 이전의 의사결정이 잘못된 것이었다는 부정적 정보를 알고 있음에도 불구하고 이를 오히려 확장하는 성향을 말한다. 여섯째, 무작위적 오류, 이것은 무작위적으로 발생하는 사건에 대해 예측할 수 있다고 믿는 사람들의 경향을 말한다. 일곱째, 위험 회피, 비록 보다 위험스러운 결과가 더 큰 성과를 가져온다고 할지라도, 위험스러운 결과 대신 적을지라도 확실하게 보장되는 결과를 선호하는 경향을 말한다. 여덟째, 사후 확신 편견, 이것은 결과가 밝혀진 이후에 마치 사전에 이것을 정확하게 예측한 것처럼 잘못 확신하는 성향을 말한다.

현실에서의 의사결정은 제한된 합리성, 공동적인 오류와 편견, 직관의 사용에 의해 특징지어진다. 또한, 개인차가 합리적 의사결정으로부터의 일탈을 만들어 낼 수 있다. 조직 자체도 의사결정자들을 제약하고 합리적인 모델로부터 편향을 일으킨다. 예를 들어, 관리자들은 조직의 성과평가와 보상 시스템을 반영하도록, 조직의 정규 규정을 따르도록, 조직적으로 강요된 시간제한을 맞추도록 자신들의 의사결정을 구체화한다. 이전의 조직적인 의사결정도 현재의 결정을 제약하는 선례이다 (Robbins & Judge, 2012).

그렇다면 집단 의사결정이 개인의 의사결정보다 더 나은 것일까? 많은 요인에 따라 달라질 수 있다. 먼저, 집단 의사결정의 강점으로는 집단은 보다 완전한 정보와 지식을 만들어 낸다. 다수의 개인의 자원을 모음으로써, 의사결정의 과정에 이질적인 요소뿐만 아니라 더 많은 투입 요소를 가져올 수 있다. 집단은 다양한 견해를 제공한다. 이는 더 많은 접근 방법과 대안을 고려해 볼 수 있는 기회를 열어 준다. 마지막으로, 집단은 해결책의 수용을 증대시켜 준다. 사람들이 해결책을 수용하지 않기 때문에 많은 결정들이 실패로 돌아간다. 의사결정에 참여한 집단 구성원들은 열정적으로 그 결정을 지지하는 경향이 있고, 다른 사람들이 그 결정을 받아들이도록 권장한다.

반면, 집단 의사결정은 단점을 갖고 있다. 집단 의사결정에는 시간이 많이 소모된다. 왜냐하면 집단이 해결책에 도달하는 데는 일반적으로 시간이 더 많이 소요되기 때문이다. 집단 내에는 동조 압력이 있다. 집단 구성원들은 자신이 집단에 받아들여지고 집단의 한 재산으로 여겨지기를 바라기 때문에 억지로 의견을 일치시키는 결과가 생긴다. 집단 토론은 한 명 혹은 몇 명의 구성원에 의해 지배될 수 있다. 만약 그들이 능력이 낮거나 중간 정도의 구성원들로 이루어진다면, 집단의 전반적인 유효성은 어려움을 겪을 수 있다. 마지막으로, 집단 의사결정은 모호한 책임을 겪게 된다. 개인 의사결정에서, 최종 결과에 대한 책임이 누구에게 있는지가 분명하다. 집단 결정에서는 어느 한 구성원에 대한 책임이 약화된다.

집단이 개인보다 더 효과적인지의 여부는 효과성을 정의하는 방법에 따라서 달라진다. 집단 결정은 집단 내 개인들의 결정보다 더 정확하지만 가장 정확한 사람의 판단보다는 덜 정확하다. 그러나 집단 결정의 효과성이 속도의 측면에서는 개인이 최고이다. 창의성이 중요하다면 집단이 좀 더 효과적인 경향이 있다. 창의성은 의사결정자로 하여금 문제를 전체적으로 평가하여 이해하게 하고, 다른 사람들이 볼 수 없는 문제를 볼 수 있게 한다(Robbins & Judge, 2012).

(2) 평생교육기관에서의 의사결정 방법

많은 평생교육기관의 특성상 의사결정 권한이 기관장에게 집중되어 있어 기관장의 개인적 요인이 의사결정에 강력한 영향을 미치는 경우가 많다(최은수 외, 2008). 이는 창의적 의사결정을 위협하는 요소로 작용할 수 있다. 이러한 위험을 피하기 위해서는 개인 혼자서 독단적 결정을 하기보다는 구성원들이 참여하여 여러 가지 대안을 만들어 내고, 이 대안들에 대해 논의하면서 결정하는 것이 바람직하다(김용현 외, 2018). 가장 일반적인 형태의 집단 의사결정은 상호작용 집단에서 발생한다. 구성원들은 서로 대면하고 만나고, 의사소통을 하기 위해 언어적 혹은 비언어적 상호작용에 의존한다. 그러나 상호작용하는 집단은 조직 구성원끼리 서로 감시하고 구성원 각자가 집단의 의견에 동조하도록 압력을 가한다. 브레인스토밍, 델파이 기법, 명목 집단법 등 집단이 의사결정을 하는 기법들은 집단의사 결정의 몇몇 역기능적 측면을 줄여 준다(Robbins & Judge, 2012).

① 브레인스토밍

브레인스토밍(brainstorming)은 모든 아이디어가 도출될 때까지 판단을 보류한 채 가능한 많은 아이디어가 도출될 수 있도록 유도하는 기법이다. 특히, 창의성을 저해하는 동조에 대한 압력을 극복하는 데 유용하다. 전형적인 브레인스토밍 회의에서는 6~12명의 사람들이 테이블에 둘러앉고 집단의 리더가 나서서 모든 참석자가 이해할 수 있도록 문제를 분명하게 설명한다. 구성원들은 주어진 시간 동안 가능한 한 많은 대안을 자유롭게 말할 수 있다. 어떠한 비판도 허용되지 않으며, 모든 대안은 다음에 이루어질 토론과 분석을 위해 기록된다. 한 아이디어가 다른 아이디어를 자극하고, 아무리 이상한 제안을 하더라도 그 제안에 대한 판단은 이후에도 허락하지 않음으로써 집단 구성원들이 '색다르게 생각하도록' 장려한다.

최근에는 토론 브레인스토밍보다는 전자 브레인스토밍을 활용하는 추세로 전자 브레인스토밍은 생산저해(production blocking)와 평가우려(evaluation apprehension)를 극복할 수 있는 장점이 있다. 브레인스토밍에서 개인들은 다른 사람의 의견을 듣는 동안 자신의 생각에 집중할 수 없기 때문에 방해를 받을 수 있다. 이것이 생산저해이다. 의견이 전자적으로 기록되면 참가자들은 이러한 방해로부터 자유로워질 수 있게 된다. 또한 다른 사람들이 자신의 아이디어에 부정적인 반응을 보일지도 모른다는 두려움을 갖기도 하는데, 전자 브레인스토밍에서는 의견이 익명으로 제시되기 때문에 이러한 평가 우려가 줄어들 수 있다(임효창 외, 2014).

② 델파이 기법

델파이 기법(delphi technique)은 전문가들의 평가를 수집하여 의사결정에 활용하는 기법이다. 어떤 특정 사회현상에 대해 그 분야의 전문지식을 가진 전문가들에게 설문을 통해 의견을 듣고, 그것을 수집한 결과를 또다시 설문으로써 회답자에게 보내어 그 의견들을 집계한다. 전문가들은 이러한 과정을 통해 개발된 대안들을 평가하고 조정자는 그 결과를 표로 만든다. 델파이 기법은 대면 회의를 거치지 않고서도 많은 독자적인 판단을 산출해 낼 수 있다는 점에서 가치가 있다.

델파이 기법의 가장 큰 특징은 예측을 위해 한 사람의 전문가가 아닌 예측 대상 분야와 관련이 있는 전문가 집단이 동원된다는 점에 있다. 여러 전문가들의 의견을 체계적으로 추출하게 되면, 전문가 개개인의 지식이나 정보가 간접적으로 교환될 수 있어서 알지 못한 부분에 대해 서로 보완을 할 수 있다는 이점이 있다.

또한 델파이 기법은, 첫째, 응답자의 익명을 보장하므로 공식적으로 거론하기 어려운 사안에 대해서도 솔직한 의견을 들을 수 있고, 둘째, 통제된 피드백을 포함하는 반복과정을 통해 미래 예측의 논점에 대해 적절한 정보를 추출해 낼 수 있고, 조사에 참여한 전문가들에게 제시할 수 있으며, 셋째, 여러 사람의 의견을 통계적으로 종합 분석함으로써 미래 상황을 확률적으로 나타낼 수 있다는 이점도 있다.

③ 명목 집단법

명목 집단법(nominal group technique)은 대안들을 개발하고 그중 하나를 선택하는 데 중점을 두는 구조화된 의사결정 기법이다. 의사결정 과정 동안 토론이나 대인 커 뮤니케이션을 제한한다. 즉, 참여자들이 의사결정 과정 동안 단지 명목상으로만 집 단이기 때문에 명목(nominal)이라는 용어를 쓴다. 보통 집단 내에서 토의하는 과정에 서는 앞서 발표한 사람의 의견이나 상사 또는 동료의 영향을 받을 수 있는데 명목 집 단 방법은 애초에 서로의 대화를 차단함으로써 이러한 영향에서 자유로울 수 있다. 집단 구성원들은 전통적인 위원회 회의에서처럼 의사결정 과정에 모두 참석하지만 독립적으로 활동한다.

이 기법의 주요한 장점은 팀 구성원들이 공식적으로 서로 만나서 회의는 하지만 전통적인 상호작용 집단에서와 같이 각자의 독창적인 사고를 제한하는 경우가 발 생하지 않도록 하는 것이다. 명목 집단법은 다음과 같은 단계를 필요로 한다. 첫째, 구성원 개개인은 집단으로 만나 토론하기 전에 자신의 아이디어를 조용히 리스트 로 만든다. 둘째, 구성원 각자는 집단에 아이디어를 제시하고, 모든 아이디어들이 제시되고 기록될 때까지 어떠한 토론도 하지 않는다. 셋째, 토론은 아이디어를 명백 하게 설명해야 할 필요가 있을 때만 허용되고 브레인스토밍처럼 어떠한 비평도 용 납되지 못한다. 넷째, 구성원들은 조용히 독자적으로 아이디어 점수를 매긴다. 최 종적으로 높은 총점을 받은 아이디어가 선택된다.

④ 반론지명자법

반론지명자법은 참가자들 중 일부에게 반론제기 집단으로 정하여 정해진 의사결 정 대안에 대하여 반론하도록 하는 방법으로써, 결정 대안을 다시 한번 검토하도록 하며 집단사고의 부작용을 최소화하기 위한 방법이다. 결정 대안에 대한 반대 의견 을 내도록 미리 지정된 참가들은 다른 참가자들의 눈치를 보지 않고 자유롭게 비판 적인 의견을 제시할 수 있다. 그 결과 대안이 가지고 있는 한계나 문제점들이 보다 명확해져 본래의 안을 수정 · 보완할 수 있다(김용현 외, 2018).

반론 집단은 제안된 의견이 함축하고 있는 잠재적인 문제점들을 파악해 내야 한다. 이것은 의사결정 시 미리 잠재된 문제점들을 확인하여 조직으로 하여금 향후 막대한 비용을 지출하지 않도록 시수를 예방해 주는 역할을 한다. 최고경영진에 대한 선의의 비판자로서의 역할을 하는 개인이나 집단은 고위 경영진들의 업무수행이나 지속성을 유지시키는 데 도움을 제공할 수 있다(임효창 외, 2014).

> **토론문제**
>
> 1. 교육리더십의 개념을 평생교육기관에 적용하여 토론하시오.
> 2. 성인교육 리더십을 위한 새로운 패러다임으로 제안된 온정적 합리주의 리더십에 대해 토론하시오.
> 3. 평생교육기관 의사결정의 양상과 의사결정 과정의 특성에 대해 토론하고 평생교육기관에서 활용 가능한 다양한 의사결정 방법에 대해 토론하시오.

참고문헌

권인탁(2009). **평생교육경영론**. 서울: 학지사.

김동일(2021). **평생교육경영론**. 서울: 동문사.

김소동(2002). 학교단위 의사결정 평가도구 개발. **교육행정학연구**, 20(1), 21-48.

김용현, 성낙돈, 윤여각, 이상오, 정기수(2018). **평생교육경영론**. 경기: 양서원.

김인숙, 리상섭, 박제일, 최손환, 김창환(2020). **평생교육경영론**. 경기: 양서원.

백정미(2005). 정보화가 의사결정 신속성에 미치는 영향 연구: 대통령 비서실을 중심으로. 연세대학교 대학원 박사학위논문.

서진상(2013). 교사 리더십, 교사 효능감, 팀-구성원 교환관계(TMX) 및 학교조직효과성 간의 인과관계. 인하대학교 대학원 박사학위논문.

신승원(2011). 성인영어교수자의 교수리더십, 성인영어학습자의 영어자아개념, 셀프리더십, 영어교사 효능감, 교육만족 간의 구조적 관계분석. 숭실대학교 대학원 박사학위논문.

오혁진(2021). **평생교육경영론**. 서울: 학지사.

유선주(2013). 학교장의 교육리더십, 학습조직문화, 교사효능감 및 교사의 학습 몰입변인 간의 구조적 관계. 숭실대학교 대학원 박사학위논문.

유평수(1998). 교사의 학교 의사결정참여와 만족. 전북대학교 대학원 박사학위논문.

유평수(2004). 초·중등학교의 의사결정 내용분석. **교육행정학연구**, 22(3), 159-178.

이향란(2020). **평생교육경영론**. 경기: 공동체.

임효창, 김정식, 강대석(2014). **조직행동**. 서울: 북넷.

장영광, 정기만(2021). 생활 속의 경영학. 서울: 신영사.

정광희(2008). 한국 교사의 리더십 특성 연구. 서울: 한국교육개발원.

조병래(2005). 학교단위 의사결정 양상과 질적 특성 분석 연구. 동아대학교 대학원 박사학위
논문.

최은수(2011). 성인교육 리더십의 새로운 패러다임으로서의 '온정적 합리주의'에 대한 개념
화. *Andragogy Taday, 14*(3), 61-85.

최은수, 배석영(2017). 평생교육경영론. 경기: 양서원.

Cobb, R. W., & Elder, C. D. (1977). *Participation in American politics: The dynamics of agenda building.* Baltimore, The Johns Hopkins University Press.

Cobb, R., Ross, J. K., & Ross, M. H. (1976). Agenda-building as a comparative political process. *A.P.S.R. Vol. 70*, 126-138.

Edelson, P. J. (1992). *Rethinking leadership in adult and continuing educational* (pp. 5-15). San Francisco, CA: Jossey-Bass.

Helm, K. W. (2005). *Superintendent's perception of educational leadership and new challenges.* Unpublished doctoral dissertation. The Pennsylvania State University, PA.

Hoy, A. W., & Hoy, W. K. (2009). *Instructional leadership: A research-based guide to learning in schools* (3rd ed.). MA: Pearson Education, Inc.

Jones, C. O. (1970). *An introduction to the study public policy.* Belmont, Cliff: Wadsworth Publishing Co. Inc., 27-42.

Marks, H. M., & Printy, S. M. (2003). Principal leadership and school performance: An integration of transformational and instructional leadership. *Educational Administration Quarterly, 39*(3), 370-397.

Robbins, S. P., & Judge, T. A. (2012). 조직행동론(제4판)(*Organizational Behavior,* 김태열, 박기찬, 박원우, 이덕로 공역). 서울: 한티미디어.

Simon, H. A. (1960). *The new science of management.* New York: Harper and Row.

제**3**부
평생교육경영의 관리 요소와 방법

제 6 장

평생교육기관의 경영기획과
가치체계 수립

> 꿈을 밀고 나가는 힘은 이성이 아니라 희망이며, 두뇌가 아니라 심장이다.
> −도스토예프스키−

....

1. 평생교육기획의 의미와 개념을 이해할 수 있다.
2. 기획의 원리, 유형, 평생교육의 전략적 기획과정을 이해할 수 있다.
3. 평생교육기관의 가치체계에 대해 이해할 수 있다.

[학습개요]

....

평생교육기관은 평생교육에 관한 다양한 사업과 프로그램을 운영하기 위해서 많은 의사결정을
해야 한다. 평생교육 프로그램 개발, 인사, 학습자를 위한 행정과 기관 운영에 필요한 재원을 마
련하고 그것을 어떻게 효율적으로 배분하고 사용할 것인가 등에 관한 것이다. 평생교육기관의
이러한 문제는 전략적인 기획과정을 통해서 달성될 수 있다. 또한 평생교육기관의 경영 계획을
수립하는 데 필요한 평생교육기관의 가치체계인 사명, 경영목표는 평생교육의 기획과정에서 중
요하다. 이 장에서는 평생교육기획의 의미와, 개념, 기획의 원리, 유형, 평생교육의 전략적 기획
과정, 평생교육기관의 가치체계인 사명, 비전, 경영목표 등에 대해 살펴본다.

1. 평생교육기관의 기획

1) 기획의 의미와 개념

오늘날 경영에서 기획의 중요성은 날로 증대되고 있는데, 기획을 잘하면 경영의 절반을 이룬 것이라는 말이 있을 정도이다(김용현 외, 2011).

기획(planning)이라는 용어는 그리스어로 fLat surface란 의미의 planum에서 연유하였으며, 이것이 17세기 영어에서 지도나 청사진과 같은 형식적인 문서란 의미를 내포하는 것으로 확대되어 사용하기 시작하였다고 한다(이상학, 2011).

기획의 처음 의도는 조직 또는 팀 간의 사업계획에 대하여 공통의 이해를 만들어 내기 위함이고, 기획활동의 주된 노력은 먼저 행동을 유도할 수 있게 하는 미래의 이미지와 그 미래의 이미지를 실천하는 노력 참여에 동원시키는 것으로부터 시작되어야 한다(박정권, 2005).

기획(planning)은 미래에 어떤 일을 할 것인가를 결정하는 과정으로 기획은 미래에 대한 계획인 기관의 목표를 달성하기 위한 구체적인 행동방안을 선택하는 일련의 과정이다(김형식 외, 2008). 오늘날 기획은 거의 모든 사람과 집단이 일상적으로 사용하는 용어이며, 사용 분야도 지속적으로 확대되고 있다(이상학, 2011). 인간의 삶에서 기획은 매우 다양한 형태로 나타나기 때문에 조직과 국가행정 체제에서 기획에 대한 명확한 정의를 내리는 것이 어렵게 되었다(Mintzberg, 1994; 이상학, 2011 재인용).

교육학 사전에는 기획이란 계획을 수립하는 과정이며, 계획이란 이 과정을 통해서 얻어진 결과로 규정되어 있는데, 이러한 정의에서 볼 때, 기획은 과정에 초점이 맞추어지고 계획이란 결과를 강조하는 경향이 있다(김진화, 2011).

기획의 특성은 다음과 같이 요약할 수 있다(지은구, 2005; 김형식 외, 2008; wjdantjd, 2008; 권인탁, 임영희, 2013).

첫째, 기획은 과거와 현재를 토대로 하여 미래의 사건을 꾸미는 것이다(정무성, 2008). 기획은 미래 지향적 활동으로, 기획은 '미래'의 기관 목표를 설정하고 이를 달성하기 위한 미래의 행동을 규정한다(김형식 외, 2008). 기획은 어떠한 일이 실제로 시행되기 이전에 그것을 준비하고 구상하는 가운데 그 과정으로서 기획이 이루어진다(권인탁, 임영희, 2013).

둘째, 기획은 과정 지향적 활동으로, 기획은 미래 활동에 대한 '연속적인' 준비과정이다. 따라서 단일 과업이 아닌 계속적으로 진행되는 의사결정 활동이다(김형식 외, 2008). 하나의 기획은 실행을 통해서 계속적으로 수정되기 때문에 끝나면 잊어버리는 일회성 행사가 아니라고 할 수 있다(지은구, 2005).

셋째, 기획은 결정수립과 불가분의 관계에 있다. 모든 기획의 행동들은 결정수립과 연관이 있을 뿐만 아니라 결정과정에서의 모든 요소들은 계획을 수립하는 과정과 반드시 연관이 있다고 볼 수 있다(지은구, 2005).

넷째, 기획은 적응 지향적으로, 기획활동은 조직의 외부 환경 변화에 '적응'하기 위한 노력이다(김형식 외, 2008).

다섯째, 기획이란 목적 지향적인 속성을 가진다. 기획은 최적의 수단을 가지고 목적을 성취하도록 인도한다(지은구, 2005).

여섯째, 기획은 인증 가능성을 가져야 한다. 인증의 조건은 타당성, 예산과 자원에 따라 달라질 수 있으나 현실적 실현 가능성이 중요한 요소이다(정무성, 2008).

일곱째, 기획은 학습과 성장을 지향해야 한다(정무성, 2008). 기획과정에서 교육문제를 검토하고, 새로운 사업이나 기존 사업의 개선을 검토하는 자체가 중요한 학습과정이다. 또한 프로그램의 수행을 통해 담당 인력의 전문성과 관리능력 성장의 바탕이 된다.

2) 기획의 원리

기획의 원리는 기관의 경영자나 직원이 준수해야 할 지침이라 할 수 있는데 이를 정리하면 〈표 6-1〉과 같다.

〈표 6-1〉 기획의 원리

원리	내용
민주성	의사결정 과정이 개방적이고 자유로운 참여를 통한 민주적으로 이루어져야 함을 강조한다.

연결	평생교육기관과 학습고객 집단과 긴밀한 상호작용을 의미한다.
경제성	이용 가능한 모든 인적 · 물적 자원을 최대한 활용하여 평생교육기획의 효과를 극대화하여야 한다.
신축성	정치, 경제, 사회, 문화 등의 변화에 신축적으로 대응할 수 있도록 평생교육기획이 탄력적으로 수립되어야 한다.
안정성	평생교육기획은 정책의 안정성을 유지할 수 있도록 수립되어야 하며 지나친 수정은 피해야 한다.
전문성	전문가의 참여를 통하여 전문적인 평생교육기획이 이루어져야 한다.
계속성	평생교육기획은 계속적인 평가와 연구를 통하여 평생교육 발전에 이바지해야 한다.
과학성	개인적인 주관이나 선입관을 배제하고 과학적인 방법에 의하여 자료의 수집과 분석 및 평가가 이루어져야 한다.

출처: 권인탁, 임영희(2013), p. 107; 김진화, p. 180 재구성.

3) 기획의 유형

평생교육기획은 교육의 특수성에 비추어 기획의 주체, 기간, 그리고 계획의 종합성 정도에 따라 유형화할 수 있다(권인탁, 임영희, 2013; 김형식 외, 2008; 김용현 외, 2011).

첫째, 평생교육기획은 기획의 주체에 따라 국가가 평생교육의 주체가 되어, 평생교육체제 운영 전반에 대한 정책이나 행정개혁 또는 발전기획 등이 포함된 국가평생교육기획과 서울특별시, 각 시 · 도 및 시 · 군 · 구의 지방자치단체가 수립하는 지역평생교육기획, 그리고 각 단위기관에서 수립되는 기관단위 평생교육기획 등으로 구분할 수 있다.

둘째, 평생교육기획은 그 기간의 장단에 따라 기본 구상, 장기, 중기, 단기 기획 등으로 나눌 수 있다. 장기 기획은 대개 10년 이상의 기간을 의미하는데 미래에 대한 예측성과 실현 가능성이 낮은 반면, 미래에 대한 비전을 제시하는 장점이 있다.

셋째, 평생교육기획은 그 종합성 정도에 따라 종합교육기획과 부문교육기획으로 구분된다. 종합교육기획은 교육의 여러 부문과 영역을 종합적으로 다루는 것으로, 한정된 부문의 특정한 대상만을 중점적으로 다루는 부문 계획의 문제점을 보완할 수 있는 특성을 가지고 있다.

김용현 등(2011)은 기획의 유형을 학습요구 중심의 기획, 문제해결 중심의 기획, 자원활용 중심의 기획, 참여 중심의 기획으로 구분하였다.

- 학습요구 중심의 기획: 학습자의 요구조사 및 요구분석을 통하여 이루어진다.
- 문제해결 중심의 기획: 현실적으로 당면한 시급한 문제를 인식하고 이를 해결하기 위한 목표를 염두에 두는 경우에 유효하다.
- 자원활용 중심의 기획: 현재 보유하고 있는 가용 자원의 활용 가능성을 중심으로 기획하는 것이다.
- 참여 중심의 기획: 운영 주체와 학습에 참여할 학습자가 모두 함께 참여하는 방식이다.

4) 기획과정

기획의 과정은 학자들에 따라 5단계, 7단계, 8단계 등으로 구성된 일련의 논리적인 접근과정으로 설명되어 왔으나, 이 장에서는 스키드모어(Skidmore, 1995) 6단계에 대해서 구체적적으로 살펴보면 다음과 같다(정무성, 2008).

⟨표 6-2⟩ **기획과정**

단계	내용
1단계: 문제의 정의 및 욕구확인	전체 의사결정의 방향을 재설정하는 단계로, 문제와 욕구를 확인하는 목적은 한정된 시간과 자원을 가지고 성취하기를 바라는 활동을 규정하는 것이다.
2단계: 관련 정보의 확보	이 단계에서는 과거에 이루어졌던 결정에 관한 지식, 현재 상태와 목표에 대한 자료, 유사한 타 기관에 관한 정보 및 기록의 활용을 통하여 대한 수립과 평가의 근거가 될 수 있는 관련 정보를 수집해야 한다.
3단계: 해결 대안의 개발 및 평가	이 단계에서는 각 대안에 대한 객관적 분석이 이루어져야 한다.
4단계: 최선의 대안 선택	이 단계에서는 최선의 대안을 선택하는 단계로서 실용 측면뿐만 아니라 윤리적 측면까지도 선택과정에서 고려되어야 한다.
5단계: 대안의 실행	지금까지 각 단계의 상황을 바탕으로 실행하는 단계이다.
6단계: 환류(feedback)	이 단계는 평가의 단계로 선택된 행동 방침이 목적 달성에 어느 정도 적절하였는가를 평가하는 일이다

출처: 정무성(2008), pp. 145-147 재구성.

5) 평생교육의 전략적 기획과정

(1) 전략적 기획의 개념과 특성

전략적 기획은 '전략'과 '기획'을 합성한 개념으로 여기에서 '전략적'의 의미는 일상적과 대비되는 개념으로서 볼 수 있다. 즉, 과거에 행해 온 일상적 방법으로는 목표 달성이 불가능하기 때문에 새로운 방법으로 목표 달성을 추구한다는 것이다(김문성, 2000; 김형식 외, 2008 재인용). 전략적 기획의 개념도 다양하게 정의되고 있다.

전략적 기획은 "기관의 의사결정을 향상시키기 위하여 계획을 기획하고 실행하고 모니터링하는 데 관심을 갖는 과정"으로 정의된다(Simerly & Associates, 1987; 권인탁, 임영희, 2013 재인용).

브라이슨(Bryson, 1995)은 전략적 기획은 조직의 리더나 관리자들이 수행하는 업무를 지원하는 일련의 개념, 절차, 도구로 이해하면서 "전략적 기획은 그 조직의 실체는 무엇인가, 조직은 무엇을 하고, 조직은 왜 그것을 하는가를 구체화하고 이에 지침이 되는 근본적인 의사결정과 활동을 산출하는 노력"으로 정의하고 있다(이상학, 2011).

민간 부분에서 전략적 기획은 1950년대에 회자되기 시작했으며, 1960년대 경제 구조가 공급자 중심에서 수요자 중심으로 전환되면서 기업들이 변화하는 환경에 대처하기 위하여 개발한 것으로 1970년대부터 높아진 국가 간의 경쟁, 사회적 가치관의 변화, 불확실성의 증가, 경제적 침체 등으로 인해 급변하는 환경에 적응하기 위한 전략 개발의 필요성이 증대되면서 유행처럼 번지게 된 것이다(박정권, 2005).

전략적 기획의 필수 요소로 경쟁을 활용하는 것과 조직의 환경 변화에 대한 분석이 강조된다(김경희, 2011).

전략적 기획의 특징을 다음과 같다(박정권, 2005).

첫째, 전통적 기획이 목표를 구체화하고 이를 예산이나 프로그램에 반영하는 데 초점을 맞추나 전략적 기획은 문제를 확인하고 해결하는 데 더 관심을 가진다(Bryson, 1988).

둘째, 전략적 기획은 조직 내·외의 환경 변화에 전통적 기획보다 더 민감하다. 따라서 미래 예측도 종래에는 추세연장법에 의존하였으나 전략적 기획에서는 불연

〈표 6-3〉 **전통적 기획과 전략적 기획의 차이점**

구분	전통적 기획	전략적 기획
기간	장기간(5~20년)	단기 또는 중기(1~5년)
사용 목적	정책(목표)의 구체화 수단	관리 도구
재량 범위	최소화	최대화(복잡한 문제를 다루기 위해)
방향성	주로 물리적 개발, 토지 이용	기능을 위한 전략
포괄성	포괄적	선택적
형식성	획일	다양
목표	전제	전제되지 않음
방법	추세연장법에 의한 미래 예측에 기초	불연속성 전제
과정	변경이 어려움	변경수용

출처: 박정권(2005), p. 18.

속성, 다양한 변화를 고려한다. 따라서 전략적 기획은 미래를 이상적으로 설정하여 성공비전 제시에 역점을 두고 있다(Bryson, 1988).

셋째, 전략적 기획은 전통적 기획에 비하여 훨씬 행위 지향적이다(Bryson, 1988). 행위 지향적이기 때문에 전략적 기획은 집행적이며 적실성 있는 것이다. 종래의 기획에 있어서 가장 큰 문제점은 적실성이 부족한 데 있다고 본다면 전략적 기획은 이를 극복하는 데 많은 도움을 주게 될 것이다.

(2) 전략적 기획의 과정

전략적 기획의 절차는 일반적인 기획과 유사하나 경쟁의 활용과 환경감시를 강조하는 전략적 기획의 특성 때문에 기관의 내·외적인 환경 분석과 이를 기반으로 하는 새로운 기관의 사명과 목적의 설정에 보다 많은 노력을 기울인다(김형식 외, 2008).

전략적 기획의 과정은 전략적 기획 합의, 기관/환경 분석, 쟁점 구체화, 사명/목적 재설정, 전략 설정, 기획안 작성, 실행/평가 단계로 구분할 수 있다(Webster & Wylie, 1988; 김형식 외, 2008 재인용).

〈표 6-4〉 **전략적 기획의 과정**

과정	내용
① 전략적 기획 합의	이 과정에서는 전략적 기획의 가치, 목적 및 전체적인 과정 등에 대한 주요 참여자들 간의 이해와 합의가 필요하다.

② 기관/환경 분석	기관에 대한 내부 분석과 기관의 외부 환경에 대한 분석이다. 이 과정에서는 기관의 사명 분석과 환경 분석을 포함한다.
③ 쟁점 구체화	이 단계는 기관에 대해 상당한 영향력을 미칠 수 있는 당면 문제, 즉 쟁점(issue)을 규명하고 이것을 해결할 수 있는 전략을 탐구하는 과정이다.
④ 사명/목적 재설정	전 단계에서 도출한 쟁점들을 토대로 기관의 사명, 목적, 목표에 대한 새로운 설정 내지는 재구성 작업이 필요하다.
⑤ 전략 설정	쟁점 규명과 기관 사명 및 목적이 새로이 설정되면 각각의 쟁점을 해결하기 위한 구체적인 전략을 수립한다. 전략 수립 과정에서는 각각의 전략을 수행하는 기관 내의 부서 및 책임자와 함께 전략 수행에 요구되는 시간과 일정을 결정한다.
⑥ 기획안 작성	쟁점의 해결을 위한 전략이 수립되면 기획안을 작성한다. 기획안을 문서화하는 과정에서 중요한 것은 기획안의 최종 승인을 위해 기관 이해관계자들이 쉽게 이해할 수 있도록 작성해야 한다는 점이다.
⑦ 실행/평가	전략적 기획의 실행과 평가의 과정에서 중요한 점은 기관 환경 변화에 대한 전략적 기획의 목표를 지속적으로 수정하고 변화하는 노력인데 이는 전략적 기획의 성패를 가늠하는 가장 중요한 요인이다. 따라서 전략적 기획의 모든 과정은 역동적으로 진행되어야 한다.

출처: 김형식 외(2008), pp. 165-178 재구성.

(3) 평생교육기관 전략경영

① 전략경영의 중요성과 의의

전략경영(strategic management)이란 경영자들이 목표 달성 및 경쟁우위를 확보하기 위하여 조직 내부의 기능과 활동을 통합한 종합 계획이다(김재명, 2020). 전략(strategy)이란 기관이 무엇을 할 것인지, 목표를 달성하기 위하여 고객을 어떻게 유인하고 만족시킬 것인지 등에 대하여 계획을 세우는 것으로, 전략경영이 중요한 이유는 정치·경제·사회 등의 환경 변화는 예측 불가능한 주기와 폭으로 이루어짐으로써 경영활동의 수행에 있어 혼란을 가중시키고 있기 때문이다(김재명, 2020).

전략경영은 환경 변화에 대한 기관·기업 활동을 전체적·계획적으로 적응시키는 전략으로, 변동하는 기관·기업 환경에 능동적으로 대처하여 기관·기업의 종속과 성장을 도모하는 것이다(김용현 외, 2011).

② 평생교육기관 전략경영 수립 단계

전략경영의 출발은 기관 목표의 기본적 임무(mission, 사명)를 확인하고 목표가 성취되는 방향으로 노력을 지향하는 것이다(김재명, 2020). 평생교육기관이 추구하는 바는 일반 기업들과 많이 다른데, 평생교육이 추구하는 이념은 언제, 어디서, 누구나, 교육에 쉽게 접근할 수 있고, 교육을 받을 수 있는 학습사회를 만들어 가는 것이다(최은수, 배석영, 2009). 평생교육기관의 전략경영 수립 단계는 기관의 사명과 목표

〈표 6-5〉 **평생교육기관의 전략경영 수립 단계**

절차	내용
사명과 목표의 개발	평생교육기관의 경영 전략을 수립하기 위하여 우선적으로 실시해야 할 일은 조직이 나아갈 방향을 설정하는 비전을 수립하는 것이며, 비전이 수립되면 조직의 사명을 만들어야 한다. 사명은 평생교육기관의 성격과 기관장의 경영 철학, 조직이 갖고 있는 핵심 역량을 종합하여 비전에 도달할 수 있는 실천적인 방안을 모색하여야 한다.
기회와 위협의 평가	기회는 외부 환경에서 긍정적인 추세 및 요인을 말하고, 위협은 기관의 전략적 목적을 달성하지 못하게 할지도 모르는 외부 환경의 부정적인 추세 및 요인을 말한다. 평생교육기관을 둘러싼 환경적 요인인 미시적 환경과 거시적 환경 요인으로 구분하여 평가하여야 한다.
약점과 강점의 평가	조직이 잘하고 있는 활동 또는 독특한 자원들을 강점이라 하고, 약점은 조직이 잘하지 못하는 것 또는 필요한 자원을 보유하지 못하는 것을 말한다. 기관의 약점과 강점은 평생교육기관의 내부적 개인적·조직적 차원에서 핵심 역량을 분석하여 다른 기관들과 차별화될 수 있는 요인들은 강점으로, 상대적으로 부족한 부분들을 약점으로 평가하여 강점은 더욱 강화될 수 있는 방안을 모색하고, 약점은 보완하여 경쟁력을 갖출 수 있도록 하는 것이 필요하다.
전략 수립	전략은 조직의 장기적 방향과 기본 성격을 지배하는 중요한 요소로서 보다 높은 수준에서 조직의 목표를 달성하기 위한 틀을 제공하여야 한다.
전략 계획의 개발	전략 계획의 개념은 환경에 의해 제공된 기회와 기관 스스로 강점과 약점을 합리적 접근방법에 의해 면밀히 분석하여 자사이윤의 극대화라는 목표하에 그 사이를 서로 연결시키는 전략을 선택하는 계획기법이며, 조직의 전략적 자세를 논리적으로 재정의하는 합리적 계획기법이다.
전술 계획의 개발	전술이라 함은 전략을 구체적으로 실현시킬 수 있는 세부적 방안을 의미한다. 따라서 앞서 수립된 전략 계획을 구체화시킬 수 있는 실제적이고 구체적이며 세부적인 방안을 개발하여야 한다.

출처: 최은수, 배석영(2009), pp. 92-93; 백기복(2020), p. 153 재구성.

를 개발하고, 기관의 외부 환경에 대한 기회와 위협에 대한 평가를 하며, 약점과 강점을 평가하여 전략을 수립하고, 더불어 전략계획을 개발하고, 전술계획을 개발하는 절차로 설명할 수 있다(최은수, 배석영, 2009).

2. 평생교육기관의 경영진단

1) 평생교육기관 경영진단의 의미

평생교육기관의 경영자는 자신이 속한 기관의 경쟁력을 유지하고 성과를 보다 향상시키기 위해 노력해야 한다(오혁진, 2012).

평생교육경영자의 임무는 외부 환경과 기관 간의 교량을 구축해야 하는데, 평생교육경영자가 이러한 임무를 수행하기 위해서는 전략적 기획을 실행해야 한다(권인탁, 임영희, 2013). 전략 수립은 환경에 대한 현상 진단과 예측에서 출발한다(백기복, 2020). 조직 내·외부의 환경이 현재 어떤가, 그리고 앞으로는 어떻게 변화할 것인가를 알아야 '우리 기관이 무엇을 하면 좋을지' 또는 '갖고 있는 역량을 어디에 집중하는 것이 좋은지' 등에 대한 해답을 찾는 전략 수립이 가능해진다(백기복, 2020).

(1) SWOT 분석

기업이나 기관의 환경 분석을 보다 체계적으로 수행할 수 있도록 하는 다양한 기법들이 개발되었는데 이들 중 가장 대표적인 기법이 SWOT 분석이다. SWOT이란 Strength(강점), Weakness(약점), Opportunity(기회), Threat(위협)의 첫 자를 딴 것이다. SWOT 분석이란 기관 내부의 강점과 약점 기능을 평가하는 것이고, 이를 기초로 외부 환경의 기회와 위협에 대처할 수 있는 전략적 의사결정을 하는 데 도움을 주는 분석기법이다.

평생교육기관에서 SWOT 분석의 목적을 오혁진(2012)은 다음과 같이 제시하였다.

첫째, 현실성 있는 프로그램 개발의 기초가 된다.

둘째, 기존의 프로그램 운영 목표의 점검 및 평생교육기관의 경영상의 문제점을 파악하는 데 기초가 된다.

〈표 6-6〉 SWOT 분석

구분		조직 내부 요인	
		강점(strength)	약점(weakness)
외부 환경 요인	기회 (Opportunity)	(Ⅰ) 강점-기회 • 환경의 기회를 적절히 활용할 수 있는 내적 강점은 무엇인가? • 갖고 있는 내적 강점을 활용할 수 있는 환경의 기회는 무엇인가? • 환경의 기회에 대해서 내적 강점을 어떻게 활용할 것인가?	(Ⅱ) 약점-기회 • 환경의 기회를 활용하지 못하게 하는 내적 약점은 무엇인가? • 내적 약점 때문에 활용하지 못하는 환경의 기회는 무엇인가? • 환경 기회를 활용할 수 있도록 내적 약점을 어떻게 보완할 것인가?
	위협 (Threat)	(Ⅲ) 강점-위협 • 환경의 위협에 대처할 수 있는 내적 강점은 무엇인가? • 갖고 있는 내적 강점을 활용하여 극복할 수 있는 환경의 위협은 무엇인가? • 환경 위협에 대처하기 위해서 내적 강점을 어떻게 활용할 것인가?	(Ⅳ) 약점-위협 • 환경의 위협을 극복하지 못하게 하는 내적 약점은 무엇인가? • 내적 약점 때문에 위협이 되는 환경 요인은 무엇인가? • 환경의 위협을 극복할 수 있도록 내적 약점을 어떻게 보완할 것인가?

출처: 백기복(2020), p. 154.

궁극적으로 SWOT 분석은 현재의 상황 속에서 현재의 경영자원을 가지고 최대한의 효과를 얻을 수 있는 전략을 수립하는 데 바탕이 된다.

SWOT 분석은 기관 내·외부에서 발생하는 각종 상황을 분석하여 사업의 방향성을 잡고 대처하기 위해 사용하는 방법이다(안병환 외, 2011).

평생교육기관의 외부 환경 요인과 내부 자원을 분석하는 SWOT 분석은 기관의 경영적 진단에 매우 유용한 모형으로 평생교육 담당자 및 경영자가 평생교육 프로그램의 개발·운영과 기관의 경영에 있어서 전략적 기획의 일환으로 경영 진단을 실시하는 것은 중요하며 반드시 필요하다(권인탁, 임영희, 2013).

평생교육기관의 SWOT 분석 요소를 정리하면 〈표 6-7〉과 같다.

〈표 6-7〉 **평생교육 SWOT 분석에 따른 구성 요소**

구분	내용	구성요소
강점	• 다른 프로그램들보다 경쟁적으로 만드는 요소 • 특징적 우위나 경쟁자보다 우월한 자원, 기술적 우위, 유능한 인적 자원 등 • 목표 성취를 위해서 효율적으로 이용할 수 있는 자원이나 역량	• 경영자원 • 조직문화 • 구성원 역량
약점	• 목표 달성을 저해하는 조직의 한계나 단점 또는 결함 • 조직이 제대로 수행하지 못하는 부문 혹은 경쟁자에 비해 열등한 자원이나 역량, 내부 생산력 부족, 미약한 인지도 등	
기회	• 사회적 · 경제적 기회를 말함 • 프로그램에 대한 수요를 진작시키고 조직의 포지션을 제고시키는 우호적인 현재나 미래의 상황 • 동향, 변화, 미처 포착되지 못한 필요	• 프로그램 수요 • 시장 규모 • 정부정책 • 경제 상황 • 사회적 · 윤리적 · 문화적 발전 수준
위협	• 현재나 미래 조직의 경쟁력을 침해하거나 위협하는 비우호적인 상황이나 동향 또는 임박한 변화(사회 · 경제적 또는 경쟁자로부터의 위협이다.) • 장애물이나 제약 또는 조직에 문제, 손실을 유발할 수 있는 것	

출처: 안병환 외(2011), p. 283 재구성; 백기복(2020), p. 153 재구성.

(2) 평생교육기관의 외부 환경 분석

SWOT 분석은 외부 환경 기회 요인(O)과 위협 요인(T)을 파악하고 기관 내부의 강점(S)과 약점(W)을 평가한 후 전략적 대안을 도출하는 분석방법이다. 그중에서 먼저 기관의 외부 환경 평가는 기관을 둘러싼 거시적 환경 분석을 의미한다(권인탁 외, 2014; 이향란, 2015 재인용). 환경의 위협이란 조직 목적의 달성에 장애가 되는 외부의 바람직하지 않은 침해를 의미하고, 외부 환경의 기회란 특정 조직이 보다 경쟁우위를 확보하도록 적절한 마케팅 활동을 발휘할 수 있는 요인을 말한다(이향란, 2015).

외부 환경의 기회-위협 요인들은 사회문화적 요인(고객 기호의 변화, 인구구조의 변화 등), 정치적 · 법적 요인(정권교체, 정부정책 변화, 규제개혁 등), 경제적 요인(경기 변동 등), 기술적 요인(신기술의 출현 등) 등 다양하다(백기복, 2020).

기관 내부의 강점-약점이 될 수 있는 요인에는 재정적 측면, 마케팅 측면, 인력 측면 등이 포함될 수 있다.

(3) 평생교육기관의 내부 자원 분석

SWOT 분석의 내부 환경 평가는 인적 · 물적 자원의 장단점을 분석하는 것으로 〈표 6-8〉과 같다.

〈표 6-8〉 **평생교육기관의 내부 자원 분석**

내부 환경 평가	내용
인적 자원	교육활동을 수행하거나 지원하는 사람을 의미하며, 강사, 직원, 자원봉사자 등이다.
자금	경영활동을 위해 투입되는 금전을 의미한다. 수강료, 기금, 후원금 등이다.
교육시설	교육활동을 수행하거나 지원하는 데 필요한 시설을 의미하며, 강의실, 교육기자재 등이다.
지적 자원	기관이 소유하고 있는 유용한 기법, 정보망 등이다.
시스템	교육활동을 위해 구축되어 있는 조직 및 네트워크를 의미하며, 기관의 행정조직, 부서, 위원회 및 네트워크 등이다.

출처: 이향란(2015), p. 134 재구성.

3. 평생교육기관의 가치체계 수립

평생교육기관은 특정한 가치를 추구한다(오혁진, 2012). 이러한 가치는 평생교육기관의 기관장, 직원, 학습자 등 구성원들에게 방향성과 목표의식을 심어 준다. 조직의 중요한 가치를 확인하는 이유는 그 가치가 사람들의 행동에 직접적으로 영향을 미치기 때문이다(권인탁, 임영희, 2013).

1) 평생교육기관 가치체계의 구조

가치(value)는 사람들이 중요시하는 삶의 방식, 행동기준, 신념을 말하는 것으로, 가치는 객관적으로 증명할 수 없고 주관적으로 선호하는 것으로 인간의 적절한 행동을 선택하는 데 있어서 지침이나 기준이 된다(남연희, 박영국, 2012). 가치는 지식을 분류하는 틀로 기능하고 우리가 무엇을 해야 하고 어떻게 해야 하는지에 대한 믿음을 확인하여 주는 역할을 한다(Morales & Scheafor, 1986; 남연희, 박영국, 2012 재인용). 가치는 어떤 바람직한이란 개념으로서 가능한 한 여러 수단과 목적들 중에서 '인간의 노력의 지침이 되는 바람직한 최종 상태 혹은 사회적 행동을 인도하는 정당화된 목적의 가장 일반적인 진술', '여러 대안적 행동 중에서 선택을 할 때 영향을 주는 규범적 기준' 등이 그것이다(홍봉수 외, 2016).

평생교육기관의 가치는 기관의 경영계획을 수립하는 과정에 맞추어 점차 구체화되어 가는데, 즉 그 기관의 설립 단계에서 나아가야 할 방향을 제시하는 사명에서부터, 경영목표에 이르기까지 점차 구체적인 양상을 띠게 된다(오혁진, 2012).

평생교육기관의 가치체계는 평생교육기관이 가지고 있는 사명에서부터 경영목표에 이르는 가치관의 구조를 평생교육기관 가치체계라고 할 수 있다(오혁진, 2012).

가치체계는 다음과 같은 요소들로 구성된다(이상욱, 2004; 오혁진, 2012; 백기복, 2020).

① 사명(mission): 미션 또는 사명(使命)이란 기업이 존재하는 이유로, 조직의 근본적인 존재 이유, 즉 그 기관이 추구하고자 하는 궁극적인 가치를 말한다. 미션은 기관, 기업활동에 목적과 방향을 제시하며, 기관과 기업이 큰 결정을 할 때 가치(value) 판단의 기준을 제공한다.

② 비전(vision): 비전이란 그 기관의 사명을 성공적으로 수행하고 있는 기관의 미래상을 말한다. 비전은 미션을 현실화하기 위해서 회사가 추구하는 미래의 큰 그림, 또는 바라고 원하는 모습이다.

③ 경영목적: 경영목적이란 기관의 비전을 구현해 가는 일정 기간 동안에 그 기관이 우선적으로 구현코자 하는 특별한 가치를 말한다.

④ 경영목표: 경영목표란 일정 기간에 구현코자 하는 경영목적을 보다 구체화한 것으로 경영목적의 구현을 확인할 수 있는 지표로서의 역할을 한다.

2) 평생교육기관 사명 및 비전

(1) 사명

사명(mission)이란 기업이 존재하는 이유로, 미션은 기업이나 기관 활동에 목적과 방향을 제시하며, 중요한 결정을 할 때 가치(value) 판단의 기준을 제공한다(백기복, 2020). 사명은 다른 유형의 기업과 해당 기업을 차별화시켜 주고 그 활동 영역을 규정해 주는 것으로, 기업의 근본적인 존재 의의와 목적을 나타내는 것이다(전희철, 2010). 명백한 사명은 경영자의 중요한 업무적 의사결정을 용이하게 하며, 전략 수립이나 개인 집단의 업무 활동의 방향을 제시하게 된다(김재명, 2020).

경영 연구원은 사명 선언문이 기업의 장기 운영에 매우 중요하다고 주장한다. 파플로바(Papulova, 2014)는 사명 선언문은 특히 환경이 예측할 수 없고 끊임없이 변화할 때 매우 중요하다고 주장하였다(김이라나, 2022 재인용). 불안정하고 예측할 수 없는 환경은 회사의 전략과 계획을 변경해야 하지만 기업의 비전을 달성하는 데 있어 방향을 잃지 않는 것이 중요하다. 다시 말해서, 회사는 단기 전략을 넘어서 장기적으로 기업을 지향하고 지시할 무언가가 있어야 한다(김이라나, 2022).

조직들은 경영자, 종업원, 그리고 고객들로 하여금 기업사명을 공유하도록 하기 위해 기업사명문을 작성한다(김재명, 2020). 기업은 사명을 구체적으로 기록한 사명문(mission statement)과 사명문의 요점을 정리한 슬로건(slogan) 또는 모토(motto)를 발표한다(백기복, 2020). 잘 만들어진 사명문은 첫째, 기업 구성원들에게 공유된 목표, 기회, 방향 등을 제공해 준다. 둘째, 조직의 목표를 올바르게 실천하도록 지침이 되며, '보이지 않는 손'으로서 작용한다(김재명, 2020).

우리나라 기업들은 사명문(mission statement)이라는 말을 잘 쓰지 않고 그보다는 경영이념/철학과 핵심 가치(core value)라는 말로 기업이 추구하는 원칙을 천명하는 경우가 많다(백기복, 2020). 명칭이 다르더라도 경영이념과 핵심 가치는 둘 다 기업의 사명에 해당하는 내용으로, 경영이념이 추상적 표현인 데 반해, 핵심 가치에서는 구체적인 행동 원칙을 제시한다(백기복, 2020).

평생교육기관의 사명진술문을 위해 고려되어야 할 유용한 내용을 제시하면 다음과 같다(권인탁, 임영희, 2013).

① 사명진술은 재정적 용어로만 진술되지 않아야 한다.
② 사명진술은 기관의 미래 방향을 설정해야 한다.
③ 사명진술은 지역 주민에게 호소될 수 있도록 가능한 한 정확하고 분명해야 한다.
④ 사명진술은 영감을 불어넣을 수 있는 것이어야 하고, 차별화된 인간적 삶을 살기 위하여 기관을 위해 일하기 원하는 것이며, 이러한 요구를 반영하는 것이어야 한다.

〈표 6-9〉 한국 기업들의 경영이념과 핵심 가치의 예

회사명	경영이념/철학	핵심 가치(Core Values)
카카오	"Connect Everything" 새로운 연결, 더 나은 세상	• 자기주도성: 명확한 권한과 책임을 가지고 일에 몰두합니다. • 공개 공유: 빠른 실행을 위해 정보 및 의사결정 과정을 공개 공유합니다. • 수평 커뮤니케이션: 최선의 의사결정을 위해 무엇이든 솔직하게 의견을 냅니다.
SK하이닉스	첨단기술의 중심, 더 나은 세상을 만드는 회사	• 강한 집념 • 기술 혁신 • 함께 성장
LG U+	고객을 최우선으로 생각하며, 구성원의 창의성과 자율을 존중하는 LG U+	• 고객을 위한 가치 창조: 고객을 최우선으로 생각하고 고객에게 최고의 가치를 제공함으로써 고객 만족을 극대화하기 위해 지속적으로 노력하겠다는 기업 활동의 목적 • 인간존중의 경영: 구성원의 창의성과 자율을 존중하고 성과주의 경영을 통해 개개인의 능력을 최대한 개발하고 발휘할 수 있도록 하는 기업 운영에 관한 원칙
AhnLab	세상에서 가장 안전한 이름, AhnLab	• 자신의 발전을 위해 끊임없이 노력한다; −존중과 신뢰로 서로와 사회의 발전을 위하여 노력한다; −고객의 소리에 귀 기울이고 고객과의 약속은 반드시 지킨다.
아모레퍼시픽	'원대한 기업(Great Beauth Company)'	• 개방, 혁신, 친밀, 정직, 도전

출처: 백기복(2020), p. 143.

(2) 비전

비전(vision)이란 조직이 도달해야 하는 종착지이며 현재보다 더 낫거나 성공적인 바람직한 미래를 자세하게 기술해 놓은 것이다(이상욱, 2004). 변화를 자극하면서 보전해야 할 핵심이 무엇이며 전진을 자극할 미래가 무엇인가에 대한 지침을 제공하는 것이 비전이다(김근배, 2007). 비전이란 미션을 현실화하기 위해서 기관이 추구하는 미래의 큰 그림, 또는 바라고 원하는 모습이다(백기복, 2020). 이장우와 장수덕(1998)은 기관의 미래상인 비전을 형성한 후에 그것을 장기적으로 실현시키기 위해서는 기관의 목표 설정이 필요하며 이러한 기관 목표를 통해 전략적 의사결정이 이루어지면 그것은 결국 기관의 성과에 긍정적 영향을 미칠 수 있다고 주장했다(김근배, 2007 재인용).

① 비전의 바람직한 특징

- 비전은 참여를 이끌어 내며 활기를 불어넣는다.
- 구성원들에게 일과 삶의 의미를 부여해 준다.
- 탁월성에 대한 기준을 설정해 준다.
- 비전은 현재와 미래를 연결해 준다.

② 좋은 비전의 평가기준

- 미래 지향적인가?
- 이상적인가? 조직을 더 좋은 미래로 안내하는가?
- 조직에 적합한가? 조직의 역사와 문화 그리고 가치와 조화를 이루는가?
- 탁월한가? 높은 이상을 반영하는가?
- 목적과 방향을 명료화시키는가?
- 열정을 불러일으키며 헌신적 참여를 고무하는가?
- 조직의 독특성, 조직의 뛰어난 기술능력 및 조직의 대의명분을 반영하는가?
- 야심적인가? 큰 뜻을 지니는가?

출처: 이상욱(2004), p. 421.

③ 비전수립의 절차

〈표 6-10〉 비전수립의 절차

주요 단계	주요 안건	질문
1단계: 조직의 현 상태 이해	사업 영역을 확인하라	• 조직의 현재 사명이나 목적은 무엇인가? • 이 조직은 사회에 어떤 가치를 제공하는가? • 조직이 현재 속해 있는 산업이나 제도적 틀의 성격은 무엇인가? • 해당 산업 내에서 차지하는 조직의 독특한 위치는 무엇인가? • 조직은 성공하기 위해 어떤 조처를 취하고 있는가?(핵심 성공 요인)

	조직의 운영방식 이해	• 행동이나 의사결정을 지배하는 가치와 조직문화는 무엇인가? • 조직 운영상의 강점과 약점은 무엇인가? • 현재의 전략은 무엇이며, 그 전략은 조직에서 옹호될 수 있는가?
	조직이 현재 지향하는 방향 검토	• 조직은 명시적인 비전을 가지고 있는가? 있다면 무엇인가? • 조직이 현재의 방향을 계속 유지한다면, 조직은 향후 10년간에 걸쳐 어디로 향할 것인가? 그 방향은 얼마나 바람직할 것인가? • 조직의 핵심 인물들은 조직이 어디로 향하고 있는지를 알고 있으며, 그 방향에 대해 의견일치를 보고 있는가? • 조직의 구조, 과정, 인사, 인센티브 및 정보 시스템은 조직의 현재 방향에 도움이 되는가?
2단계: 새 비전의 범위 설정	이해관계자 분석	• 조직 내부와 외부에서 가장 핵심적인 이해관계자는 누구이며, 그중에서 가장 중요한 이해관계자는 누구인가? • 가장 중요한 이해관계자 5~6명이 조직의 미래에 대해 갖고 있는 주된 이해관계와 기대는 무엇인가? • 이들 핵심 이해관계자들이 주는 위협과 기회들은 무엇인가? • 자신을 이해관계자라고 간주한다면, 당신은 개인적으로 조직에서 어떤 일이 일어나기를 열렬히 원하는가?
	새 비전 범위를 정하는 평가기준 선정	• 새 비전의 범위는 무엇인가? 예를 들어, 시간적·지리적·사회적 제약조건이 있는가? • 비전이 달성해야 하는 것은 무엇인가? 비전이 성공적이라는 것을 어떻게 알 수 있는가? • 비전에서 다루어야 할 근본적인 쟁점은 무엇인가?
3단계: 미래의 조직 환경 검토	예상되는 미래의 중요한 발전들을 파악	• 사회 환경에서는 어떤 변화를 기대할 수 있는가? 사회 환경에서는 어떤 변화를 기대할 수 있는가? 조직이 충족시킬 욕구/요구에서 어떤 변화를 기대할 수 있는가? • 주요 이해관계자들에게서는 어떤 변화를 기대할 수 있는가? • 경제 환경에서는 어떤 변화를 기대할 수 있는가? • 사회 환경에서는 어떤 변화를 기대할 수 있는가? • 정치 환경에서는 어떤 변화를 기대할 수 있는가? • 기술 환경에서는 어떤 변화를 기대할 수 있는가? • 여타 외부 환경에서는 어떤 변화를 기대할 수 있는가?
	발전들의 중요성과 발생 가능성 평가	• 위에서 파악한 발전들의 영향력을 평가하라. • 중요한 발전들을 선택하라(15~20개 항목). • 중요한 발전들의 발생 가능성(발생 확률)을 평가하라. • 발생 가능성이 가장 높은 발전들을 선택하라(5~6개).
	시나리오 작성	발전들을 종합 검토하여 미래에 관한 시나리오를 3~4개 작성하라.
	시나리오에서 시사점 도출	비전에 대해 시나리오가 가지는 잠정적 결론을 이끌어 내라.

4단계: 비전의 선택	사업 영역의 설정	조직 포지셔닝, 성장벡터 분석, 핵심 역량 분석, 기술/수요 매트릭스
	비전 대안 작성	향후 5~7년에 걸쳐 우리가 취할 수 있는 방향 중에서, 조직의 위치를 극적으로 신장시키며 우리 자신과 우리의 핵심 이해관계자들에게 가장 커다란 성공을 가져다줄 가능성이 높은 방향은 무엇인가? 공식: 우리 조직은 향후 __년에 걸쳐 __을 통해서(함으로써) 커다란 진전을 이룩할 것이다.
	비전 대안 평가	• 비전은 미래 지향적인가? • 비전은 어느 정도로 이상적인가, 즉 조직을 분명히 더 좋은 미래로 이끌 수 있는가? • 비전은 어느 정도로 조직의 역사, 문화 및 가치와 조화되는가? • 비전은 탁월성의 기준을 설정하며 높은 이상을 반영하는가? • 비전은 어느 정도로 열정을 불러일으키며 헌신적 참여를 고무하는가? • 비전은 어느 정도로 조직의 독자성, 조직의 뛰어난 기술능력 및 조직의 대의명분을 반영하고 있는가? • 비전은 충분히 야심적인가?
	비전기술서 작성	가장 좋은 평가를 받은 대안을 선택하라.

출처: 이상욱(2004), pp. 424-425.

기업의 비전과 평생교육기관의 예시를 살펴보면 〈표 6-11〉, 〈표 6-12〉와 같다.

〈표 6-11〉 기업의 비전 예

기업 이름	비전
혼다(Honda)	"주주, 고객, 사회가 원하는 회사가 된다."
나이키(Nike)	"세계 1위의 스포츠용품 회사가 된다."
포드(Ford)	"자동차 제품과 서비스에서 세계 최고의 소비자회사가 된다."
보잉(Boeing)	"항공산업의 리더십을 추구하는 글로벌기업에서 함께 일하는 사람들"
소니(Sony)	"오디오, 비디오, 커뮤니케이션, 그리고 소비자와 전문가시장을 취한 정보기술제품을 생산하는 리더 기업"

〈표 6-12〉 **평생교육기관과 관련 기관의 비전 예**

기관명	비전
강원도평생교육진흥원	도민의 미래를 여는 건강한 평생학습터 강원
경기도평생학습진흥원	새로운 경기를 선도하는 경기도 평생학습 사이클 구축
경남평생학습진흥원	도민과 함께하는 창조적 평생학습사회 경남 구현
충남평생학습진흥원	평생학습으로 도민 모두가 행복한 충남
전남평생학습진흥원	도약하는 전남을 위한 창의 인재 양성 및 평생학습사회 구현
태화기독교 사회복지관	• 관계를 중심으로 함께 세워 가는 지역공동체 태화는 지역사회의 좋은 이웃이 되겠습니다. 태화는 지역사회의 강점이 드러나도록 지역 주민과 함께 일하겠습니다. 태화는 이웃이 더불어 살아갈 수 있는 지역공동체가 되도록 돕겠습니다. • 기독교 영성을 바탕으로 사랑이 흘러가는 섬김공동체 태화는 우리가 만나는 이웃들에게 하나님의 사랑을 전하겠습니다. 태화는 우리를 가장 필요로 하는 이웃을 찾아가는 섬김공동체가 되겠습니다. • 조화를 우선하며 함께 걸어가는 태화공동체 우리는 서로의 다름을 인정하고 한 사람 한 사람을 소중히여기겠습니다. 우리는 서로의 일을 존중하며 끊임없이 배우고 나누는 전문가가 되겠습니다. 우리는 조화롭게 어울려 일하는 즐거운 태화공동체를 만들어 가겠습니다.

출처: 각 기관명 website.

④ 가치기술서

조직을 위해 중요하다고 간주된 핵심 가치나 이데올로기 주제 목록으로, 가치는 고객에 대한 응대, 조직 구성원의 대우, 핵심 역량, 탁월성이 기준에 관계된다(이상욱, 2004). 가치는 조직 운영에 필요한 해야 할 것과 하지 말아야 할 것을 알려 주고, 비전을 달성하기 위한 통로를 제공하며, 구성원들의 행동과 관행을 자율적으로 통제하도록 하는 행동 원칙을 제공해 준다.

⑤ 전략목표

전략목표(strategic objectives)는 달성해야 할 실체적 성과 또는 결과로서 구체적인 기한을 기술하는 것으로, 수행목표는 절대적인 수행수준에 의해 진술될 수도 있으며, 상대적인 수행수준에 의해서 진술될 수도 있다(이상욱, 2004). 목표는 시공간에서 측정될 수 있고, 수행할 사람을 위임할 수 있으며, 달성 기간을 명시할 수 있어야 한다(권인탁, 임영희, 2013).

제주평생교육장학진흥원, 세종특별자치시 인재육성평생교육진흥원, 용인시 평생학습관 비전 및 핵심 가치, 평생교육기관의 미션 및 비전, 핵심 가치 예시는 [그림 6-1]~[그림 6-3]과 같다.

〈평생교육기관의 미션 및 비전, 핵심 가치 예〉

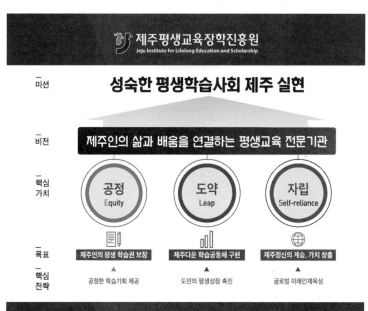

[그림 6-1] 제주평생교육장학진흥원

출처: http://www.jiles.or.kr/intro/purpose/vision.htm. 2021. 03. 08. 검색.

비전 및 목표

[그림 6-2] 세종특별자치시 인재육성평생교육진흥원

출처: https://www.sjhle.or.kr/

[그림 6-3] 용인시 평생학습관 비전 및 핵심 가치

출처: https://lll.yongin.go.kr/yongin/cnt/c_6006/view.do?seq=37. 2021. 03. 15. 검색.

참고문헌

교육부, 국가평생교육진흥원(2021). 평생교육백서.

권인탁, 임영희(2013). 평생교육경영론. 서울: 학지사.

김경희(2011). 사회복지행정론. 서울: 청목출판사.

김근배(2007). 기업비전과 목표설정이 성장발전에 미치는 영향에 관한 연구. 한밭대학교 대학원 석사학위논문.

김문성(2000). 행정학의 이해. 서울: 박영사.

김용현 외(2011). 평생교육경영론. 경기: 양서원.

김이리나(2022). 사명 선언문의 구성 항목이 글로벌 기업의 ESG 활동 성과에 미치는 영향. 부산대학교 대학원 석사학위논문.

김진화(2011). 평생교육 프로그램개발론. 경기: 교육과학사.

김형식, 이영철, 신준섭(2008). 사회복지행정론. 경기: 양서원.

남연희, 박영국(2012). 사회복지실천론. 경기: 공동체.

박정권(2005). 지방정부의 전략적 기획 실태분석. 경상대학교 행정대학원 석사학위논문.

백기복(2020). 경영학. 서울: 창민사.

안병환, 가영희, 임성우, 조현구(2011). 평생교육경영론. 서울: 동문사.

오혁진(2012). 평생교육경영학. 서울: 학지사.

이상욱(2004). 현대조직의 리더십 적용. 서울: 시그마프레스.

이상학(2011). 공기업 전략기획체제의 실효성 분석. 서울대학교 대학원 석사학위논문.

이장우, 장수덕(1998). 벤처기업 성공 요인에 관한 이론적 고찰. 벤처경영연구 제1권, 2호.

이향란(2015). 평생교육경영론. 경기: 공동체.

전희철(2010). 기업의 사명 변경이 기업가치에 미치는 영향에 관한 연구: KOSDAQ 상장기업을 대상으로. 충주대학교 대학원 석사학위논문.

정무성(2008). 사회복지 프로그램 개발론. 경기: 학현사.

지은구(2005). 사회복지 프로그램 개발과 평가. 서울: 학지사.

최은수, 배석영(2009). 평생교육경영론. 경기: 양서원.

홍봉수, 배재덕, 곽창국, 함안나, 김영호, 조당호 외(2016). 사회복지개론. 경기: 공동체.

Bryson, J. M. (1995). *Strategic Planning for Public and Non-profit Organization*. San Francisco: Jossey-Bass.

Bryson, J. M., & Roering, W. D. (1988). Initiation of strategic planning by government, *Public Administration Review, 48*, 995-1004.

Lewis, J. Jr. (1983). *Long-range and short-range planning for educational administrators*. Newton, MA: Allyn and Bacon.

Mintzberg, H. (1994). *The Rise and Fall of Strategic Planning*. The Free Press: N. Y., N. Y.

Morales, A., & Scheafor, B. A. (1986). *Social Work* (4th ed.). Allyn & Bacon, Inc.

Papulova, Z. (2014). "The Significance of Vision and Mission Development for Enterprises in Slovak Republic". *Journal of Economics, Business and Management, Vol. 2*, No. 1.

Simerly, R. G., & Associates (1987). *Strategic planning and leadership in continuing education*. San Francisco: Jossey-Bass.

Skidmore, R. A. (1995). *Social Work Administration*. Needham Heights, MA: Allyn & Bacon.

Webster, S. A., & Wylie, M. I. (1988). Strategic planning in competitive environments. *Administration in Social Work, 12*(3).

평생교육기관의 조직 및
인적자원관리

작은 기회로부터 종종 위대한 업적이 시작된다.
-데모스테네스-

1. 조직의 일반적인 개념에 대해 이해한다.
2. 평생교육기관의 조직 특성 및 조직의 유형에 대해 이해한다.
3. 인적자원관리의 의의와 목적, 기능에 대해 이해한다.
4. 평생교육기관의 내부·외부 인적자원관리에 대해 이해한다.

[학습개요]

제7장에서는 평생교육기관의 조직관리 및 인적자원관리에 대해 배운다. 먼저, 조직의 일반적인 개념을 이해하기 위해 조직화와 조직 설계의 원칙에 대해 살펴보고 평생교육기관의 조직의 특성과 조직의 유형에 대해 배운다. 다음으로 평생교육기관의 인적자원관리 실제를 이해하기 위해 인적자원관리의 의의와 목적, 기능에 대해 배우고 평생교육기관 내부 인적 자원의 관리와 외부 교수인력 인적 자원의 관리에 대해 학습한다.

1. 평생교육기관의 조직관리

1) 조직의 일반적 개념

(1) 조직화의 의의

경영을 잘해내기 위해서는 목표 달성을 위해 다양한 자원을 효과적으로 활용하는 사업체계, 곧 조직(organization)을 구성하는 것도 필요하다. 경영학에서는 이것을 조직화(organizing)라고 부른다.

조직화(organizing)란 조직의 목표를 달성할 수 있도록 구성원 개개인의 직무와 상호 간의 관계를 규정하는 것을 말한다. 이러한 조직화 활동은 경영활동의 한 부문으로서 목표 달성을 위한 업무 세분화 과정의 성격을 갖고 있다. 따라서 어떤 업무가 이루어져야 하며, 누가 그것을 수행할 것인지, 업무 분류는 어떤 방법으로 이루어지며, 업무보고는 누가 하고, 의사결정이 어디에서 이루어지는가에 관한 문제를 다루는 활동이다(지호준, 2000).

평생교육기관의 조직화란 기관의 목표를 최상의 방법으로 실현할 수 있도록 어떠한 형태로 조직을 구성할 것인가를 결정하고 각종 경영자원을 배분하고 조정하는 활동을 말한다(김동일, 2021). 경영자는 기관의 목적을 효과적으로 달성하기 위하여 조직을 합리적으로 편성하고 운영할 수 있는 능력을 갖추어야 한다. 따라서 경영자는 조직을 체계적으로 구성하여 기관의 목적에 도달할 수 있도록 이끌어 갈 책무가 있는 것이다. 경영자가 조직화를 이루려는 목적은 첫째, 책임과 권한의 관계를 명확하게 하여 조직 내의 질서를 유지하고 확립하려는 데 있다. 조직 내 책임과 권한 관계가 불명확하면 조직의 위계질서가 서 있지 않아 혼란을 초래하게 된다. 따라서 권한계통을 명확하게 확립하기 위하여 조직화를 한다. 둘째, 직무의 분업을 통하여 각 구성원 간의 협력관계를 확립하고 일의 효율성을 추구하는 데 있다. 셋째, 책임과 권한의 관계를 명확하게 하여 의사소통이 원활하게 이루어질 수 있도록 하는 데 있다. 넷째, 효과적인 조직편성을 통하여 보다 높은 조직의 효율성을 기대할 수 있다(최은수, 2017).

조직화는 [그림 7-1]과 같은 단계에 따라 이루어진다. 그림에서처럼 조직화를 할

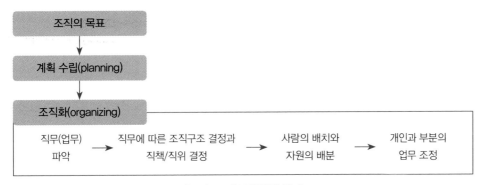

[그림 7-1] **조직화의 단계**

출처: 장영광, 정기만(2021), p. 238.

때에는 직무를 먼저 결정한 후 거기에 적합한 사람을 결정한다. 조직을 만들기 위해서는 조직에서 수행될 업무를 파악하고 그것을 근거로 부서와 직책, 직위 등을 만든다. 만들어진 부서는 상하관계가 설정되고 부서 간의 관계도 정의된다. 즉, 어떤 조직이 수행해야 할 업무 전체를 하나하나 모두 파악하여 이를 유사하거나 상호 관련이 있는 것끼리 묶은 다음 이 묶음 간의 관계를 설정하는 것이다(장영광, 정기만, 2021).

(2) 조직 설계의 원칙

경영을 잘하려면 조직을 잘 만들어야 하고, 조직의 구조를 경영 목적 달성에 유리한 방향으로 만들어야 한다. 따라서 조직의 구조는 경영자가 어떤 경영 전략을 택하느냐에 따라 달라질 수 있다.

조직의 구조를 새로 만들거나 기존 조직의 구조를 바꾸는 일을 가리켜 '조직 설계 (Organization Design)'라고 하는데 조직을 설계할 때는 몇 가지 감안해야 할 고전적 원칙이 있다. 곽해선(2007)은 그 원칙을 다음과 같이 정리하고 있다.

첫째, 분업: 일의 효율적 배분. 분업은 하나의 일을 성격이 다른 여러 단계와 부분으로 나누고, 기술능력과 숙련도에 맞춰 인력을 배치해서 각자 일정한 일을 반복하도록 하는 것이다. 분업을 하면 기술능력과 숙련도가 다양한 인력을 효율적으로 활용할 수 있기 때문에 전통적으로 효율적 조직 설계에 빼놓을 수 없는 원리로 간주되어 왔다. 하지만 분업도 정도가 지나치면 작업자의 피로와 스트레스를 높여 오히려 생산성을 떨어뜨릴 수 있다.

둘째, 명령 계통의 일원화: 보고체계의 단일화. 조직은 특별한 경우가 아니라면 어떤 조직원이든 단 한 사람에게서만 업무 지시를 받도록 설계해야 한다. 한 사람의 조직원이 둘 이상의 상사에게서 업무 지시를 받는다면 지시 자체가 상충될 수도 있고, 지시 받는 이가 어느 것을 먼저 해야 할지 몰라 업무 효율이 떨어질 수 있다. 조직의 운영 효율을 기대하기 위해서는 명령 계통이 일원화되어야만 한다.

셋째, 라인과 스태프의 구분. 경영자나 관리자의 직책에 주어지는 권한·권위란 조직이 부여한 직책에 따라 부하에게 지시를 내리고 부하가 자신의 지시를 따르리라고 기대할 수 있는 권리이다. 권한을 갖는 상사에게는 반드시 권한에 상응하는 책임을 지게 하는 것이 조직 설계에서 또 하나 중요한 원리이다. 조직에서 경영자나 관리자들이 직책에 따라 나눠 갖는 권한에는 두 종류가 있는데 하나는 '라인의 권한', 다른 하나는 '스태프의 권한'이다. '라인의 권한'이란 조직 최상층으로부터 최하층에 이르기까지 이어지는 명령체계 안에서 상사가 다른 사람의 명령이나 간섭을 받지 않고 자기 부하에게 직접 업무 지시를 내릴 수 있는 권한이다. '스태프의 권한'이란 라인의 권한이 조직에서 기능을 제대로 발휘할 수 있도록 도와주는 역할을 하는 권한이다. 스태프는 본래 라인을 지원하기 위해 만들어 내는 조직이다. 하지만 스태프 관리자와 라인 관리자 상호간에 부여된 관리 영역을 침범하거나 관리 영역 부여가 모호하면 서로 책임을 전가해 조직 전체의 활동효율을 떨어뜨릴 수 있다. 따라서 조직에서는 스태프 관리자의 권한과 책임을 분명히 해 둘 필요가 있다. 스태프 관리자가 라인의 권한을 침범하지 않으면서 라인 관리자를 효과적으로 지원할 수 있게 해야 한다.

넷째, 권력과 권한의 상충 줄이기. 조직 안에서 권력이란 의사결정에 영향을 미칠 수 있는 능력을 뜻한다. 조직이 단순할 때는 조직 내 의사결정에서 관리자들의 영향력, 곧 권력은 대개 권한과 비례한다. 관리자의 권한이란 조직 내 직책에 따라 부여되는 것이기 때문에 권력 또한 직위에 비례한다고도 볼 수 있다. 그런데 조직이 복잡해지면 관리자의 권력이 그가 지닌 직위나 권한에 반드시 비례하지 않는다. 권력은 관리자가 조직 내 명령체계에서 차지하는 직위뿐만 아니라 조직 내 권력 핵심에 사실상 얼마나 가까운가에 좌우된다. 이 경우 관리자들에게 주어지는 권한은 직위를 통해 조직에서 겉으로 드러나는 질서를 이룰 뿐이고, 권력은 반드시 겉으로 드러난 질서와 함께 가지는 않는다. 결과적으로 권력과 권한이 서로 부딪쳐 갈등을 일으킬 수 있다. 때문에 복잡한 조직을 설계할수록 권한과 권력이 상충할 소지를 줄여야 한다.

다섯째, 통제 범위의 적정화. 조직을 효과적으로 운영하기 위해서는 관리자 한 사람이 통제하는 부하의 수가 적정해야 한다. 한 사람의 관리자가 통제하는 부하들이 너무 적으면 조직 운영이 경제적이지 못하고 너무 많으면 조직 효율이 떨어진다. 관리자의 지휘 아래 이루어지는 작업이 표준화되고 단순화되어 있을수록 관리자가 통제할 수 있는 범위도 넓어진다.

여섯째, 유사한 속성별로 부서 묶기. 조직의 활동은 비슷한 속성을 갖는 그룹들로 묶어 전문화하는 것이 좋다. 가장 일반적인 방법은 기능에 따라 묶는 것이다. 인사, 재무, 생산, 연구개발 등 제각기 다른 기능을 갖는 부서로 만드는 식이다. 조직의 성격이나 목적 등에 따라서는 기능별로 묶지 않고 부서를 구성할 수도 있다. 예를 들어, 회사 규모가 크면 주요 생산품별, 곧 생산라인별로 부서를 만들 수도 있고 한 사람의 사장 밑에 두 사람의 부사장을 두고 각 부사장 밑에 마케팅, 연구개발, 유통 부서 등을 제각기 만들어 관리하게 할 수도 있다. 또 고객별, 지역별로 대응하는 부서를 만들 수도 있다.

2) 평생교육기관 조직의 특성과 유형

(1) 평생교육기관 조직의 특성

① 목표 설정 및 교육적 가치 지향의 특성

평생교육기관의 공동목표는 평생교육을 받고자 하는 사람들의 교육적 욕구를 충족시키고, 나아가 전 국민의 자질 향상을 통하여 국가 발전을 꾀하는 것이라고 볼 수 있다. 이러한 목표는 평생교육조직의 운영주체 또는 교육내용 등에 따라 주안점이 달라질 수 있다(김동일, 2021). 즉, 평생교육기관은 교육기회 균등의 실현이나 교육복지의 구현이라는 측면에서 보면 영리를 추구하기보다는 교육기관으로서의 고유한 교육적 가치를 지향해야 한다. 그러나 최근에 정부나 지방자치단체 수준에서 평생교육에 대한 재정지원이 확대되는 추세임에도 불구하고 여전히 평생교육은 사설 민간평생교육기관에 크게 의존하고 있기 때문에 기관의 생존을 위하여 영리를 추구할 수밖에 없는 것이 현실이다. 또한 학교도 마찬가지이지만 평생교육기관은 지역사회 속에서 생존해야 하기 때문에 지역사회 발전에 기여해야 한다는 사명이 있다. 그래서 평생교육기관 경영조직은 교육기관이 추구하는 고유한 교육적 가치를 지향하면서 조직의 수익창출을 겨냥하고, 이것이 지역사회 발전 나아가 국가 발전에 기여하도록 해야 한다(김용현 외, 2018).

② 인적 구성의 특성

평생교육기관의 인적 자원이라고 하면 평생교육에 참여하는 교육수요자, 교육을 제공하는 교수자, 교육 관련 행정 업무를 담당하는 직원으로 구성된다고 볼 수 있다. 학교조직과 마찬가지로 평생교육조직에서도 교육 수요자는 유동성을 가지나 그 정도는 매우 심하다. 평생교육 조직의 경우 조직 구성원이 개별 프로그램에 따라 구성원이 되기도 하고 그렇지 않을 수도 있는 극심한 유동성을 갖는다. 교육을 제공하는 교수자의 유동성 역시 학교에 근무하는 교사보다 심하다(김동일, 2021). 또한 학교조직은 세대차가 분명한 두 집단으로 구성되는 종적인 조직인 반면에 평생교육기관은 우선 학습자 집단의 연령이나 학력 수준, 사회경제적 배경 등이 다양하고 이질적이다. 따라서 학습자 집단을 관리하고 서비스를 제공하는 데 여러 가지 어려운 점들이 발생한다. 교수자 집단도 기관의 성격 및 규모에 따라 차이가 있지만 대부분 외래교수라는 점에서 교수 확보나 질 관리 등에 어려움이 있는 것도 평생교육기관경영의 한 특성이다.

③ 교육 프로그램 및 운영의 특성

평생교육조직은 성인학습자의 평생학습 참여 기회와 접근성 향상을 위해 지식정보사회의 유용한 사회적 시스템을 통하여 다양한 책무성을 가져야 한다. 즉, 평생학습사업이나 프로그램 기획 시 관련 정보에 관해 철저한 조사와 분석을 해야 하고, 사업의 비전과 추진 전략을 체계적으로 수립해서 통합적으로 추진하며 유관 조직과의 참여를 촉진시키기 위한 생산적 네트워크를 구축해 나가며 프로그램 개발과 분류 시 학습자의 특성과 요구를 고려해야 한다(강혜정 외, 2021). 평생교육 프로그램은 학습자의 수요, 직업세계의 변화나 사회변화 등에 따라 프로그램이 수시로 변화하기 때문에 이러한 교육 프로그램을 운영하는 경영조직은 탄력적일 수밖에 없는 것이 특징이다. 또한 학습자의 특성과 요구에 걸맞은 교수법 개발 및 강좌 개설이 필요하다며 학습자의 생애설계를 통하여 평생학습이 효과적으로 이루어질 수 있도록 지원할 수 있는 상담 및 컨설팅이 적절하게 이루어져야 한다. 한편, 평생교육조직의 효율적인 경영전략을 추진해 나가기 위해서는 구체적인 경영지침을 마련하여 경영 수지를 개선할 수 있도록 해야 한다(신다은, 2018).

(2) 평생교육기관 조직의 유형

조직 설계는 구체적으로 어떤 일을 누구에게 맡기고, 어떤 순서로 일하는지 정하고, 의사결정 권한과 책임을 누구에게 얼마나 줄 것인지 등등의 문제를 결정하는 일이다. 평생교육기관의 조직 설계도 일반적인 조직 설계와 다르지 않다. 평생교육기관도 이러한 과정에 의해 조직이 만들어진다고 볼 수 있다. 평생교육기관 조직의 유형으로 기능별 조직, 사업부제 조직, 매트릭스 조직, 팀제 조직 등이 있다.

① 기능별 조직

기능별 조직은 기능이 서로 관련된 업무를 맡는 사람들을 같은 그룹으로 묶어 프로그램 개발부, 프로그램 운영부, 총무부 등 여러 부서로 만들어 내는 조직이다. 기능별 조직은 분업 원리를 활용하기 때문에 부서별로 전문성이 높아지고 다양한 경영자원을 효율적으로 쓸 수 있는 장점이 있다. 하지만 부서마다 제각기 다른 이해관계를 조직 전체의 이해관계보다 앞세울 수 있고 다른 부서와 갈등하기 쉽다. 그래서 부서 간 조정이 잘 안 되면 조직 전체의 경영이 효율적으로 되지 못하고, 조직 전체의 경영이 실패할 때 책임 소재가 모호해지는 문제가 생길 수 있다.

기능별 조직은 최고경영자가 기능 부서를 직접 지휘하는 명령체계를 가지며, 각 부서는 다른 부서에 대해 고유한 기능을 독립적으로 수행하게 된다. 또한 기능별 조직에서는 각 기능 부서들의 활동이 원활하게 이루어질 수 있도록 조직의 업무를 자문하거나 조정할 필요가 있을 때 별도로 담당조직을 만들 수 있다. [그림 7-2]에서 보는 것과 같이 일반적으로 평생교육기관장의 경영 전반을 자문하기 위한 별도의 조직으로 운영위원회 또는 기획조정실 같은 것을 설치 및 운영할 수 있다.

기능별 조직이 갖는 장점으로는, 첫째, 각 부서에 적합한 업무를 일관성 있게 배정할 수 있고, 그에 따른 업무수행 능력이나 문제해결 능력도 우수하다. 둘째, 각 기능

범주 내에서 전문적인 훈련과 기능 개발이 가능하다. 셋째, 자원의 효율적인 활용을 통해 규모의 경제를 기할 수 있다. 단점으로는, 첫째, 환경 변화에 대응하지 못해 어려움을 겪는 등의 조직 전체적인 문제가 발생했을 때 책임 소재를 구체적으로 가리기 어렵다. 둘째, 각 기능 부서들이 자기부서 이기주의에 빠지기 쉽다. 셋째, 동일 위계상의 부서 상호 간에 문제해결이 잘 되지 않아 상위 단계에서 개입을 하게 되며, 결과적으로는 의사결정이 늦어지고 환경 변화에 신속히 대응하지 못하게 된다.

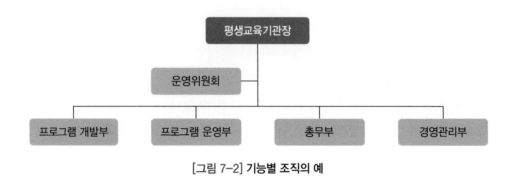

[그림 7-2] **기능별 조직의 예**

② 사업부제 조직

사업부제 조직은 지역이나 제품, 업무과정, 고객을 중심으로 조직을 분화하여 만든 조직으로 부문별 조직이라고도 한다. 기능별 조직과 사업부제 조직의 차이점은 부문별로 분화하여 조직을 구성했을 때 각 부문에는 기능별 조직이 다시 포함될 수 있다는 것이다. 즉, 조직이 진행하는 사업이 다양화되면서 조직의 규모 또한 점차 커지기 마련인데 이때 하나의 기능별 조직만으로는 경영활동이 어려울 수 있다. 이때 사업별, 지역별 혹은 고객별로 나누어 조직을 만들 수 있고, 이러한 부문 안에는 별도의 기능별 부서를 둘 수 있다.

평생교육기관도 각 기관에 독립성이 강한 다양한 사업이 확대되는 경우 혹은 하나의 기관이 다른 지역에 분원 등을 설치하는 경우에 있을 수 있는 조직 형태이다. [그림 7-3]에서 보는 것과 같이 평생교육기관이 교육대상자별로 부문을 나누어 노인교육사업부, 청소년교육사업부 등을 두는 경우나, 교육방식 측면에서 온라인교육사업부와 오프라인교육사업부를 두는 경우를 예로 들 수 있다. 또한 지역별로 교육조직을 두는 경우는 평생교육 프로그램을 운영하는 다양한 단체가 전국 조직과 지역조직을 운영하는 형태이다(김용현 외, 2018).

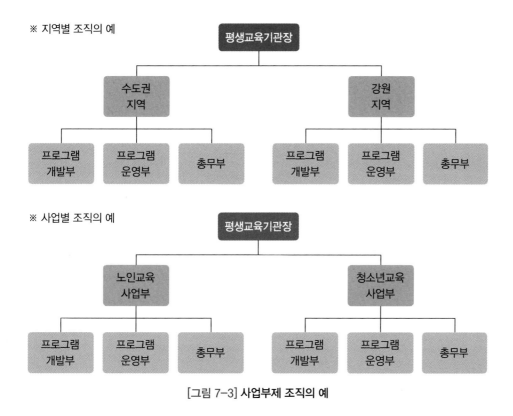

[그림 7-3] **사업부제 조직의 예**

　사업부제 조직의 큰 장점은 결과에 중점을 두어 각 사업별로 책임 소재를 분명히 하는 경영이 가능하다는 것이다. 즉, 각 사업부의 관리자는 자신의 사업부의 성과 및 실적에 대해 책임져야 한다. 조직 전체를 놓고 보았을 때 여러 사업부 관리자가 사업을 여러 개로 나누어 맡아 운영하는 셈이다. 따라서 최고경영자로 하여금 조직 전체를 대상으로 장기 전략 계획에 집중할 수 있도록 하는 장점도 있다. 또한 사업부제 조직은 인력 양성 면에서도 유리하다. 사업부제 조직의 관리자는 기능별 조직의 관리자와는 다르게 독자적 사업경영 경험을 통해 훨씬 폭넓은 경영능력과 시야를 가질 수 있게 된다. 예를 들어, 10개의 사업부를 운영하는 큰 조직의 경우 조직 전체를 경영할 능력을 갖춘 10명의 최고경영자 후보를 양성하는 효과를 얻을 수 있다.

　그러나 사업부제 조직은 조직 전체로 볼 때 경영자원이 중복되는 낭비가 생기기 쉽다는 단점이 있다. 예를 들면, 10개의 사업부가 각자 프로그램 개발 담당 부서를 두고 따로 움직인다. 조직 전체로 보면 같은 기능을 가진 인적 자원, 물적 자원 등 경영자원이 중복되어 쓰이는 셈이다. 그만큼 조직경영에 있어서 비용이 늘어나고 효율이 떨어질 수 있다(곽해선, 2007).

③ 매트릭스 조직

매트릭스 조직은 기능별 조직과 사업부제 조직의 장점을 합친 조직 유형이다. 즉, 기능별 조직은 개별 조직마다 전문화가 가능해 조직 전체에 전문화에 따른 이점을 가져다준다. 하지만 개별 조직 간 이해가 상충해 조직 전체의 목표를 효율적으로 추진하지 못할 수도 있다. 사업부제 조직은 개별 사업 단위 각자가 독립적으로 움직이다 보니 책임 소재가 분명해지는 이점은 있지만 조직 전체의 입장에서는 자원 낭비가 많다. 매트릭스 조직은 조직 전체의 전문화 수준을 높이면서 개별 조직별 경영 책임의 소재도 명확하게 하는 이러한 기능별 조직과 사업부제 조직의 장점을 합할 수 있는 조직 유형이다.

매트릭스 조직은 전체 조직을 기능별 조직과 사업부제 조직으로 섞어 가로세로 격자 모양으로 엮는다. 조직 구성원들은 격자 모양 조직에서 가로축의 기능별 조직의 일원이면서 동시에 세로축의 사업부제 조직의 일원이 되고, 기능별 조직의 단위 조직 관리자, 사업부제 조직의 단위 조직 관리자로부터 동시에 업무 지휘를 받는다. 결과적으로 두 명의 직속상사를 두고 두 사람 모두에게 명령을 받게 된다.

이처럼 매트릭스 조직에서는 사업부제 조직이 기능별 조직을 넘나든다. 한 사람이 하나의 부서에 배속된 채 사내에서 운영하는 1, 2개의 사업에 참여하게 된다. 이렇게 조직을 매트릭스 구조로 만들어 운영하면 기능별 조직을 유지함으로써 조직의 전문성을 높이면서, 동시에 사업이나 상품 등 각종 부문에 전문성이 있는 인력을 기능별 조직 내 경계를 넘어 팀으로 묶어 활용함으로써 조직 전체가 보유한 경영자원을 효율적으로 쓸 수 있게 된다(곽해선, 2007).

매트릭스 조직은 복잡하고 급변하는 환경 상황에서도 성장을 추구하려는 조직체에서 주로 응용하는 조직 유형이다. 일반적으로 규모가 큰 기업체에서 볼 수 있는 조직 형태이지만 평생교육기관의 경우도 [그림 7-4]와 같이 기본적으로 기능 위주의 조직 측면과 사업 위주의 조직 측면을 서로 겹쳐 매트릭스 조직 형태의 장점을 활용할 수 있을 것이다. 이는 평생교육시장의 급변하는 환경과 다양한 학습자들의 요구에 능동적으로 대처할 수 있는 형태가 될 수 있다.

매트릭스 조직구조는 기능별 조직을 운영하면서 임시로 조직을 만들어 운영하려 할 때도 유용하게 활용할 수 있다. 조직에서 새로운 사업 부문을 준비할 때, 복잡하거나 어려운 일을 수행해야 할 필요가 있을 때, 기본 조직의 틀은 유지하면서 조직

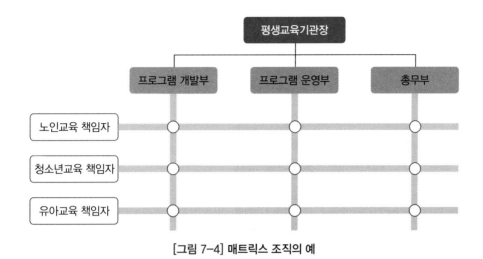

[그림 7-4] 매트릭스 조직의 예

경계를 넘어 전문성을 지닌 다양한 조직 구성원의 협조가 필요할 때, 전문성 있는 조직원을 각 기능별 조직 단위에서 선발해 일정 기간 동안 임시로 소규모의 매트릭스 조직을 운영하기도 한다. 이렇게 특정한 과제나 목표를 달성하기 위해 만드는 임시 조직을 태스크포스팀(task force team), 프로젝트팀(project team)이라고 한다.

④ 팀제 조직

팀조직은 기능별 조직이나 사업부제 조직과 같은 전통적인 조직에서 볼 수 있는 계층을 없애고 조직에서 최고경영자 계층과 직접적으로 연결되는 팀 계층만이 존재하는 조직 형태이다. 팀은 하나의 목표를 위해 조화롭게 통합된 노력 속에서 구성원들이 서로 결속된 보다 특별한 작업 집단으로서 팀원들의 업무는 서로 의존적인 상호 책임하에 이루어지는 특성이 있다. 이러한 팀의 이점들로는 첫째, 업무를 수행하는 당사자에게 업무수행을 위한 책임을 부여한다. 둘째, 더 많은 권한과 의사결정권을 부여함으로써 개별 팀원을 동기부여 시킨다. 셋째, 조직들이 개별 종업원들의 지식과 모티베이션을 활용하는 데 매우 유용하다. 넷째, 조직이 관료제를 지양하고 유연성과 반응도를 높이도록 만든다(임효창 외, 2014). 이러한 이점들을 살리기 위해서는 팀장의 역할을 강화하고 팀원 모두의 권한과 책임을 제대로 인식시켜야 한다. 팀제는 지식과 스킬, 능력이 조직 구성원들 사이에 전파되도록 하는 데 알맞으며 과업 완수를 위해서 통합된 노력을 필요로 한다. 최근 강조되는 팀 중심의 업무환경에서는 권력의존과 경쟁이 아니라 협력을 위한 임파워먼트를 중시한다. [그림 7-5]는

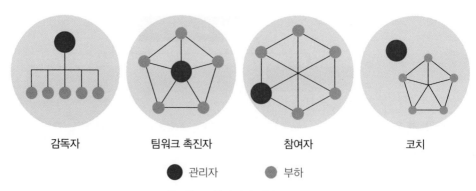

감독자   팀워크 촉진자   참여자   코치

● 관리자   ● 부하

[그림 7-5] 팀제와 팀장의 역할

출처: 장영광, 정기만(2021), p. 292.

팀제를 조직에 도입했을 때 팀장의 역할을 잘 설명해 주고 있다.

첫째, 감독자로서 공식적인 조직 단위의 수장 역할, 둘째, 팀워크 촉진자로서 특정 업무수행을 위한 팀의 중심으로 팀원과 동등한 자격으로서의 리더 역할, 셋째, 참여자로서 팀에 공헌을 하고 도움을 주는 팀원의 한 사람, 넷째, 코치로서 팀에 의해 일종의 자문역으로 팀의 문제해결을 외부에서 돕는 외부 지원자의 역할을 수행하게 된다.

팀제를 도입하는 이유는 조직을 구성하는 개개인의 단순한 합보다 더 큰 가치를 창출할 수 있는 시너지 효과 때문이다. 팀이 일반 개인에 비해 제공하는 효익으로는 첫째, 문제해결에 보다 많은 자원을 활용할 수 있다. 둘째, 창조성과 혁신성을 제고시켜 준다. 셋째, 의사결정의 질을 높여 준다. 넷째, 과업에 대한 참여도를 높인다. 다섯째, 집합적인 활동을 하기 때문에 동기부여가 잘된다. 여섯째, 각종 업무수단의

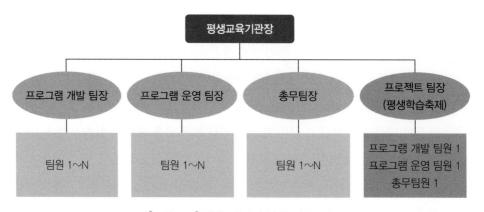

[그림 7-6] 평생교육기관 팀제 조직의 예

활용과 통제가 훨씬 더 용이하다. 일곱째, 개인의 만족도를 증가시킨다(장영광, 정기만, 2021).

평생교육기관들도 규모나 기관의 성격에 따라 차이가 있지만 팀제 조직으로 운영하는 사례들을 찾아볼 수 있다. 앞서 설명한 기능별 조직, 사업부제 조직과 같이 기본 조직의 틀은 유지하면서 특정한 과제나 목표를 달성하기 위해 만드는 임시 조직의 형태로 많이 활용되고 있다. [그림 7-6]에서 이것을 잘 보여 주고 있다.

⑤ 네트워크 조직

네트워크 조직은 컴퓨터, 정보통신 등 정보기술의 발달을 적용하면서 전통적인 의미의 조직의 경계와 구조가 허물어지면서 등장하게 된 개념이다. 조직의 핵심적인 부분만 자체 조직 내에 남겨두고 나머지는 모두 조직 외에 네트워크를 형성하여 외주, 곧 아웃소싱(outsourcing)한다(이광로 외, 2011). 예를 들면, 기업이 설계나 자재 구매, 마케팅 같은 기능만 남겨두고 제조와 판매 등의 일부 기능을 외부 조직에 맡기는 경우를 말한다. 즉, 네트워크 조직은 하나의 조직이 다른 조직과 계약을 맺고 자신의 사업기능 중 일부를 의존하는 조직 형태이다. 네트워크 조직에서는 주요 기업기능을 외부에 의존하므로 기능별 조직이나 사업부제 조직이 필요로 하는 것과 같은 추가 인력이나 비용을 절약할 수 있다. 가장 잘하는 일에 집중하는 대신 나머지 일은 다른 조직에게 맡길 수 있고, 외부 파트너 선정도 상황에 따라 그때그때 융통성 있게 할 수 있다. 그래서 조직 경영에 신축성과 효율성이 높다. 다만 조직 기능의 일부를 외부에 의존하는 만큼 전통적 조직에 비하면 경영자의 조직 내 통제력은 약하다(곽해선, 2007). 또한 외부의 다른 기업에 조직 활동의 일정 부분을 의존하기 때문에 거래관계가 복잡해질수록 전반적인 조정 및 통제가 어려워진다. 특히, 네트워크로 묶여 협력관계에 있는 기업 중 단 한 곳이라도 실수를 하게 되면 이는 회사 전체에 영향을 미치게 된다(이광로 외, 2011).

[그림 7-7]과 같이 평생교육기관도 경영의 핵심적인 부문이라 할 수 있는 기획 부문과 프로그램 개발, 경영지원 부문 등을 기관 내에 남겨 두고 그 외 프로그램 운영이나 홍보와 마케팅 등 일부 기능은 계약 혹은 제휴관계를 맺고 외부 조직에 맡겨 네트워크를 형성하여 운영할 수 있을 것이다. 이 경우 비용통제나 기관운영의 유연성 등 다양한 이점을 누릴 수 있을 것이다.

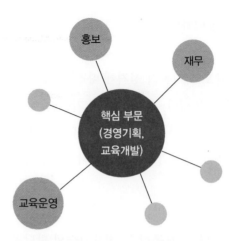

[그림 7-7] 평생교육기관 네트워크 조직의 예

2. 평생교육기관의 인적자원관리

1) 인적자원관리의 의의와 목적

(1) 인적자원관리의 의의

일반적인 의미에서 인사관리란 개인과 조직, 사회의 목표를 달성하기 위해서 인적 자원의 확보, 개발, 보상, 유지에 관해 계획, 조직, 지휘, 통제하는 활동이다. 이것은 인력의 채용에서부터 퇴직에 이르기까지 체계적으로 관리하자는 취지에서 등장한 개념이며, 좀 더 전문적으로 관리하는 담당 부서와 담당자를 배치하여 조직 구성원들을 관리하고자 하는 것이다. 최근에는 직원들을 기업의 인적 자원, 인적 자본, 즉 인적 자산으로 인식하며 인적 자원의 가치가 높아짐에 따라 기업가치도 상승하고 있음을 반영하여 인적자원관리(human resources management)라는 개념으로 보편화되었다.

즉, 조직에서 목표를 설정하는 것도 사람이며, 물적 자원을 조달 및 운용하는 것도 사람이며, 전략을 수립하고 정보를 관리하는 것도 사람이다. 사람이 인적자원관리의 주체이자 객체가 된다는 사실은 인적자원관리에 있어 인간의 존엄성과 자율성을 염두에 두어야 함을 일깨워 준다. 이러한 것은 인적자원관리의 주된 관심이 과업 중심에서 인간 중심으로 옮겨진 다음, 다시 두 가지를 동시에 추구하려는 시대적인 흐름과도 무관하지 않다(장영광, 정기만, 2021).

다시 말해 인적자원관리란 "조직이 추구하는 사업의 목적을 달성하기 위해 제한된 인적 자원을 효율적이고 효과적으로 활용하기 위한 제반 활동"이라고 할 수 있다. 제반 활동이란 인적 자원의 확보, 개발, 보상, 유지와 관련된 관리활동을 말한다(유규창, 박우성, 2022).

구체적으로 인적자원관리는 다음과 같은 체계로 분류해 볼 수 있다.

첫째, 확보관리-우수한 인재를 어떻게 확보할 것인가?

둘째, 개발관리-조직 구성원의 잠재적 능력을 어떻게 개발하고 그들의 능력을 최대한 발휘할 수 있도록 할 것인가?

셋째, 보상관리-종업원들이 창출한 가치에 대하여 금전적-비금전적인 보상을 어떻게 할 것인가?

넷째, 유지관리-어떻게 하면 종업원의 사기를 높이고, 개개인의 목표와 조직의 목표를 조화시켜 조직의 목표달성을 위해 자발적으로 최선을 다할 수 있도록 할 것인가? 노조와의 관계는 어떻게 유지할 것인가?

이러한 각각의 관리활동이 성공적으로 이루어지기 위해서는 먼저 조직에서 수행해야 하는 업무에는 무엇이 있는지 직무에 대한 분석과 이 직무에 관련하여 사람이 얼마나 필요하며 사람을 어떻게 대응시키고 평가해야 하는지 인간에 대한 분석이 선행되어야 하고, 인적자원관리 내 각 세부 활동은 직무와 인간을 최적으로 통합하여 조직 목표를 달성할 수 있도록 전개되어야 한다. 이러한 인적자원관리 활동의 흐

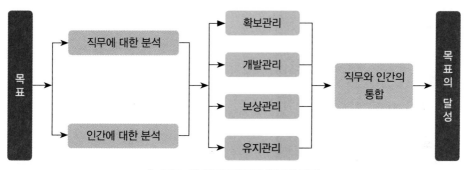

[그림 7-8] 인적자원관리 활동의 체계

출처: 이광로 외(2011), p. 291.

름과 체계는 [그림 7-8]에 나타나 있다.

평생교육기관도 사람들에 의해 움직이는 조직이기 때문에 평생교육기관 경영자의 주요 과제는 결국 이러한 사람들을 잘 지원하고 관리하는 것이다. 그동안 평생교육기관도 하나의 조직으로서 나름대로 인적자원관리 활동이 이루어져 왔다. 그런데 최근 평생교육기관의 규모의 확대와 점점 더 복잡해지는 기능에 따라 평생교육기관에서의 인적자원관리의 중요성이 더욱 커지고 있다(오혁진, 2021).

(2) 인적자원관리의 목적

인적자원관리의 궁극적인 목적은 외적으로는 조직의 성과 달성을 효과적이고 효율적으로 이끌어 가기 위해 필요한 인적 자원을 발굴하고 교육시켜 적정한 부서에 적시에 배치하는 것이며, 내적으로는 조직 구성원들이 조직에 보람과 만족을 느끼고, 구성원 상호 간의 유대감을 형성하면서 성장할 수 있도록 돕는 것이다(김동일, 2021).

좀 더 구체적으로는 다음의 네 가지 근본 목적들로 세분할 수 있다. 첫째는 조직의 경쟁력을 활성화하는 것이다. 경쟁우위란 경쟁자에 비해 우월한 시장 위치를 확보했을 때 조직이 차지하는 지위를 의미한다. 기업들은 인적 자원을 효과적으로 관리해 경쟁우위를 얻을 수도 있는데, 인적 자원의 관리는 모방이 쉽지 않기 때문에 이를 잘 실천하여 얻는 경쟁우위는 지속 가능성이 크다. 둘째로 생산성과 품질을 강화시키는 것이다. 연구들에 따르면 효과적인 인적자원관리와 생산성 간에는 강한 상관이 있으며, 주주들의 배당수익에 대해서도 인적자원관리제도의 효과가 광범위하다는 사실이 입증되었다. 예컨대, 전체 기업가치 중 약 15~30%는 인적자원관리제도의 결과로 인한 것이라고 드러났다. 셋째는 개인의 성장과 발전을 도모하기 위한 것이다. 이는 OJT(on-the-job-training), 커리어 개발, 멘토링 프로그램 등을 제공함으로써 얻어질 수 있다. 이 외에도 스트레스 관리, 건강 및 신체 단련, 재정계획 수립 같은 프로그램의 제공 등이 존재한다. 넷째는 법과 사회적 의무의 준수이다. 만약 이를 위반하게 되면 막대한 금전적 배상, 부정적인 평판에 대한 위험을 져야 하며 내부 기업문화의 손상도 예상된다. 일례로 차별금지법의 영향, 정부 개입의 영향, 사회적 의무의 영향 등이 있다(강대석, 2020).

오혁진(2021)은 평생교육기관 인적자원관리의 목적은 평생교육기관을 생산성 높은 학습공동체로 만드는 것으로 이를 위해 다음의 두 가지 가치가 동시에 추구되어야 한다고 하였다. 첫째는 합리성이다. 합리성이란 인적자원관리의 객관적 측면과 관련되는 가치로써 평생교육기관의 사명과 목적을 효과적이고 효율적으로 추구하는 것을 의미한다. 둘째는 인간 존중이다. 이것은 인적자원관리의 주관적 측면과 관련되는 가치로써 평생교육기관 구성원들 사이의 갈등을 극복하고 구성원들의 자기성장 및 자아실현을 추구하도록 돕는 것을 의미한다. 이 두가 가치가 조화롭게 구현될 때 평생교육기관은 교육적 사명의 실천뿐만 아니라 조직 구성원 간의 유대감 강화와 자기성장도 더욱 효과적으로 이룰 수 있으며 이것이 곧 평생교육기관 학습공동체의 구현을 의미한다고 하였다.

2) 인적자원관리의 기능

인적자원관리는 직무에 대한 이해로부터 시작된다. 인적자원관리의 세부적인 관리활동은 확보관리에서 출발하는데, 인적 자원을 확보하기 위해서는 먼저 기업 내에서 해야 할 일이 무엇이 있는지를 알아야 하기 때문이다. 조직을 만들 때에도 기능적 측면에서 먼저 직무를 파악하여 조직을 만들고 이어서 각각의 직위 및 업무에 사람을 배치시키는 것과 같은 이치이다.

직무분석(job analysis)이란 특정 직무의 내용과 특성, 즉 직무를 수행하는 데 필요한 지식과 능력, 책임, 숙련도 등과 같은 직무상의 모든 요건을 결정하는 과정을 말한다. 직무분석이 이루어지면 직무기술서와 직무명세서가 만들어지는데, 직무기술서(job description)는 직무분석의 결과에 근거해 직무수행과 관련된 과업과 직무행동을 일정한 양식에 기술한 문서를 말한다. 이러한 직무기술서에 포함되는 내용에는 직무의 명칭, 소속 등과 같은 직무 확인사항과 직무의 요건, 직무의 내용 등 직무 전반에 걸친 사항이 포함된다. 직무명세서(job specification)는 직무기술서의 내용 중 직무 요건만 분리하여 직무수행에 필요한 종업원의 지식, 능력, 행동 등을 기록한 문서를 말한다. 직무기술서의 초점이 업무 중심의 직무 요건이라면 직무명세서의 초점은 해당 직무를 수행하기 위해서는 어떠한 사람이 필요한지를 보여 주는 사람 중심의 인적 요건에 있다.

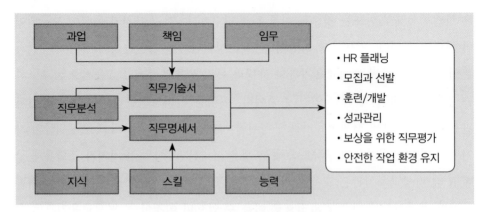

[그림 7-9] 직무분석: HRM을 위한 기본 도구

출처: 강대석(2020), p. 102.

[그림 7-9]에서 나타난 것처럼 직무분석의 결과는 인적 자원에 관한 세부 관리활동인 종업원의 모집과 선발, 교육훈련 및 개발, 성과관리, 보상, 유지 등의 근거 자료로 쓰인다. 뿐만 아니라 각 직무 하나하나의 권한과 책임의 범위를 명확히 함으로써 조직 합리화의 기초가 된다(이광로 외, 2011).

인적자원관리의 주된 관리활동은 확보관리, 개발관리, 보상관리, 유지관리로 이루어져 있다.

첫째, 확보관리란 인력계획을 세운 후 이에 근거하여 모집 및 선발, 배치 활동을 전개하는 것이다. 확보관리를 전개하기 위해서는 인적 자원에 대한 수요와 공급을 분석한다. 이때 수요가 공급보다 많으면 인력이 부족한 상황으로 인적 자원의 모집 및 선발, 배치의 수순을 밟게 되고 공급이 수요보다 많다면 기존 인원을 줄이는 방안을 강구해야 할 것이다. 따라서 수급을 일치시키는 것이 무엇보다 중요하다.

둘째, 개발관리는 확보한 인적 자원에 대해 개개인의 잠재능력뿐만 아니라 현재 맡은 직무를 원활히 수행하는 데 필요한 기능과 기술 수준을 높이기 위한 조직 차원의 지원활동을 말한다. 이러한 개발관리의 주된 활동으로는 이동 및 승진, 교육훈련, 경력관리 등이 있다.

셋째, 보상이란 인적 자원 제공자에게 자원의 이용에 따른 대가로 지불하는 경제적인 보상을 말한다. 보상은 크게 임금과 복리후생으로 나눌 수 있으며, 인적 자원 보상관리의 목표는 조직이 지급 가능한 보상의 범위 내에서 종업원의 만족을 극대화하는 데 있다. 보상은 종업원에게는 소득의 원천이지만, 기업의 입장에서는 비용이다. 이러한 입장 차이로 보상관리의 중요성이 증대되며, 따라서 보상은 개인과 기업의 경제적인 측면에서 파악될 수 있다. 또 보상은 개인의 노력뿐 아니라 잠재능력에 대한 대가이기 때문에 장기적으로 인적 자원에 대한 투자의 성격을 가지고 있다. 특히, 종업원의 욕구를 만족시키는 동기부여 요인으로 작용한다는 점에서 심리적인 측면을 가지고 있다.

넷째, 뛰어나고 우수한 인재를 확보하여 현재 조직에 큰 공헌을 하고 있다 하더라도 그 인재가 다른 조직으로 옮겨가 버리면 아무런 소용이 없다. 조직에 도움이 되는 인적 자원이 다른 곳으로 옮기지 않고 우리 조직에 남아 지속적으로 충성을 다할 수 있도록 관리하는 활동이 유지관리이다(장영광, 정기만, 2021).

3) 평생교육기관의 인적자원관리 실제

평생교육기관의 인적자원관리의 목적은 평생교육기관을 생산성 높은 학습공동체로 만드는 것이다. 즉, 외적으로는 평생교육기관으로서의 조직 목적을 효과적이고 효율적으로 달성할 수 있도록 인적 자원을 적절히 활용하는 것이며, 내적으로는 조직의 구성원들이 보람과 만족을 느끼고, 유대감을 형성하면서 성장하도록 돕는 것이다(서보준 외, 2018).

이런 맥락에서 볼 때 평생교육기관의 인적자원관리는 평생교육기관에서 필요로하는 인적 자원을 계획 · 확보 · 개발 · 활용하는 평생교육기관 경영의 중요한 요소라고 할 수 있다(오혁진, 2021).

(1) 평생교육기관 내부 인적 자원의 관리

평생교육기관의 내부 직원은 프로그램을 기획하고 운영하는 데 실질적인 책임을 지고 있는 실무자를 의미한다. 예를 들면, 프로그램 개발자, 프로그램 운영자, 내부 강사, 사무직원 및 기능직원 등이 이에 속한다. 평생교육법상에 나타난 평생교육사의 역할은 [그림 7-10]과 같다.

평생교육사의 역할은 평생교육 프로그램 기획과 관련된 프로그래머로서의 역할, 개발된 교육과정을 효율적으로 진행하는 운영자로서의 역할, 교육과정의 효과를 분석하고 평가하는 평가자로서의 역할, 학습자에게 학습정보를 제공하고 진로개발

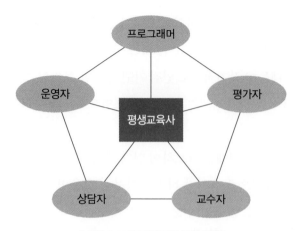

[그림 7-10] **평생교육사의 역할**

출처: 오혁진(2021), p. 206.

을 지원하는 상담자로서의 역할, 개발된 교육과정을 학습자에게 전달하고 강의하는 교수자로서의 역할을 한다(오혁진, 2021). 이러한 다양한 역할을 바탕으로 평생교육사의 구체적인 직무를 분석할 필요가 있다.

국가직무능력표준(NCS)에서는 평생교육운영 관련하여 〈표 7-1〉, 〈표 7-2〉와 같이 두 개의 직무로 구분하고 각각의 직무를 정의하며 해당 능력단위와 능력단위요소를 제시하고 있다. 이를 통해 평생교육사의 주요 책무와 그 과업들을 살펴볼 수 있다.

〈표 7-1〉 **국가직무능력표준(NCS) 평생교육 운영 관련 세분류 01.**

직무 명	평생교육프 로그램 기획 · 개발 · 평가		
직무정의	평생교육 프로그램 기획 · 개발 · 평가는 학습자, 기관, 지역사회의 성장과 발전을 위하여 교육 수요를 조사, 분석한 결과를 바탕으로 평생교육 프로그램을 설계하고, 그 운영 결과를 평가하는 일이다.		
해당 NCS 능력단위	능력단위 명	수준	능력단위 요소
	평생교육 상황분석	5	사전조사하기, 잠재적 학습자 분석하기, 상황분석 결과 보고하기
	평생교육 요구분석	5	요구조사 계획하기, 요구조사 실시하기, 요구조사 결과 보고하기
	평생교육 자원조사	5	인적 자원 조사하기, 물적 자원 조사하기, 정보자원 조사하기

평생교육 프로그램 설계	5	교육목표 설정하기, 교육내용 구성하기, 교수매체 선정하기
평생교육 교수–학습 자료 개발	6	교재 개발하기, 교수–학습지도안 작성하기, 교수–학습 보조 자료 제작하기
기관 프로그램 통합관리	6	프로그램군 분석하기, 프로그램 운영 모니터링하기, 프로그램 운영 현황 분석하기, 프로그램 개편 기획하기
평생교육 프로그램 평가	5	평가 계획 수립하기, 평가도구 개발하기, 평가 담당자 교육하기, 프로그램 운영과정 평가하기, 프로그램 운영 결과 평가하기, 평가 결과 분석하기, 평가 결과 피드백하기
평생학습 결과인정	5	학습계좌제 운영, 독학사 운영, 초중등학력인정, 선행학습인정

출처: 국가직무능력표준(NCS) 홈페이지(https://www.ncs.go.kr) NCS/학습모듈 검색
　04. 교육 · 자연 · 사회과학 〉 02. 평생교육 〉 02. 평생교육운영 〉 01. 평생교육 프로그램 기획 · 개발 · 평가

〈표 7-2〉 국가직무능력표준(NCS) 평생교육 운영 관련 세분류 02.

직무 명	평생교육 프로그램 운영 · 상담 · 교수		
직무 정의	평생교육 프로그램 운영 · 상담 · 교수는 프로그램의 목적 달성과 학습자들의 요구를 충족시키기 위해 프로그램을 운영하고, 적절한 지도와 조언 등 상담활동을 제공하며, 학습성취도 증진을 위한 교수 업무를 수행하는 일이다.		
	능력단위 명	**수준**	**능력단위 요소**
해당 NCS 능력단위	평생교육 프로그램 홍보	5	홍보 준비하기, 홍보 실행하기, 홍보 결과 분석하기
	프로그램 현장관리	3	평생교육 행사 운영 지원하기, 학습환경 관리하기, 학습자 안전관리하기
	평생교육 교수업무 실행	7	교수계획서 작성하기, 교육 자료 제작하기, 강의 실행하기, 학습성취도 평가하기
	평생학습 설계	5	학습이력 파악하기, 학습자 특성 파악하기, 학습경로 설계하기
	평생교육 인적자원관리	5	학습자 관리, 교 · 강사 관리, 자원봉사자 관리
	학습동아리 운영	5	학습동아리 조직하기, 학습동아리 지원하기, 학습동아리 컨설팅하기, 학습동아리 성과 확인하기

평생교육 조직 운영	6	조직 진단하기, 학습조직 운영하기, 구성원 역량개발하기
평생교육 네트워크 관리	5	네트워크 유형 파악하기, 네트워크 구축하기, 네트워크 운영하기, 네트워크 유지 · 관리하기
평생교육 현장 실습관리	5	실습생 선발하기, 실습 프로그램 개발하기, 실습 운영하기, 실습 결과 평가하기
평생교육 실무행정	3	문서 작성하기, 문서 관리하기, 회계 처리하기, 평생교육정보망 운영하기

출처: 국가직무능력표준(NCS) 홈페이지(https://www.ncs.go.kr) NCS/학습모듈 검색
04. 교육 · 자연 · 사회과학 〉 02. 평생교육 〉 02. 평생교육운영 〉 02. 평생교육 프로그램 운영 · 상담 · 교수

오혁진(2021)은 평생교육기관 일반 실무자에 대한 인적자원관리의 구체적인 방법은, 첫째, 필요한 적정 인원 파악, 둘째, 인력수급, 셋째, 내부 인적 자원의 개발, 넷째, 교직원 업무수행평가, 다섯째, 보상관리, 여섯째, 인사이동 등과 같은 요소를 포함한다고 하였다.

첫째, 적정 인원 파악은 기관 운영을 위해 각 부서별로 요청되는 인적 자원에 대한 수요를 예측하는 것을 의미한다. 장기 예측의 경우 평생교육기관의 거시적 환경 요인과 미시적 환경 요인을 모두 고려해야 하며, 단기 예측의 경우 당장 시행하려는 프로그램의 인원 계획과 예산의 뒷받침 등을 고려해야 한다.

둘째, 인력 수급은 각 부서별로 현재의 인력과 향후 필요한 인력 간의 차이를 해소하는 것을 의미한다. 평생교육기관에서 필요한 인력을 충원하는 방법에는 새로운 직원의 채용 이외에도 임시직 고용, 자원봉사자의 확보, 아웃소싱 등 여러 가지가 있을 수 있다. 이외에도 인적자원개발을 위한 교육훈련, 이직 방지 등도 넓은 의미에서 인력 확보 방법 중의 하나라고 볼 수 있다.

셋째, 인적자원개발은 기관 차원에서 지원하는 활동으로 직원 개개인의 잠재능력 개발과 동시에 현재의 직무를 보다 원활하게 수행할 수 있도록 하는 활동이다. 일반적으로 교육훈련은 조직 내 교육훈련 요구의 파악, 훈련계획의 수립, 학습도구의 제작, 훈련기법의 적용, 훈련 결과 평가, 교육훈련 효과의 지속 순으로 이루어진다.

넷째, 수행평가는 실무자가 얼마나 성공적으로 해당 직무를 수행하고 있는지를 판단하는 활동이다. 수행평가는 직원의 능력을 반영하여 인적 자원을 조직의 적재

적소에 배치하고, 부족한 능력을 개발하기 위한 자료를 수집하며, 능력에 따른 공정한 보상관리의 근거를 마련하는 데 그 목적이 있다.

다섯째, 보상관리란 직원이 기관에 공헌한 대가를 보상하는 체계에 대하여 기관과 직원 모두가 만족할 수 있도록 중재하고 조정하는 것을 의미한다. 일반적으로 보상은 기본급, 수당, 임금, 상여금, 복지후생 등의 요소로 이루어진다. 이러한 보상은 기관 입장에서는 비용으로 인식되어 부담이 될 수 있으나 직원에게는 소득이 되기 때문에 두 입장을 적절하게 조화시키기 위한 노력이 필요하다.

여섯째, 이직은 여러 요인으로 인해 직장을 떠나는 것을 의미하며 이직에는 사직, 해고, 퇴직, 파면 등이 포함된다. 이직관리는 인사 담당자가 이직 발생의 배경과 이유 등을 충분히 숙지하고, 그 분석 결과를 바탕으로 원만한 인력수급이 이루어질 수 있도록 조정하는 활동이다.

(2) 평생교육기관 외부 교수인력 인적 자원의 관리

교수인력 인적 자원은 평생교육기관에서 교육을 담당하는 교수나 외래강사를 의미한다. 교수인력은 평생교육 프로그램의 개발에서부터 교수과정을 설계하고 다양한 교수법을 활용하여 수업을 진행하는 역할을 한다. 평생교육기관에 따라서 전임교수를 두는 경우도 있지만 대부분이 외래교수에 의존하고 있다. 전임교수를 두는 경우에도 계약제로 운영하며 한시적으로 활용하는 경우가 많다(김용현 외, 2018).

① 교수인력의 인적 자원 확보

평생교육기관에서 교수인력을 확보할 때는 필요한 교수인력의 수요를 파악하여 채용계획을 수립하고 모집 공고를 낸 후 서류전형, 면접, 공개강의와 같은 공식적인 선발과정을 거쳐서 확보하게 된다.

교수인력이 갖추어야 할 요건을 오혁진(2021)은 지식적인 면과 태도적인 면으로 나누어 다음과 같이 제시하였다. 지식적인 면은, 첫째, 교과에 대한 지식, 둘째, 학습자에 대한 지식, 셋째, 교수–학습과정에 대한 지식, 태도적인 면은, 첫째, 사명감, 둘째 신뢰성, 셋째, 학습자 존중, 넷째, 긴밀성 등을 들고 있다. 이러한 교수인력을 확보하기 위해서는 기관이 보유하고 있는 교수인력 풀을 활용하여 교육 프로그램에 적합한 교수인력 후보자를 선정하고 적임자를 선정하기 위한 내부 회의를 통해 가장 적합한 교수인력을 선정하여 수업을 의뢰한다.

② 교수인력의 인적자원개발

평생교육기관의 규모가 커지면서 교수인력 개발을 위한 별도의 프로그램도 필요하게 되었다. 그러나 대부분의 평생교육기관은 교수인력이 많지 않아 별도의 교수개발 프로그램이 없는 것이 일반적이다. 교수인력 개발이 필요한 경우 대체로 기관 내 프로그램으로 워크숍이나 세미나 형태로 진행되는 것이 일반적이며, 기관 외 프로그램으로 교수자들이 자율적으로 선택하여 참여할 수 있는 프로그램들이 있다. 가장 일반적인 것이 학회나 각종 세미나 등의 학술행사 등에 참여하는 것이다.

외래교수 개발의 경우는 일반적으로 오리엔테이션이나 연수 형태로 이루어지고 있다. 신규 교수자를 위한 교육은 주로 오리엔테이션이란 이름으로 이루어지고, 기존의 연속성을 가지고 수업을 담당하고 있는 교수자의 경우는 연수 형태로 교육이 이루어지고 있다(김용현 외, 2018; 오혁진, 2021).

③ 교수인력의 평가와 결과 활용

평생교육기관에서의 교수인력 평가는 학습자들에 의한 수업평가와 기관에 의한 교수자의 평가로 이루어진다. 수업평가는 교수자가 작성한 수업계획서의 충실성에서부터 수업 내용에 대한 지식 정도, 교수법, 수업 자료와 매체 활용 등에 대해 학습자들이 직접 평가하는 것으로 주로 수업의 질 개선이나 교수자의 자기 계발을 위해 활용할 수 있도록 교수자에게 피드백한다. 또한 교수자 재임용에 활용하기도 한다. 기관평가는 기관경영자나 중간관리자 또는 행정실무자들이 교수자의 자질이나 태도 및 품성 등에 대해 평가하는 것으로 주로 교수자 재임용평가에 활용하는 것이 일반적이다. 수업평가나 기관평가 결과 모두 향후 교수인력 오리엔테이션이나 연수 프로그램 등에 반영하게 된다(김용현 외, 2018).

④ 교수인력 인적 자원 유지관리

평생교육기관의 규모가 커지고 기능이 복잡해져 가고 있지만 여전히 교수인력을 확보하여 활용하는 경우는 많지 않은 실정이다. 대부분의 기관에서 계약제 형태로 교수인력을 활용하거나 다양한 기관 및 학교 등에서 전문적으로 강의를 하는 교수자들을 섭외하여 프로그램 운영에 투입하고 있는 경우가 많아 교수인력의 효율적인 유지관리를 위해서는 평생교육기관들이 교수인력 인적 자원 풀을 구축하여 활용할 필요가 있다.

참고문헌

강대석(2020). 인적자원관리. 경기: 정독.

강혜정, 이승주, 정진구, 차혜경, 한영수(2021). **평생교육경영론**. 서울: 동문사.

곽해선(2007). **경영기사 궁금증 300문 300답**. 서울: 동아일보사.

김동일(2021). **평생교육경영론**. 서울: 동문사.

김용현, 성낙돈, 윤여각, 이상오, 정기수(2018). **평생교육경영론**. 경기: 양서원.

서보준, 서명환, 김우호, 이진열, 박희숙(2018). **평생교육경영론**. 경기: 공동체.

신다은(2018). 평생교육조직의 지적자본과 지식경영, 조직성과의 구조관계분석. 동의대학교 대학원 석사학위논문.

오혁진(2021). **평생교육경영론**. 서울: 학지사.

유규창, 박우성(2022). **인적자원관리**. 서울: 창민사.

이광로, 장병집, 정기만(2011). **경영학의 이해**. 서울: 신영사.

이향란(2020). **평생교육경영론**. 서울: 공동체.

임효창, 김정식, 강대석(2014). **조직행동**. 서울: 북넷.

장영광, 정기만(2021). **생활 속의 경영학**. 서울: 신영사.

최은수(2017). **평생교육경영론**. 경기: 양서원.

국가직무능력표준(NCS) 홈페이지(https://www.ncs.go.kr) NCS/학습모듈 검색
  04. 교육 · 자연 · 사회과학 〉 02. 평생교육 〉 02. 평생교육운영 〉 01. 평생교육 프로그램 기획 · 개발 · 평가

제 **8** 장

평생교육기관의 프로그램 개발과 운영

인간은 교육을 통하지 않고서는 인간이 될 수 없는 유일한 존재이다.
―겔렌―

....

1. 평생교육 프로그램의 개념, 분류에 대해 이해할 수 있다.
2. 평생교육 프로그램 기획의 개념과 특성에 대해 이해할 수 있다.
3. 프로그램 설계, 마케팅, 실행과 운영에 대해 이해할 수 있다.

....

평생교육 프로그램은 평생교육의 이념과, 평생교육기관의 사회적 책임을 실현하는 역할을 한다. 평생교육을 전공하는 학생들은 평생교육 프로그램 개발에 관련된 개념과 이론, 개발과정에 관한 것을 기본적으로 인식하는 것이 중요하다. 또한 프로그램 개발을 통해 학습자의 요구를 효과적으로 충족하기 위한 다양한 방안이 강구되어야 한다. 이 장은 전공자들이 평생교육 프로그램 개발에 관한 기본적인 토대를 구축할 수 있도록 프로그램 개발의 기초가 되는 프로그램의 개념, 기획, 설계, 마케팅, 실행과 운영 등으로 구성되었다.

1. 평생교육 프로그램 개발의 기초

최근 급속한 사회 변화로 인해 평생교육에 대한 수요가 급증하고 있는데, 현대인들은 개인의 자기 향상, 직업적 역량개발, 생활 문화 향유를 목적으로 평생교육 프로그램에 관심을 보이고 있다(국가평생교육진흥원, 2021).

1) 프로그램의 개념

프로그램이란 너무나 일상적인 용어이면서도 매우 광범위하게 사용되는 용어로 프로그램은 사람들의 삶 어디에나 존재한다(김상곤 외, 2012). 프로그램이 다양한 곳에 존재하는 것처럼 그 의미 또한 상이해서 공통점을 발견하기 어렵지만, 한 가지 분명한 것은 프로그램이란 특정한 목적을 이루기 위해 어떤 '행위'나 '요소'들을 결합시켜 놓은 것이라는 것이다(김상곤 외, 2012).

교육 프로그램은 계획적이고 과학적인 방법으로 학습자에게 의미 있는 변화를 일으키도록 하는 중요한 교육적 실체라 할 수 있다(김진화, 2011). 평생교육 프로그

〈표 8-1〉 프로그램의 개념

구분	내용
일상적 의미: 팸플릿	앞으로 진행될 절차, 사건, 순서, 활동만을 강조하는 의미로, 일상적으로 방송 프로그램, 행사 프로그램, 컴퓨터 프로그램 등이다. 단순히 어떤 활동이나 행사의 진행과정을 시간 순서에 따라 구체적으로 나열한 진행표나 사전 계획표를 지칭한다.
교육적 의미: 커리큘럼	학습자가 반드시 익혀야 할 것을 외부에서 교수자와 전문가가 사전에 계획하여 마련한 체계화된 교육내용(지식, 정보, 기술, 교과)을 강조하는 경향이 지배적이다. 일정한 목표를 향해 학습자의 행동이 변화하도록 사전에 체계화시켜 놓은 교육내용을 의미한다.
평생교육적 의미: 프로그램	일정한 목표를 가지고 있는 학습내용(지식, 정보, 대상, 원리)을 포함하는 것은 물론이고, 학습목적과 목표, 대상, 활동 및 학습과정, 활동 및 학습방법, 장소, 시기, 학습자 조직, 매체 등의 모든 요소들이 유기적인 네트워크를 형성하고 있는 하나의 시스템으로 간주된다.

출처: 김진화(2011), pp. 62-64 재구성.

램의 개념을 일상적 · 교육적 · 평생교육적 의미로 나누어서 살펴보면 〈표 8-1〉과
같다.

프로그램의 정의 속에 내포된 특징들을 정리하면 다음과 같다(김상곤 외, 2012).

- 희망하는 성과, 진술된 목적과 목표를 가지고 있다.
- 프로그램을 실행하기 전에 고안되고 설계된다.
- 목표를 달성하기 위한 조직적인 활동이다.
- 평생교육기관 조직의 사명을 실현하는 수단이 된다.

2) 프로그램 개발의 영역

프로그램 개발은 한 개인의 노력보다는 평생교육기관을 기본 단위로 하여 이루
어지는 집단적 활동으로 평생교육을 분류하는 것은 매우 다양하며 학자나 지역 및
나라에 따라 그 분류기준이 다르다. 이 책에서는 김진화(2011)가 제시한 분류기준
을 중심으로 살펴보면 〈표 8-2〉와 같다.

〈표 8-2〉 **평생교육 프로그램의 분류**

분류	내용
문해교육 및 기초교육	문해(literacy)는 모든 교육의 출발이자 인간생활의 가장 기초적 의사소통의 기본으로 문화의 향유와 사회적 · 직업적 적응을 위해 요구되는 기초 능력이다.
대학평생교육	대학평생교육원은 대학 부설기관 형태로 운영되고 있다. 최근 평생교육이 강조되면서 학점은행제 등 새로운 교육 시스템이 도입됨으로써 대학평생교육이 급속이 확산되고 있다. 대학의 개방 및 확장 교육 프로그램을 일반 시민들에게 제공하면서 그 필요성이 증대되고 있다.
여성평생교육	여성평생교육기관에서의 프로그램 개발은 여성들을 위한 보상교육 및 계속교육적 차원에서 한국여성개발원 및 여성복지회관 등을 중심으로 상당한 노력들이 시도되고 있다.
농촌사회교육/ 농촌지도사업	최근 들어 농업인들이 의식 및 기술 수준이 높아지고, 농산물과 농업환경이 다양화되어 농업인들이 가지고 있는 문제를 해결해 줄 수 있는 애로기술교육이 강조되면서 프로그램 개발의 필요성이 크게 증대되고 있다.

직업기술교육	직업기술교육 분야에서 프로그램 개발은 미래 사회가 고도로 전문화되고 직업기술이 급격히 변화되는 추세에서 앞으로 각 전문 영역과 분야에서 재교육의 필요성이 강조되면서 그 필요성이 크게 증대될 것이 예상된다.
공무원 교육	공무원교육원의 교육 프로그램 개발은 그 과정이 행정 및 관리체제적 성격이 강하며, 새로운 교육 프로그램을 개발하기 위해 여타 기관에서 어떻게 교육 프로그램을 개발하고 있는가에 관심을 기울이고 있다.
환경교육	환경교육은 학교보다는 일상생활 속에서 이루어지는 사회교육인만큼 일반 시민들이 쉽게 환경과 관련된 교육 프로그램을 접할 수 있도록 체계적인 프로그램 개발이 점차 필요할 것으로 예상된다.
문화교육/박물관교육	21세기는 문화시대라 한다. 국민의 문화적 감성과 역량은 매우 중요한 국가적 자산이다. 문화학교의 주요 프로그램은 문화재문화학교, 박물관문화학교, 도서관문화학교, 국립극장문화학교, 독립기념관문화학교 등이 대표적이라 할 수 있다.
산업교육	산업교육 현장에서 프로그램 개발은 과거 ISD(Instructional System Development) 중심으로 추진되었던 프로그램 개발 체제에서 최근에는 e-Learning 체제를 위한 콘텐츠 개발과 교육내용의 웹 자료화에 초점이 맞추어진다.
청소년지도	현대적 의미의 청소년지도는 「청소년 기본법」(1991)에 의해 본격적으로 추진되었다. 최근에는 청소년개발원이 중심되어 청소년수련거리 공모전 등을 실시하는 한편 청소년지도사들이 독자적으로 청소년 활동 프로그램을 체계적으로 개발하려는 많은 노력들을 시도하고 있다.
사이버 평생교육	사이버 평생교육에서 프로그램 개발은 인터넷상에서 학습자와 교수자가 상호작용할 수 있는 시스템을 구축하고 교육내용을 인터넷 콘텐츠로 재구성하고 웹 자료화시키는 데 초점이 맞추어진다.
지역평생교육	지역평생교육에서 프로그램 개발은 지역 교육청과 구민회관, 체육·수련·문화·복지·여성·노인시설 등에서 주민들에게 다양한 평생학습 프로그램을 제공하고 이를 정보통신망 등으로 연계해 언제 어디서나 학습할 수 있는 여건을 갖추어 나가는 차원에서 강조된다.

출처: 김진화(2011), pp. 47-57 재구성.

3) 한국 평생교육 프로그램 6진 분류표에 의한 프로그램

우리나라 평생교육 프로그램 분류는 평생교육진흥원과 김진화 교수 연구팀
(2009)이 공동으로 개발한 것을 중심으로 살펴보면 〈표 8-3〉과 같다.

〈표 8-3〉 **한국 평생교육 프로그램 6진 분류표에 의한 프로그램**

분류표		프로그램
기초문해교육	문자해독 프로그램	한글교실 초급, 한글교실 중급, 미인정 한글강좌
	기초생활기술 프로그램	다문화교육, 가족문해교실, 한글교실(고급), 한글응용교육, 생활한자
	문해학습계좌 프로그램	초등학력 인정과정, 학습계좌신청 문해강좌, 귀화인 한국어교육
학력보완교육	초등학력 보완 프로그램	중입검정고시강좌, 초등학력인증강좌, 초등교과연계강좌, 과학교실
	중등학력 보완 프로그램	고입검정고시강좌, 대입검정고시강좌, 중고생교과연계강좌, 과학교실
	고등학력 보완 프로그램	독학사강좌, 학점은행제강좌, 시간등록강좌, 대학비학점강좌
직업능력교육	직업 준비 프로그램	인력양성과정, 창업관련과정, 취업준비과정, 재취업정보교육
	자격인증 프로그램	외국어자격인정, 지도사양성과정, 자격증취득과정, 자격인증과정, 토익·토플강좌
	현직직무역량 프로그램	공통직무연수, 전문직무연수, 경력개발과정
문화예술교육	레저생활스포츠 프로그램	레저활동강좌, 생활스포츠강좌, 스포츠예술활동, 수영·골프강좌, 밸리댄스교실, 활쏘기
	생활문화예술 프로그램	풍선아트강좌, 사진예술강좌, 천연염색강좌, 생활공예강좌, 노래교실, 문화예술관람
	문화예술 향상 프로그램	음악지도, 미술·서예지도, 무용지도, 도자기·공예, 연극·영화
인문교양교육	건강심성 프로그램	상담치료, 종교교육, 식생활교육, 생활의료교육, 보건교육
	생활소양 프로그램	역할수행, 예절교육, 정보인터넷활동, 생활 외국어·한자, 가정생활
	인문적 교양 프로그램	일반문학강좌, 과학일반강좌, 역사·전통강좌, 철학·행복강좌, 독서강좌

시민참여교육	시민책무성 프로그램	인권교육, 양성평등교육, 다문화이해, 환경생태체험강좌, 주민자치교육
	시민리더역량 프로그램	지역리더 양성, 평생학습리더 양성, NPO 지도자과정, 지역문화해설사 과정
	시민참여활동 프로그램	학습동아리교육, 평생교육자원봉사, 환경실천교육, 평생학습네트워크

출처: 최은수 외(2016), p. 41.

2. 평생교육 프로그램 기획

1) 기획의 개념과 필요성

평생교육 프로그램에서 기획의 필요성은 다음과 같다(York, 1982; 표갑수 외, 2013 재인용).

- 불확실성 감소: 프로그램 기획과정을 통해 추상성을 구체화함으로써 진행되지 않은 사건에 대한 청사진 역할을 통해 앞으로의 불확실성을 감소시키게 된다.
- 합리성 증진: 기획의 과정은 문제분석이나 욕구조사 과정을 거치면서 교육 문제 해결을 위해 경험적으로 증명되어 보다 타당하게 적용될 수 있는 수단을 제공한다.
- 효율성 증진: 기획은 설정된 목표를 가장 효율적으로 달성할 수 있는 대안을 선택하고 실행함으로써 효율성을 증진시킨다.
- 효과성 증진: 평생교육 현장의 프로그램은 학습자의 문제와 욕구를 해결하는 데 효과를 얻기 위해 노력해야 한다.
- 책임성 증진: 책임성이란 조직이나 프로그램의 정당성을 제시할 수 있는 능력을 말하는 것으로, 이러한 책임성을 증명하기 위해 프로그램의 기획과정이 필요하다.
- 프로그램 관련자들의 이해와 욕구 충족: 프로그램이 의도하는 바가 무엇인지에 대한 구체적인 청사진을 가지고 이해당사자들의 이해와 관심을 가질 수 있도록 프로그램을 기획하는 것이 필요하다.

- 동기부여와 사기진작: 기획은 학습자의 동기부여와 조직구성원의 사기진작을 위해서 필요하다.

2) 평생교육 프로그램 요구조사와 분석

(1) 평생교육 프로그램 요구조사

평생교육 기관에서 요구조사를 하는 것은 기관의 필요와 학습자의 요구에 적합한 교육 프로그램 개발을 위한 정보를 확보하기 위해서이다. 또한 제공되고 있는 프로그램에 학습자들이 참여할 때 어렵게 만드는 장애 요인 등을 파악하기 위해서이다.

평생교육 프로그램 요구조사에 필요한 방법들을 살펴보면 〈표 8-4〉와 같다.

〈표 8-4〉 요구조사 방법

요구조사 방법	내용
기존 통계 및 연구 자료의 활용	요구조사는 기존의 통계, 연구 자료를 찾아서 활용하는 것만으로도 큰 성과를 얻을 수 있다. 통계청, 각 정부 부처, 정부 및 대학 산하 연구소, 학문 논문과 학회지 등이다.
직접설문조사	학습자 대상의 설문조사는 인지적 요구를 파악하기 위한 방법으로, 학습자의 요구를 가장 잘 파악할 수 있지만, 시간과 노력, 비용이 많이 든다.
개별, 집단 면담	면담은 양적 조사에서 파악하기 어려운 학습자의 생생할 실태를 파악할 수 있기 때문에 매우 유용하다. 면담자는 면접 기술 등을 활용할 수 있는 능력을 갖추어야 한다.

출처: 김상곤 외(2012), pp. 89-90 재구성.

김영숙 등(2002)은 욕구사정의 방법을 직접관찰법, 사례조사법, 간접 자료 조사법을 다음과 같이 제시하였다.

〈표 8-5〉 욕구사정의 방법

요구조사 방법	내용
직접관찰법	• 이 방법은 주로 대상자의 '인지된 욕구'를 밝히는 것으로, 그들의 욕구를 직접 조사하거나 검증하는 방법이다. • 일반인구 조사방법과 표적인구 조사방법, 관찰법, 델파이(Delphi), 대화와 집단토의, 체크리스트 등이 있다.

사례조사법	• 이 방법은 주로 대상자의 '표현된 욕구'를 밝히는 것으로, 대상 집단을 직접 상대하거나 관계를 맺고 있는 제3자들을 접촉하여 그들의 욕구를 조사하는 방법 • 프로그램 운영자, 주요 정보제공자, 직무분석, 결정적 사건 분석 방법 등이 있다.
간접 자료 조사법	• 이 방법은 주로 대상자의 '규범적 욕구'를 밝히는 것으로, 기존의 기록이나 지표 또는 자료를 활용하는 방법으로, 사회지표 분석 방법, 행정 자료 조사, 개인별 조사 방법 등이 포함된다.

출처: 김영숙 외(2002), p. 116 재구성.

(2) 평생교육 프로그램 요구조사 결과의 분석

요구분석의 성공 여부는 요구조사의 결과들을 어떻게 통합하여 문제를 확인하고, 원인을 분석하며, 해결방안을 도출하는지에 달려 있다고 할 수 있는데, 이렇게 자료를 통합하여 최종적인 결론을 도출하는 단계가 바로 결과 분석 단계이다. 요구분석 전체 과정을 통해서 얻어낸 결과는 크게 질적 결과와 양적 결과로 나누어 볼 수 있는데, 질적 결과는 일반적으로 면담이나 관찰을 통해 얻게 되고, 양적 결과는 설문조사를 통해 얻게 된다(최정임, 2002).

(3) 우선순위 설정과 의사결정

① 우선순위 설정

평생교육기관에서 교육 프로그램 개발자가 무엇을 우선순위에 둘 것인지에 대한 우선순위 설정은 중요한 관건이다. 우선순위 설정은 평생교육기관이 가지고 있는 시간, 예산, 역량 등 여러 가지 자원을 고려하여 다양한 아이디어와 요구 가운데 가장 먼저 우선적으로 개발해야 할 것에 대해 의사결정의 원리를 적용하여 순차적으로 결정해 나가는 것이다(김진화, 2011).

우선순위 결정은 프로그램 개발과정에서 조직의 한정된 자원과 여건을 고려하여 가장 절실하고 가치 있는 요소를 선정하는 과정이다(김영숙 외, 2002).

② 의사결정의 원리

평생교육경영은 의사결정의 연속이다. 오늘날의 평생교육기관의 경영환경은 복잡하기 때문에 문제들을 몇 사람의 생각으로 다 해결할 수 없는 경우가 많다. 그렇기 때문에 보다 과학적으로 의사결정을 할 수 있는 통계학, 정보과학 등을 활용한다(백기복, 2020). 의사결정이란 프로그램 개발과 관련된 미래의 다양한 행동 대안 중에서 최선의 대안을 선택하고 결정하는 행위로, 여기에는 정형적 의사결정, 비정형적 의사결정, 개인과 집단적 의사결정, 사적 의사결정과 조직적 의사결정, 전략적 의사결정과 전술적 의사결정이 있다(김창걸, 1994; 김진화, 2011 재인용).

(4) 프로그램 목적과 목표 설정

교육 프로그램 개발자는 학습자에 대한 요구조사를 통해 학습자들의 다양한 요구들을 확인하게 되고, 이들의 요구를 충족시키기 위해서 프로그램의 목적과 목표를 설정해야 한다. 목적과 목표에 대한 개념을 서로 혼용해서 사용하는 경우가 많으나 목적과 목표 개념을 구분하여 규정할 필요가 있다.

① 목적과 목표의 개념

목적(goal)은 포괄적이고 추상적이며, 장기적인 방향으로 목표보다 먼저 설정된다. 이에 반해 목표(objective)는 미시적, 부분적, 구체적, 단기적인 방향을 가진다.

프로그램 목표는 특정한 시점에 평생교육기관이 개발한 프로그램이 추구하는 교육적 결과라고 할 수 있는데, 프로그램 목표에는 바라는 결과가 명시되어 있으며, 대개 직접 측정 및 관찰이 가능하고, 결과를 얻기까지의 시간 및 평가기준이 명시된다(신용주, 2017).

인간의 행동은 일정한 목적을 갖고 가치를 추구한다(김진화, 2011). 특히, 교육활동은 사전에 체계적이고 빈틈없는 준비과정을 통해 이루어지기 때문에 더욱 그러하다.

평생교육기관은 기관은 각각 독특한 교육이념이 있고, 이러한 이념을 실현하기 위한 교육목적을 가지고 있으며, 기관에서 실행되는 프로그램은 의도하는 목적이 명확하게 제시되어 있다(김진화, 2011). 즉, 프로그램 개발은 평생교육기관의 교육이념과 교육목적을 바탕으로 하여 프로그램을 개발하는 목표 지향적인 활동이다. 평생교육 프로그램은 이러한 목적과 목표의 성취를 위하여 계획적, 조직적인 활동을 한다.

② 목적과 목표의 기능

프로그램의 목적과 목표의 개념에 대해 살펴보았다. 이를 바탕으로 이러한 목적과 목표가 어떠한 기능을 하는지에 대해 김영숙 등(2002)이 제시한 것을 중심으로 살펴보면 다음과 같다.

ⓐ 목적과 목표는 그 성취를 위해서 계획되어야 할 프로그램의 내용의 선정과 조직을 명확하게 시사하는 기능을 한다.

ⓑ 목적과 목표는 프로그램의 실행방법을 규정해 주는 기능을 한다.

ⓒ 목적과 목표는 프로그램의 대상자인 학습자의 활동을 촉진하고 활성화시키는 기능을 한다.

ⓓ 목적과 목표는 프로그램의 평가 방향, 내용, 결과 해석의 기준을 결정하는 기능을 한다.

③ 프로그램 목표의 예시

프로그램의 목표는 일정한 시기에 조직의 평생교육 프로그램이 지향하는 교육적 결과로, 평생교육 프로그램의 목표는 학습자들의 어떤 활동을 개발할 것인가에 초점을 두고 있다고 볼 수 있다(김종구, 2007). 평생교육 프로그램 목표에 대한 예시는 다음과 같다.

도서관 프로그램의 목표

도서관 프로그램의 기본적인 목표는 도서관이나 평생교육기관의 자료와 관련되는 것으로 이는 자료 그 자체가 아니라 자료 이용을 촉진하는 데 있다고 할 수 있다. 이러한 목표에 대하여 제시하고 있는 내용을 종합적으로 살펴보면 다음과 같다.

첫째, 지역 주민을 정보문화 공간으로 유인하여 도서관과 교육관의 이용을 증진시키는 데 있다.

둘째, 교육 프로그램에 필요한 자료와 지역 주민이 요구하는 양질의 다양한 도서 및 비도서 자료를 광범위하게 확충하여 열람 제공에 기여한다.

셋째, 평생교육 프로그램을 운영함으로써 지역 주민의 삶의 질 향상과 학습을 통한 자기 능력 계발을 위한 기회를 제공하는 데 있다.

넷째, 평생교육관이나 공공도서관이 지역 주민의 평생교육장으로서 지역 주민에게 다양한 형태의 자료를 활용한 학습공간을 제공한다.

다섯째, 고령화 사회 지역사회 주민들이 요구하는 지식 습득의 보고로서 자리매김하는 계기를
   마련함은 물론 지역 주민들을 자극하는 동기를 부여한다.

여섯째, 지역 주민 상호 간 자연스러운 만남의 기회를 통해 폭넓은 인간관계를 제공해 주는 유익
   하고 친숙한 기관으로서 역할을 기대해 본다.

이러한 평생교육 프로그램의 일반적인 목표에 비추어 공공도서관과 평생교육관에서는 성인과
청소년을 위한 수요자 중심의 평생교육 프로그램 목표를 설정해야 하며, 이용자들에게 정보문화
공간인 교육의 요람으로 거듭 태어나는 계기 마련은 물론 다양한 종류의 교육 프로그램에 참여
하게 함으로써 그들의 지적 성장과 더불어 풍요로운 삶의 질을 향상하도록 해야 한다.

출처: 김종구(2007), p. 35.

3. 평생교육 프로그램 설계

1) 프로그램 설계의 이해

프로그램 설계는 평생교육기관에서 근무하는 평생교육사 등 행정가에게 중요한
임무 중 하나는 프로그램 설계(program design)이다. 프로그램 설계는 프로그램 기
획 단계에서 학습자의 요구와 필요를 기초로 프로그램에 반영할 교육내용을 선정
하고 조직화하는 과정으로, 즉 선정된 교육내용을 계열성, 계속성, 통합성, 난이도,
복잡성, 현실성, 계절성 등에 의해 조직하고 구성하는 것을 말한다(김진화, 2011).

프로그램 설계는 특정 교육목적을 달성하기 위해 다양한 수행자들(player)에게
요구되는 최소한의 행동양식들을 규정하는 문서이다(정무성, 정진모, 2001). 프로그
램 설계서는 평생교육기관의 프로그램 개발자가 관심을 두고 있는 학습자의 행동
변화를 위한 계획, 장기간의 내용 설명서이다(이화정, 양병찬, 변종임, 2014).

프로그램 설계는 프로그램 대상자인 학습자의 특성 분석, 프로그램 내용 선정, 프
로그램 내용 조직, 프로그램 내용과 교수방법의 통합, 프로그램의 문서화, 프로그램
의 매체화 등으로 구성된다. 이를 구체적으로 살펴보면 〈표 8-5〉와 같다.

〈표 8-5〉 **프로그램 설계 내용**

구분	내용
학습자의 특성 분석	프로그램 편성에서 중요한 것은 학습의 대상자를 명확히 하고, 그들의 특성을 분석하는 일이 필요하다.
프로그램 내용 선정	프로그램에서 학습목표가 설정되면, 그 목표를 실현가기 위해서 내용을 선정한다. 학습내용은 목표를 구체화해야 하며, 종류와 분량은 대상자인 학습자들의 경험과 지식을 고려하여 정도에 알맞게 선택되어야 한다.
프로그램 내용 조직	학습내용의 조직도 교육목적과 목표에 따라 달라진다. 또한 학습 프로그램의 내용을 조직하기 위해 계열(sequence)에 해당하는 구성 순위도 결정하게 된다. 연속성, 발전성, 탄력성이 존중되어야 한다.
프로그램 내용과 교수방법의 통합	교육목표를 성취할 수 있도록 도와줄 수업 형태나 방법을 결정하는 단계로, 이는 프로그램의 목표, 학습자들의 상황, 외적 요인들을 고려하여 결정된다.
프로그램의 문서화	문서화의 주요 내용은 매회 전개되는 학습활동의 명칭인 '학습과제명의 결정', 학습의 시기, 기간, 시간, 진행방법인 '학습형태의 결정', 프로그램을 전개하는 데 필요한 '인적 자원의 활용', '사업명의 결정' 등으로, 문서는 정확하고 논리적, 일관성 있게 작성되어야 한다.
프로그램의 매체화	결정된 프로그램을 어떠한 방법으로 학습자들에게 효과적으로 전달할 수 있을 것인지에 대한 매체화가 요구된다.

출처: 정무성, 정진모(2001), p. 46; 이화정, 양병찬, 변종임(2014), pp. 40-44 재구성.

2) 프로그램 설계의 기본 원리

프로그램 설계는 프로그램 개발과정에 있어 하나의 산출물(product)인 동시에 방법(method)이다(정무성, 정진모, 2001). 산출물로서의 평생교육 프로그램 설계는 학습자들에게 도움이 되면서 동시에 기관, 전문가, 일반인, 지역사회 등 다양한 평생교육 관련 대상의 지지를 얻기 위해 논리적이고, 일관성 있게 작성되어야 한다. 방법으로서의 프로그램 설계는 진행상의 중요한 결정을 내리는 데 필수적인 기준과 같다. 실제로 평생교육 프로그램 설계 과정은 내·외부의 영향을 받는데, 내부적으로는 직원을 결집시키고, 외부적으로는 평생교육기관에 대한 외부 영향력의 작용을 집합시키기 위한 하나의 메커니즘이 될 수 있다.

프로그램 설계는 다음과 같은 기본 원리에 의해 바탕으로 하는 것이 효과적이다(김진화, 2011).

첫째, 프로그램 설계는 학습자의 학습활동을 촉진시키고, 교육의 현장에서 쉽게 적응할 수 있도록 도와주는 일을 목적으로 해야 한다.

둘째, 프로그램 설계는 교수자가 수업을 시작하기 몇 시간 전에 학습지도안을 작성하는 경우인 단기적 국면과 이보다 더 다양하고 복잡한 장기적 국면이 있다.

셋째, 프로그램 설계를 통해 학습자 개인의 성장과 발달에 중요한 영향을 끼칠 수 있어야 한다.

넷째, 프로그램 설계는 프로그램을 구성하고 있는 여러 가지 요소가 유기적인 체계를 이룰 수 있도록 체계적 접근으로 해 나가야 한다.

다섯째, 프로그램 설계는 인간이 근본적으로 어떻게 학습하는가에 관한 지식에 그 기초를 두어야 한다.

4. 평생교육 프로그램 마케팅

1) 평생교육 프로그램 마케팅 개념

마케팅은 기업, 비영리조직 및 정부기관이 각 소비자 및 고객의 욕구를 파악하고, 그에 합치된 상품이나 서비스, 아이디어 또는 그 전체를 기획, 개발하고 이에 관한 사실을 전달하며, 각 주체자가 최소비용으로써 최대의 소비자 및 고객 만족과 가치를 창출할 수 있도록 해당 상품 및 서비스를 제공하는 행위 및 처리과정을 포함하는 것이다(김용현 외, 2011).

평생교육기관에서 마케팅 개념을 도입해서 시행한 것은 최근의 일이다. 학교와 마찬가지로 평생교육기관도 하나의 교육기관인데 왜 기업체에서 강조하는 마케팅 개념을 평생교육 기관경영에 도입하느냐 하는 부정적인 인식이 있었다(Kotler & Fox, 1995; 김혜경, 2013 재인용). 그러나 최근 지식정보화시대가 도래하여 많은 평생교육기관이 생겨나고 확장되어 평생교육기관 간의 경쟁이 치열해지면서, 이 과정에서 마케팅의 개념이 자연스럽게 도입되었다. 마케팅의 개념이 과거에는 주로 이윤추구를 위한 제품생산과 판매촉진에 한정되어 사용되었다면, 지금은 고객과 시장(사회)에 어떤 영향을 미칠 것인가에 대한 관심을 갖는 개념으로 변화하고 있다

(김용현 외, 2011).

고객만족은 마케팅의 중심적 개념으로, 정기수(2011)는 학습자 만족이란 교육차원의 고객만족으로 해당조직이 학습자의 요구와 필요에 대한 정보를 수집하고 그에 알맞은 서비스를 제공하는 등 공급자적 측면에서 학습자 중심적인 성향을 지니고 실천하는가를 의미한다고 하였다(김혜경, 2013). 평생교육기관에서의 촉진은 교육 프로그램, 기관을 잠재적인 학습자에게 알리기 위한 다양한 활동들을 말하는 것으로, 평생교육기관에서 아무리 좋은 프로그램을 기획하였더라도 학습자들이 필요로 할 때에 쉽게 접근하거나 찾을 수 없다면 그 프로그램은 소용이 없다(김혜경, 2013). 즉, 평생교육기관에서 교육 프로그램을 아무리 잘 개발해도 그 가치를 학습자들이 인지하지 못하면 평생교육기관이 원하는 목적과 목표를 달성할 수 없다. 때문에 평생교육기관은 개발한 프로그램을 학습자들에게 알리는 촉진활동에 많은 인적·물적 자원을 투자를 해야 한다. 평생교육기관의 촉진은 브로슈어나 카탈로그 제작, 게시판 및 홈페이지를 통한 홍보, DB를 활용한 전화 및 이메일 발송, 구전 등을 활용하여 실행한다(김혜경, 2013).

2) 평생교육 프로그램 마케팅의 필요성

오늘날 우리는 지식과 기술이 급속히 변화하는 지식정보화시대에 살고 있다. 이러한 지식정보화사회에서 국가의 경쟁력 제고를 위해 평생학습에 대한 중요성이 증가하면서 평생학습에 대한 요구와 관심이 높아졌다. 이러한 평생학습에 대한 요구로 또한 다양한 평생교육기관이 생겨나고 있다. 특히, 평생교육기관의 규모의 확장 등으로 평생교육기관 간의 경쟁이 가속화되고, 학습자들의 다양한 학습 요구, 교육자원의 한계, 성인교육시장 개방 등으로 이제는 평생교육기관도 교육적 효과성과 경제적 효율성도 추구하는 경영의 원리를 도입해야 할 필요성이 있다(오혁진, 2002; 최은수, 배석영, 2009; 김혜경, 2013 재인용).

과거 평생교육기관의 수가 부족하였을 때에는 학습자의 요구보다 기관의 요구가 우선적이었고 모든 것이 공급자인 기관 중심으로 운영되었으나, 최근에는 학습자의 요구와 관심 등을 반영하는 수요자 중심 체계로 바뀌게 되었다. 이에 따라 기관 중심에서 학습자 중심의 정책적 노력이 활발히 전개되고 있으며, 마케팅에 대한 관심과 이를 교육에 적용하려는 시도가 이루어지고 있다(김혜경, 2013). 특히, 평생학습기관의 증가에 따라 평생교육기관은 기관의 생존을 위해 과거의 관행을 벗어나 학습자들에게 적합하고 학습자들의 특성을 고려한 차별화된 프로그램을 제공하고, 지속적으로 학습자들의 참여를 촉진해야 한다. 평생교육기관이 지속적으로 유지하고 발전하기 위해서는 전략적 차원에서 학습자의 요구와 수요를 파악하고, 이에 적합한 교육 프로그램과 교육 서비스를 다양하게 개발하여야 한다. 또한 평생교육기관은 학습자를 유치하고 확보하기 위해서 마케팅 활동을 적극적으로 전개해야 한다.

3) 평생교육 프로그램 마케팅 절차

평생교육기관에서의 마케팅의 목적은 이익의 개념보다는 보다 많은 잠재적인 학습자들에게 개발된 좋은 프로그램을 알려서 학습의 기회를 제공하는 것이다(최은수, 배석영, 2009). 평생교육 프로그램 마케팅의 절차를 구체적으로 살펴보면 〈표 8-6〉과 같다.

〈표 8-6〉 평생교육 프로그램 마케팅의 절차

절차	내용
① 문제 인지 및 정의	프로그램 마케팅의 출발점으로, 인지된 많은 문제들 가운데 통제할 수 있는 차원으로 문제들을 새롭게 규정할 필요가 있다.
② 목표 설정	확인된 문제를 목표로 전환하는 단계로 목표는 향후에 취해져야 할 다양한 조치들을 명확하게 규정해 준다. 이 단계에서 목표를 적합하게 설정하는 것은 프로그램 마케팅 실행 후에 이를 평가하는 데 기준이 된다.
③ 시장 분할	시장 분할은 대상자의 특성이나 요구를 준거로 집단을 분할하는 과정으로, 시장 분할은 학습 지향, 프로그램 선호도, 인계통계학적 특성에 의해 구별될 수 있다.
④ 마케팅 전략 수립	마케팅 전략은 고객에게 전달될 프로그램의 세부 내용에 대한 결정까지를 포함한다. 여기에는 4P(마케팅 믹스)를 의미하는 생산물, 장소, 판촉, 가격이다.
⑤ 프로그램 마케팅의 수행	실행 단계에서는 경제적 지원 단체, 잠재적 고객의 저항이 있을 수 있기 때문에 이러한 점을 고려해야 한다.
⑥ 마케팅 평가 및 통제	마케팅의 성공 여부를 진단하기 위해서 목표에 비추어 프로그램의 결과를 사정하는 단계이다.

출처: 최은수, 배석영(2009), pp. 280-282 재구성.

4) 평생교육기관 마케팅의 특징

평생교육기관에서 마케팅의 특징을 살펴보면 다음과 같다(김용현 외, 2011).

첫째, 평생교육기관은 물적 상품보다는 무형의 교육 서비스 성격의 상품을 제공하는 점이다.

둘째, 평생교육기관은 비영리를 목적으로 하지만, 운영의 합리화 차원에서는 어느 정도의 이윤도 필요하며, 동시에 학습자의 만족과 성장, 지역공동체 형성 등 여러 가지 목표를 동시에 추구하고 있다.

셋째, 비영리조직으로서 평생교육기관은 마케팅 대상도 다양하다. 평생교육기관은 학습자에 대한 홍보와 관리도 중요하지만, 기관의 재정적 후원자(지방자치단체, 시민사회단체, 민간기업 등)에 대한 마케팅도 중요하다. 다양한 이해관계 집단을 대상으로 각기 다른 차원의 마케팅 전략을 구사해야 한다.

5. 평생교육 프로그램 실행과 운영

1) 평생교육 프로그램 실행의 의미

프로그램의 실행은 그 목적과 목표를 달성하기 위한 계획을 토대로 프로그램 개발자가 실제적인 활동을 전개함으로써 참여자들의 경험이 축적되어 가는 과정으로서, 프로그램 개발 과정 가운데 가장 중요한 단계로, 실행은 담당자의 능력, 자질에 좌우된다(김영숙 외, 2002). 프로그램 실행과정에서 프로그램 담당자는 적합한 지식과 기술을 습득하여 효과적으로 적용할 수 있도록 교육, 훈련 기회를 갖도록 하는 것이 필요하다(김종명 외, 2014). 프로그램 실행은 여러 가지 요인들이 영향을 미친다. 이는 그 프로그램이 지향하는 가치, 기관과 조직의 역량, 진행자의 능력과 자질, 참여자들의 동기와 준비도 등에 의해 영향을 받게 된다. 따라서 이들에 대한 체계적이고 계획적인 이해와 더불어 실행에 대한 지식, 기술을 숙지함으로써 프로그램의 효율성과 효과성을 제고하는 노력이 필요하다(김영숙 외, 2002).

하젠펠트(Hasenfeld, 1979)는 프로그램의 실행을 위한 구성 요소를 다음과 같이 제시하였다(김종명 외, 2014 재인용).

① 안정성 있는 재정기금을 확보한다.
② 프로그램에 참여할 대상자를 찾는다.
③ 프로그램을 작동시키기 위한 적합한 자원들을 확보한다.
④ 적절한 자격기준과 혜택수준을 정한다.
⑤ 제휴(提携)와 협동(協同)에 관여할 수 있는 지역조직들을 확보한다.
⑥ 프로그램에 대한 대중의 지지와 정당성을 확보한다.
⑦ 직원들에게 적합한 업무를 배분하고 이에 대한 권위와 책임을 명확히 한다.
⑧ 프로그램을 효과적으로 전달하기 위한 필요한 행동들을 작성한다.
⑨ 프로그램에 대한 감독, 평가, 피드백을 위한 체계를 만든다.
⑩ 직원들이 자신들의 업무를 적절히 수행할 수 있도록 보장한다.

2) 평생교육 프로그램 운영의 의미

사전적 의미로 '프로그램 운영'은 '프로그램(program)'과 '운영(運營)'의 합성어이다. 여기에서 프로그램(program)이란 '진행 계획이나 순서 또는 계획표'를 의미하며, 운영(運營)은 '어떤 대상을 관리하고 운용하여 나감'을 뜻한다. 다시 말해 프로그램 운영의 일반적인 사전적 의미는 '진행 계획 또는 순서대로 진행되도록 관리하고 운용하여 나감'을 의미한다고 할 수 있다(조은화, 2014).

평생교육기관이 유지되고 발전하는 데 있어 가장 중요한 직무가 프로그램의 운영과 관리로, 이는 평생교육기관이 보유한 인적·물적 자원을 투입하여 기관의 수익을 창출할 수 있도록 실행하는 것을 의미한다(최은수, 배석영, 2009). 평생교육사의 다양한 직무 영역 중 프로그램 운영은 학습자들이 체감하는 평생교육 프로그램의 질과 밀접한 관련이 있다(조은화, 2014). 이은숙(2007)은 평생교육기관 종사자의 업무 중 평가 업무와 프로그램 운영 및 관리 업무가 평생교육의 질을 향상시키는 주요 요인이라고 주장하였다(조은화, 2014 재인용).

평생교육기관에서 프로그램이 결정되면 프로그램이 수행될 부서가 명시된 기관 조직표나 프로그램 운영 조직표를 도식화하여 작성한다(정무성, 정진모, 2001).

평생교육 프로그램의 운영관리의 영역은 강사관리, 수강생 관리, 강의관리, 교육기자재 및 시설관리 등이다. 이를 구체적으로 살펴보면 다음과 같다(최은수, 배석영, 2009).

① 강사관리: 강사를 섭외(涉外)할 때 고려할 점은, 담당 분야의 강의 경험, 사회적 지명도, 강사료 수준, 주관기관의 교육이념과 일치 정도 등이다.
② 수강생 관리: 수강행 관리는 출석부 작성과 점검, 수강생의 요구 사항 수렴과 강의 진행과정에서 수강생 반응 점검, 수강생 신상관리 등이다.
③ 강의관리: 강의관리는 교수자가 강의를 보다 효과적·효율적으로 진행하여 교육목표를 최대로 달성할 수 있도록 도움을 주어야 한다.
④ 교육기자재 및 시설관리: 교육의 효과성을 증진시키기 위해 기관은 시설, 교육기자재와 관련하여 사전 점검을 철저히 해야 한다.

토론 문제

1. 평생교육 프로그램 실행에 있어 중요한 요소들에 대해 토론하시오.
2. 평생교육 프로그램 기획과정과 실행에 필요한 인적 자원, 물적 자원 확보 전략에 대해 토론하시오.
3. 평생교육기관 마케팅 전략에 대해 토론하시오.

참고문헌

교육부, 국가평생교육진흥원(2021). 평생교육백서.

권인탁, 임영희(2013). 평생교육경영론. 서울: 학지사.

김상곤, 최승희, 안정선(2012). 사회복지 프로그램 개발과 평가. 서울: 학지사.

김문성(2000). 행정학의 이해. 서울: 박영사.

김성봉(2006). 인간주의의 가치와 학교교육의 방향. 교육의 이론과 실천, 11(1), 1-18.

김영숙, 김욱, 엄기욱, 오만록, 정태신(2002). 사회복지 프로그램 개발과 평가. 경기: 교육과학사.

김용현 외(2011). 평생교육경영론. 경기: 양서원.

김재명(2020). 新경영학원론. 서울: 박영사.

김종구(2007). 公共圖書館과 平生敎育館의 平生敎育프로그램 運營實態에 관한 調査. 전남대학교 대학원 석사학위논문.

김종명, 구재관, 김성철, 김명근, 김재원, 신기원, 이순호, 현영렬(2014). 사회복지 프로그램 개발과 평가. 경기: 양서원.

김진화(2011). 평생교육 프로그램개발론. 경기: 교육과학사.

김창걸(1994). 교육행정학신론: 교육행정 및 교육경영. 서울: 형성출판사.

김형식, 이영철, 신준섭(2008). 사회복지행정론. 경기: 양서원.

김혜경(2013). 평생교육기관의 관계마케팅 실행요인이 학습자의 만족과 자발적 행동에 미치는 영향. 중앙대학교 대학원 석사학위논문.

남연희, 박영국(2012). 사회복지실천론. 경기: 공동체.

노경환(2013). 평생교육 프로그램 기획과정에 관한 연구. 한국교원대학교 대학원 석사학위논문.

박정권(2005). 지방정부의 전략적 기획 실태분석. 경상대학교 행정대학원 석사학위논문.

백기복(2020). 경영학. 서울: 창민사.

신용주(2017). 평생교육 프로그램 개발론. 서울: 학지사.

안병환, 가영희, 임성우, 조현구(2011). 평생교육경영론. 서울: 동문사.

오혁진(2012). 평생교육경영학. 서울: 학지사.

우수명(2004). 사회복지 프로그램 개발과 평가. 서울: 인간과 복지.

이상욱(2004). 현대조직의 리더십 적용. 서울: 시그마프레스.

이상학(2011). 공기업 전략기획체제의 실효성 분석. 서울대학교 대학원 석사학위논문.

이은숙(2007). 평생교육종사자의 직무수행 인식과 수행정도 비교 분석. 아주대학교 대학원 석사학위논문.

이향란(2015). 평생교육경영론. 경기: 공동체.

이화정, 양병찬, 변종임(2014). 평생교육 프로그램 개발의 실제. 서울: 학지사.

정기수(2009). 내부마케팅에 의한 대학평생교육기관 경영. 평생교육학연구, 15(4), 299-325.

정무성, 정진모(2001). 사회복지 프로그램 개발과 평가. 경기: 양서원.

정세구 외(2003). 윤리와 사상. 서울: 지학사.

조은화(2014). 평생교육 프로그램 운영에 대한 평생교육사와 중간관리자의 인식 차이 연구. 동의대학교 대학원 석사학위논문.

지은구(2005). 사회복지 프로그램 개발과 평가. 서울: 학지사.

진교훈, 박찬구 외(2011). 윤리와 사상. 서울: 지학사.

최은수, 김미자, 윤한수, 진규동, 임정임, 최연희, 이재남(2016). 평생교육 프로그램 개발론. 경기: 공동체.

최은수, 배석영(2009). 평생교육경영론. 경기: 양서원.

최정임(2002). 요구분석 실천 가이드. 서울: 학지사.

표갑수, 이재완, 유옥현, 이화정, 김현진(2013). 사회복지 프로그램 개발과 평가. 경기: 양서원.

홍봉수 외(2016). 사회복지개론. 경기: 공동체.

Bryson, J. M. (1995). *Strategic Planning for Public and Non-profit Organization*. San Francisco: Jossey-Bass.

Bryson, J. M., & Roering, W. D. (1988). Initiation of strategic planning by government, *Public Administration Review, 48,* 995-1004.

Burkhart, P., & Reuss, S. (1993). *Successful strategic planning: A guide for nonprofit agencies and organization*. Newbury Park, CA: Sage Publications.

Hasenfeld, Y. (1979). Program development. In. F. Cox, J. Erlich, J. Rothman, & J. Tropman (Eds.), *Strategies of community organization* (3rd ed.). Itasca, IL: Peacock.

Kotler, P., & Fox, A. (1995). *Strategic marketing for educational institutions*. Englewood Cliffs, NJ: Prentice Hall.

Lewis, J. Jr. (1983). *Long-range and short-range planning for educational administrators*. Newton, MA: Allyn and Bacon.

Minzberg, H. (1994). *The Rise and Fall of Strategic Planning*. The Free Press: N.Y., N.Y.

Morales, A., & Scheafor, B. A. (1986). *Social Work* (4th ed.). Allyn & Bacon, Inc.

Simerly, R. G., & Associates (1987). *Strategic planning and leadership in continuing education*. San Francisco: Jossey-Bass.

Webster, S. A., & Wylie, M. I. (1988). Strategic planning in competitive environments. *Administration in Social Work, 12*(3).

York, R. O. (1982). *Human Service Planning: Concept Tools and Methods*. Chapel Hill, University of North Carolina Press.

http://www.jiles.or.kr/intro/purpose/vision.htm. 2021. 03. 08. 검색.
https://www.sjhle.or.kr/ 2021. 03. 09. 검색.

제 **9** 장

평생교육기관의
마케팅과 홍보

가장 좋은 광고는 (고객) 개인적인 경험에서 나온다.

−데이비드 오길비−

[학습목표]

1. 마케팅 개념과 마케팅 관련 핵심 용어인 시장, 교환, 욕구, 필요, 수용, 가치에 대하여 명확히 이해한다.
2. 평생교육기관 마케팅의 필요성을 설명할 수 있다.
3. 평생교육시장에 대한 효과적인 마케팅 방법을 단계별로 실행할 수 있다.
4. 평생교육기관의 홍보의 목적과 원칙 그리고 중요성을 인식한다.
5. 평생교육기관 홍보을 위한 홍보매체의 성격을 이해하고 홍보 전략을 수립할 수 있다.

[학습개요]

평생교육기관의 마케팅을 효과적으로 실행하기 위한 방법으로 마케팅과 마케팅 관련 용어인 시장, 욕구, 수요 등 기본 용어에 대한 이해를 명확히 하며, 일반 기업과는 다른 관점에서 평생교육기관의 마케팅의 필요성을 알아본다.

일반 상품 시장과 평생교육시장의 차이점으로부터 평생교육시장의 성격을 파악하고, 평생교육시장에 대하여 세분화하여, 목표시장을 선정하는 세분화의 유익과 기준 그리고 세분화 방법을 학습한다. 이를 기반하여 평생교육기관의 비전체계의 이해로부터 잠재적 학습자 분석, 시장 세분화와 목표시장 선정, 평생교육기관 포지셔닝, 마케팅 믹스 전략, 그리고 마케팅 실행에 이르는 6단계의 평생교육기관 마케팅 과정을 공부한다.

마지막으로, 평생교육기관의 홍보의 의미와 중요성 그리고 목적과 원칙을 이해하고, 평생교육기관 홍보를 할 수 있는 매체와 홍보 전략 수립과정을 학습한다.

1. 마케팅과 평생교육

1) 마케팅의 개념

마케팅은 경영학에서 발전된 개념이다. 시장경제에서 수요를 관리하는 한 분야로 소비자를 대상으로 고객을 창조하고 유지 · 관리함으로써 고정고객으로 만드는 활동, 즉 고객과 관련된 모든 활동을 의미한다(위키 백과사전 인터넷). 마케팅을 단순히 광고나 영업활동 정도의 협의적 개념으로 생각할 수도 있지만, 상품의 판매뿐만 아니라 신상품의 개발, 상품의 포장, 브랜드, 유통, 광고, 홍보, 가격 결정, 판매촉진 등을 모두 포괄하는 광의적 개념으로 마케팅을 이해할 필요가 있다. 마케팅의 구체적인 활동으로, 좋은 상품을 개발하는 일, 상품의 가치에 맞게 가격을 정하는 일, 구매하기 편하도록 유통시키는 일, 그리고 그것을 소비자들이 알 수 있도록 홍보하는 일 등이다.

마케팅 개념을 미시적 관점과 거시적 관점으로 나누어 접근할 경우, 미시적 접근은 기업 수준의 활동으로 기업이 소비자들과의 교환을 창출하기 위해 노력하는 미시적 관점에서의 활동을 의미한다. 반면에 거시적 관점의 접근은 기업의 마케팅 활동들이 소비자 행동에 미치는 영향 등에 한정하지 않고, 시장의 개방, 세금의 인상 등 정부정책 등에 어떤 영향을 미치는가 등 거시적 관점을 갖는 것이다.

마케팅이 관심을 두는 관점이 시대가 변함에 따라 변천해 왔다. 상품의 생산이 부족하고, 시장에서는 상품의 수요가 넘치는 시대에는 기업이 판매를 어떻게 할 것인지 등에 대한 고민과 전략이 없다고 할지라고 생산만 하면 팔 수가 있었다. 이때가 '상품 지향의 마케팅 시대'이다. 그러나 경쟁업체가 늘어나고, 산업 기술의 발달로 생산량이 증가하자, 시장에서 상품의 수요보다는 공급이 많아지게 됨에 따라 마케팅 활동이 공격적인 영업과 판매촉진 활동으로 변화되었다. 이처럼 판매활동이 강조되었던 시대가 바로 '판매지향의 마케팅 시대'이다. 이때 기업들은 인적 판매와 광고에 집중하는 마케팅 활동을 적극적으로 전개하였다. 20세기 후반에 산업 생산 기술이 더욱 발달되고, IT(Information & Technology) 기술과 SNS(Social Networking Service) 활성화로 소비자가 시장에서 상품과 관련된 정보를 쉽게 획득하게 되자, 기업은 고객을 중심으로 마케팅 활동을 펼치게 되었다. 이때가 바로 '고객 지향의 마케팅 시대'라고 한다. 그러나 고객의 현재 욕구에만 초점을 두는 것은 현재의 매출을 극대화할 수 있는 방법이겠지만, 미래의 새로운 시장을 개척할 수 있는 상품의 개발에는 방해가 되기 때문에 고객에 집중하기보다는 시장에 집중하는 '시장 지향 마케팅 시대'가 시작되게 되었다.

'시장 지향적 마케팅'이란 최종고객인 소비자들에게 최대한의 고객가치를 제공하기 위해 상품의 개발 단계부터 상품의 가치를 높이는 활동과 관련된 기업 내외 고객들과의 상호작용을 지속적으로 관리하는 것을 의미한다. 시대를 앞서가는 많은 기업에서 '고객을 위한 가치 창출'이라는 기업의 사명을 내세우며 생산, 판매, 유통, 그리고 서비스 등의 모든 과정에서 고객가치를 우선하고 있다. 최근에는 많은 기업들이 ESG(Environmental Social and Governance) 등에 관심을 갖고 환경과 사회 그리고 이해관계자 참여적 가치 창출과 책임을 다하기 위해 노력하고 있다. 즉, 자연환경을 훼손하는 경영활동을 한다거나, 미성년자를 고용하여 유해한 작업환경에서 노동을 시키며 임금을 착취하는 활동을 한다거나, 또는 이해관계자인 소비자의 의견을 반영하지 않고 일방적으로 기업 경영을 한다면, 소비자는 즉각적으로 이러한 기업 행태에 반발하여 사법당국에 고발하거나 소비자 불매운동을 전개하게 된다. 이러한 ESG 관련 관심 때문에 많은 기업들이 사회 공동체 전체의 이익과 개별 소비자 욕구의 충족, 그리고 기업의 이윤 확보 간의 균형적인 올바른 의사결정을 하고자 노력하고 있다.

이상과 같이 마케팅의 개념과 관점이 시대의 흐름에 따라 변천해 가고 있지만, 마케팅의 본질은 상품과 서비스와 관련된 활동을 통해 고객가치를 창출하는 일과 이를 이루기 위해 다양한 이해관계자와 소통하는 일이다. 이는 Iot(사물인터넷), 빅데이터, AI(인공지능) 등으로 명명되는 4차 산업혁명 기술시대에서도 크게 달라지지 않을 것이다.

2) 마케팅의 핵심 용어

마케팅의 정확한 이해를 위해서는 일상적으로 자주 사용하고는 있지만 개념상 혼란을 느끼는 핵심 용어에 대하여 명확하게 정리할 필요가 있다. 대표적인 마케팅 용어로는 시장, 교환, 욕구와 필요, 수요, 가치 등이다.

(1) 시장

기업은 상품과 서비스 그리고 정보를 생산하여 고객에게 제공한다. 고객은 기업이 판매하는 상품, 서비스와 정보를 구매한다. 판매와 구매가 이루어지는 것을 교환이라고 하고, 교환이 이루어지는 장소가 바로 시장이다. 시장은 지정학적 · 물리적 장소뿐만 아니라, 사이버상 온라인 시장, 주식 매매 시장, 자금 및 채권 시장, 탄소배출권 시장 등 매매되는 상품, 장소, 공급자와 수요자에 따라 다르게 명명된다.

먼저 제공되는 상품이나 서비스를 주제로 원자재 시장, 신발 시장, 식자재 시장, 중고자동차 시장, 각종 용역 시장 등이 있다. 장소로 구분한다면 동대문시장, 안양시장, 현대백화점 등이 있다. 최근 스마트폰으로 온라인과 오프라인이 하나로 통합되어 물리적 장소로서 시장 구분이 모호해지고 있다. 구매자와 판매자 단위로는 기업, 소비자, 정부 등이 있다. 기업과 소비자가 거래하는 시장을 B2C시장이라고 하고, 기업과 기업 간 거래를 B2B시장이라고 하며, 소비자와 소비자 간의 거래를 C2C시장이라고 한다. 최근에는 스마트폰의 영향과 SNS의 발달 덕분에 당근 마케팅 등 C2C거래 시장이 증가하고 있는 추세이다. 공급자와 수요자에 따라서는 주로 공급자 수로 시장이 구분되는데 공급자가 하나인 시장이 독점시장, 몇 개의 공급자로 형성된 시장을 과점시장, 공급자가 많은 시장을 완전경쟁시장이라고 한다.

이상의 다양한 시장이 존재하는데 시장이 형성되기 위해서는 다음과 같은 조건이 구비되어야 한다. 첫째, 거래를 위해서는 둘 이상 당사자가 존재해야 한다. 둘째, 거래 당사자들은 쌍방 간에 얻고자 하는 가치 있는 것을 소유하고 있어야 한다. 한쪽이라도 가치 있다고 인식하는 자원을 소유하고 있지 않다면 거래는 형성되지 않는다. 셋째, 거래 당사자들이 의사소통과 함께 전달할 수 있는 시장이 있어야 한다. 넷째 거래 당사자들은 상대방이 요청한 것을 수용하거나 거부할 자유가 존재해야 한다. 상호 교환을 통해 교환 이전보다 더 큰 가치를 얻게 된다.

(2) 교환

교환이란 거래의 주체가 원하는 가치를 얻기 위해서 어떤 대가를 지불하고, 서로 주고받는 것을 말한다. 교환은 서로 간의 자유의사로 이루어지며 교환을 통해 교환 이전의 상태보다 더 나은 상태가 되는 것이다.

교환의 의미는 단기적으로는 거래라는 의미와 장기적으로는 관계의 의미를 모두 포괄한다. 최근 마케팅 전략의 방향은 단기적 거래보다는 장기적 관계 구축으로 변하고 있다. 단기적 거래의 주목적은 새로운 고객 확보를 통해 단기적인 이익을 얻고자 하는 것이라며, 장기적 관계의 주목적은 고객과 장기적 관계를 형성하는 것에 초점을 두는 것이다. 즉, 고객에게 일방적으로 상품과 서비스를 제공하지 않고, 고객과의 활발한 의사소통을 통해 고객의 특별한 요구 사항들을 파악하고, 이를 만족시키는 데 주력하는 것이다.

(3) 욕구, 필요, 수요

욕구(needs)란 부족하거나 모자라는 상태를 말한다. 배가 고프면 음식에 대한 욕구가 생긴다. 욕구는 누구에게든 부족을 느낄 때 생겨나는 본원적 마음의 상태이다.

필요(wants)는 욕구를 해결할 수 있는 상품과 서비스에 대한 구체적 바람이다. 필요는 소비자가 속한 공동체의 문화, 사회, 전통의 영향을 받는다. 예를 들어, 배가 고플 때 미국 사람이 원하는 음식과 한국 사람이 원하는 음식이 다르다. 미국 사람은 빵과 치즈를 원한다면 한국 사람은 된장찌개나 김치찌개를 원한다. 필요는 소비자가 살고 있는 사회, 문화, 관습에 의해 형성되고 세상이 변함에 따라 변형된다. 지역이나 시간에 따라서도 달라지며 마케터의 광고 등으로 만들어질 수도 있다.

수요(demands)는 필요가 구매력에 의해 만들어지는 것이다. 내 주머니에 5천 원밖에 없다면 비싼 식당보다는 가진 돈 5천 원으로 해결할 수 있는 편의점 등을 찾을 것이다. 그러므로 수요는 소비자의 구매력에 의해 결정된다고 볼 수 있다.

특정 상품과 서비스에 대하여 구매의 필요성을 전혀 느끼지 못하는 소비자 입장에서는 상품의 장점을 아무리 설명해도 절대 사지 않을 것이다. 소비자가 상품과 서비스를 구매하려면 일단 욕구를 느껴야 하며, 또한 그 욕구를 해결할 필요가 있어야 한다. 즉, 노트북에 관심이 없는 사람에게 노트북이 대화면이라는 장점과 노트북이 가볍다는 장점을 열심히 설명하는 것은 의미가 없는 일이 된다.

(4) 가치

가치란 소비자가 지불하는 비용의 대가로 받는 혜택을 의미한다. 일반적으로 소비자가 추구하는 가치는 기능가치, 사용가치, 정서가치로 구분된다. 기능가치는 상품 또는 서비스가 고객에게 제공되는 물리적인 속성을 의미하며, 사용가치는 물리적 속성으로부터 고객이 사용함으로써 얻는 구체적인 혜택을 의미한다. 그리고 정서가치는 이러한 사용가치를 통해 개인의 가치관과 생활에 변화를 주는 심리적 가치를 말한다. 예를 들어, 비대면 학습을 할 경우 줌 프로그램은 비대면으로 원격에서 대화를 나눌 수 있게 하는 것이 기능가치라며, 이를 통해 수업을 한다면 사용가치가 있는 것이다. 이것은 굳이 면대면으로 만나지 않아도 학습을 가능하게 하는 생활의 변화를 주는 편리함이란 정서가치가 있는 것이다. 여기에서 중요한 것은 기능가치보다는 사용가치에, 사용가치보다는 정서가치에, 즉 상위 가치에 관심을 갖고 마케팅 활동을 하여야 한다는 것이다. 상품이나 서비스 개발 시 상위 가치 관점에서 하위 가치에 추가해야 할 것은 무엇인지를 고민해야 한다.

세상에 상품과 서비스는 차고도 넘친다. 사람은 일상적인 상품과 서비스를 구매할 경우는 가성비를 따지겠지만 나를 위해 소비를 하는 경우는 나에게 좋은 것을 선택하여 만족감을 얻는 구매할 것이다. 그래서 마케터는 상품, 유통, 판매촉진 등 마케팅 활동을 할 때, 더욱더 고객가치에 집중해야 한다.

2. 평생교육기관 마케팅의 필요성

평생교육기관 역시 지자체 소속의 평생교육원이든, 사적 기업의 학원이든, 아니면 정부기관 산하의 교육기관이든 간에 조직으로서 사명을 완수하기 위해서는 적극적으로 고객과 소통하여야 한다. 특히, 재무적 이익을 우선하는 사적 평생교육기관이라면 어떤 프로그램을 운영할 것인지, 기관의 수입을 결정하는 프로그램의 가격은 얼마로 책정할 것인지, 프로그램 운영 장소는 어디에서 할 것인지, 프로그램의 홍보를 위해 무엇을 할 것인지 등을 기획하는 마케팅 활동은 필수적이다.

지금은 상식적으로도 마케팅이 필요한 것으로 인식이 되지만 평생교육기관에서 마케팅 개념이 도입된 것은 최근의 일이다. 교육기관은 수익성을 추구하는 기업과는 다르다는 생각 때문에 마케팅의 필요성을 인식한다는 것이 쉽지 않았다. 또한 평생학습이란 학습자 개인이 스스로 하는 것이지 굳이 교육기관에서 마케팅을 할 필요가 없다는 생각이 지배적이었다.

그러나 최근 평생교육시장은 교육소비자의 평균연령이 증가하는 고령사회의 본격적인 진입과 눈부시게 발전하는 SNS 기술 개발 덕분에 평생교육환경이 급하게 변해 가고 있다. AI 인공지능을 활용하는 4차 산업혁명 시기를 맞이하여 지식의 생산과 소비가 활발하게 이루어짐에 따라 이에 버금갈 만큼 평생교육 프로그램을 제공하는 기관이나 조직, 단체 역시 증가하고 있는 추세이다. 교육 프로그램을 제공하는 조직이나 기관이 늘어나고 교육기관 간의 경쟁이 치열해짐에 따라 자연스럽게 평생교육시장에 마케팅 개념이 도입되게 되었다. 마케팅의 개념 역시 단순한 재무적 이윤 추구를 목적으로 하는 경영학적 관점에서 벗어나 고객과 시장에 긍정적인 영향을 미칠 목적 등으로 다변화됨으로써 마케팅 개념을 적극적으로 도입하게 되었다.

평생교육기관이 마케팅 개념을 도입할 경우 얻을 수 있는 유익은 무엇일까? 무엇보다도 먼저, 평생교육기관의 존재를 더 많은 교육소비자에게 인식시킬 수 있다는 것이다. 이에 따라 각각의 평생교육기관이 추구하는 목적에 적합한 이미지를 평생교육시장에 형성할 수 있다. 마케팅을 통해 평생교육기관에 대한 긍정적인 이미지가 인식되면 국가나 지방자치단체로부터 더 많은 지원과 후원을 이끌어 낼 수 있으며, 일반 교육소비자의 적극적인 프로그램 참여를 촉진하는 성과를 낼 수 있다.

둘째로, 마케팅 도입으로 얻을 수 있는 유익은 교육소비자에 대한 특화된 프로그램을 개발하고 보급할 수 있다는 것이다. 사회문화적 환경이 AI 인공지능의 발달 등 4차 산업화 사회로 발전해 감에 따라 교육소비자의 관심의 폭이 넓어지고 다양화하는 양상을 보이고 있다. 이에 따라 다양해진 교육소비자 고객을 세분화하여 특정 소비자의 특성과 교육 욕구와 필요를 정확히 파악하여, 그들만을 위한 프로그램을 개발하여 프로그램을 홍보한다는 것은 자연스러운 활동이 되었다. 이처럼 교육소비자 고객의 세분화, 특정 시장과 특정 교육소비자 고객의 선정, 그리고 그들에게 필요한 프로그램으로 인식시키는 포지셔닝(마케팅 STP 전략) 작업을 통해서 다양한 계층의 교육소비자에게 특화된 교육 프로그램을 제공할 수 있게 되었다.

셋째로, 마케팅 개념 도입의 유익은 평생교육기관 간 경쟁으로 인하여 프로그램도 다양화되면 교육 프로그램 질의 개선도 이루어진다는 점이다. 어떤 하나의 평생교육기관이 세분화된 특정 고객을 위한 교육 프로그램을 개발하여 성공을 거두게 되면 자연스럽게 다른 평생교육기관에서도 경쟁적으로 세분화된 시장에 참여하게 될 것이다. 이 경우 새롭게 특정 세분화된 시장에 진입하는 평생교육기관은 어떤 콘텐츠를 구성할 것인지, 프로그램 가격은 어느 수준으로 할 것인지, 교육 장소와 방법은 어떻게 하며, 그리고 고객의 참여를 촉진하기 위하여 어떤 방법을 쓸 것인지 등(마케팅 4P)을 고민하게 되며, 그 과정에서 프로그램의 질이 개선되고, 프로그램 자체의 경쟁력이 강화될 것이다.

3. 평생교육시장의 이해와 마케팅

1) 평생교육시장의 성격

기업은 상품과 서비스 그리고 정보를 생산하여 고객에게 제공한다. 고객은 기업이 판매하는 상품과 서비스, 정보를 구매한다. 판매와 구매가 이루어지는 것을 교환이라고 하고 교환이 이루어지는 장소가 바로 시장이다. 일반적으로 시장이 형성되기 위해서는 수요자와 공급자라는 둘 이상의 당사자가 서로에게 가치 있는 것을 소유하고 있고, 쌍방 의사소통과 함께 교환 전달이 이루어질 수 있으며, 서로가 요구하는 것에 대하여 수용하거나 거부할 자유가 있어야 한다. 평생교육시장도 교육기관이 제공하는 프로그램에 대하여 교육소비자가 존재하고, 교육소비자는 프로그램에 대하여 교육비를 내거나 교육 참여라는 가치를 교환하여, 교육학습활동에 참여하게 된다. 또한 교육기관은 교육소비자의 참여를 촉진하기 위하여 마케팅과 홍보활동을 전개한다.

이상과 같이 평생교육시장도 일반적인 시장의 성격을 나타내고 있으나 다른 점이 있다면, 교육소비자가 교육 프로그램에 참여하는 대가로 반드시 금전적 비용을 지불해야 하는 것은 아니라는 사실이다. 평생교육시장에서는 지자체 평생교육원과 같이 공익성을 추구하는 교육기관도 있으며, 학원과 같이 수익성을 추구하는 교육기관도 있어서 각각의 평생교육기관의 존재 목적에 따라 무료로 프로그램을 제공하는 경우도 있기 때문이다. 하지만 무료로 교육 프로그램에 참여하는 경우라 할지라도 교육소비자의 참여에 기반한 시간 투자, 노력 투자가 필요로 하기 때문에 시장의 성격을 갖고 있다고 말할 수 있다.

평생교육시장에 참여하는 교육소비자는 학습과 성장에 대한 욕구를 느끼고, 특정 분야의 지식과 경험 그리고 자격을 얻고자 하는 필요를 갖고 있으며, 소정의 교육비를 지불하거나, 무료라고 할지라도 시간과 노력을 투자할 의향을 갖고 있다. 따라서 평생교육시장에서 평생교육 프로그램의 수요는 금전적 요소보다는 교육소비자의 관심과 시간 등 참여 가능성에 의하여 결정될 가능성이 높다. 따라서 평생교육기관의 마케팅은 특정 교육소비자의 특성에 대한 연구를 통해 교육소비자의 관심이 무엇인지, 참여 가능성 여부는 어떤지 등을 분석하는 것이 중요한 일이 된다.

평생교육시장은 프로그램의 수요량에 따라 확장성 시장과 비확장성 시장으로 구분할 수 있다. 확장성 시장은 시장의 규모가 프로그램에 대한 마케팅 비용과 활동을 통하여 수요량이 증가하는 시장이며, 비확장성 시장은 마케팅 활동에 영향을 받지 않는 한정된 수요량이 존재하는 시장이다. 예를 들어, 대학원 과정 교육 프로그램의 경우 국가의 교육부서로부터 인가를 받아야 하고, 학습자 인원수 등 제한이 많아서 마케팅 활동의 결과가 한정적이고 확장성이 없으나, 사설 교육기관의 온라인 자격과정인 경우에는 마케팅 활동을 통해 얼마든지 교육소비자를 모집할 수 있다. 이 경우 대학원 교육 프로그램 시장은 비확장성 시장이며, 사설 교육기관의 온라인 자격과정 시장은 확장성 시장이다. 만약 교육시장의 성격이 확장성 시장이라고 판단이 되면 평생교육기관 입장에서는 적극적인 마케팅 활동을 전개함으로써 교육기관의 매출을 확대하고 양적인 발전을 이룰 수 있다.

평생교육시장을 학습자의 수요가 실제로 교육 참여로 나타나는가 하는 정도에 따라서 잠재시장, 이용가능시장, 유자격 이용가능시장, 노력대상시장, 그리고 최종시장으로 5단계별로 구분할 수 있다. 먼저, 잠재시장은 특정 프로그램에 관심을 갖고 있는 잠재적인 모든 집단을 말한다. 둘째로, 이용가능시장은 잠재시장 내에서 실제로 특정 프로그램에 참여하여 교육비나 시간을 투자할 수 있는 집단을 의미한다. 셋째로, 유자격 이용가능시장은 특정 프로그램에서 제시하는 일정 기준을 충족하고 있는 집단을 의미한다. 넷째로, 노력대상시장은 이용가능시장에서 평생교육기관 입장에서 실제로 학습자의 참여를 촉진하기 위해 노력이 시도된 집단을 의미한다. 마지막으로, 최종시장은 실제로 교육 프로그램에 참여한 교육소비자 집단을 의미한다. 평생교육기관 입장에서는 학습자가 교육 프로그램에 참여하는 최종시장의 관점에서 잠재시장에 대한 탐구활동을 지속할 필요가 있을 것이다.

2) 평생교육시장의 세분화와 목표시장 선정

평생교육시장을 지리적 관점, 인구통계적 관점, 교육소비자의 심리행동적 관점 등을 기준으로 하여 학습자의 특성에 따라 교육시장을 세분할 수 있다. 평생교육시장을 여러 가지 관점으로 세분화하여 교육소비자인 특정 고객과 시장을 정확히 파악함으로써 보다 효과적인 마케팅을 할 수 있다. 일반 기업에서는 상품이나 서비스를 개발할 때, 목표로 하는 소비자 집단의 성격을 명확하게 파악하고 그 집단의 특성에 적합한 차별화된 상품과 서비스를 개발하기 위해 시장을 세분화한다.

(1) 세분화의 유익

평생교육시장을 세분화하는 이유는 잠재학습자의 특성이 서로 다르기 때문에 그들의 눈높이에 맞는 학습 요구나 필요를 충족시킬 수 있는 교육 프로그램을 개발하기 위함이다. 좀 더 구체적으로 세분화의 유익을 분석해 보면, 첫째, 교육기관 입장에서는 새로운 평생교육시장에 진입하는 것이 용이해진다는 것이다. 새로운 교육시장의 특성을 이해했기 때문에 보다 효과적인 방법으로 시장에 진입할 수 있다.

둘째, 시장의 특성을 이해함으로써 적합한 학습목표를 설정하고, 그 학습목표에 초점을 맞추어 효과적으로 프로그램을 개발하고 운영할 수 있다. 그렇게 함으로써 쓸데없는 비용의 지출을 줄일 수 있으며, 평생교육기관의 인적·물적 자원을 효율적으로 활용할 수 있다. 셋째로, 시장 상황을 정확히 이해함으로써 교육시장의 변화에 대하여 능동적이며 주도적으로 대응해 나갈 수 있다는 것이다.

(2) 세분화 시장의 기준

평생교육시장을 의미 있게 세분화하기 위해서는 세분화한 교육시장이 다음과 같은 기준을 충족하여야 한다.

첫째, 세분화된 시장의 특성이 측정 가능하게 나타나야 한다. 예를 들어, 나이별로 시장 세분화를 하였을 경우 학습내용에 대한 시장의 요구가 명확하게 구분되어야 한다. 이는 프로그램에 참여하는 학습자의 특성을 정확히 파악하지 못하면 할 수 없는 일이다.

둘째, 세분화된 시장에 대한 접근이 가능해야 한다. 세분화된 평생교육시장 학습자에게 실질적으로 교육 프로그램 진행을 할 수 있어야 한다는 것이다. 예를 들어, 지리적으로 오지에 살고 있거나, 세분화 시장 잠재학습자가 너무 바빠서 학습에 참여할 수 없다면 프로그램의 실질적 운영이 불가능하기 때문에 시장 세분화의 의미가 없어진다.

셋째, 세분화된 시장에서 실질적인 가치를 얻을 수 있어야 한다. 즉, 그 세분화된 시장을 대상으로 마케팅 활동을 한다면 경제적인 관점에서 어느 정도의 수익성이 보장되어야 한다. 공익적 목적에서도 공익적 목적을 달성하는 최소한의 실질적인 성과를 얻을 수 있어야 한다.

넷째, 세분화한 시장의 기준은 일관된 특성을 갖는 신뢰성이 담보되어야 한다. 세분화된 의미 있는 시장이라면 일정 기간 동안은 시장 특성이 일관되게 유지되어야 한다는 것이다. 왜냐하면 시장 특성이 일정 기간 동안 일관성 없이 변한다고 한다면 변화하는 교육시장에 대해 마케팅을 수행한다는 것은 의미 없는 일이 되기 때문이다.

(3) 평생교육시장 세분화의 방법

평생교육시장 세분화는 평생교육기관의 고객이 누구인지를 명확히 인식하기 위하여 전체 시장을 특정 기준에 근거하여 분류함으로써 동질적인 집단을 구분해 내는 것이다. 시장 세분화를 통해 세분화된 교육시장에 대해 통일된 마케팅 활동을 효과적으로 수행할 수 있게 된다.

시장 세분화를 하기 위해서는, 첫째 잠재학습자를 분석하여야 한다. 교육 프로그램을 수요로 하는 잠재학습자를 찾아내고 그들의 특성이 무엇인지에 대해 이해하여야 한다. 만약 특정 리더십 프로그램을 마케팅하고자 한다면 '프로그램이 목적으로 하는 적합한 잠재학습자는 누구인지, 그 잠재학습자는 어떤 특성을 지니고 있는지, 그들이 필요로 하는 것은 무엇인지' 등에 대한 분석과 이해가 이루어져야 한다.

이러한 잠재학습자에 대한 분석과 이해는 시장 세분화를 위한 준거를 제시함으로써 보다 효과적으로 시장 세분화를 할 수 있게 한다.

둘째, 잠재학습자에 대한 조사분석 자료를 바탕으로 시장 세분화의 목적을 명확히 하고, 이에 걸맞은 시장 세분화 기준을 선정한다. 일반적으로 활용되는 세분화의 기준은 인구통계적 세분화, 심리 · 행동적 세분화, 그리고 지리적 세분화 등이 있다. 인구통계적 세분화는 경제적 수준, 사회적 지위, 가정적 요인 등을 기준으로 집단을 구분하는 것이다. 우리나라에서 주로 사용하는 분류방법은 연령, 성별, 지역별, 가족 구성, 개인 및 가족 소득, 직업, 학력, 종교 등이다. 심리적 세분화는 잠재학습자의 신념과 태도, 개성 및 라이프스타일, 성격, 학습자의 참여 동기, 주요 관심사 등에 관한 자료를 기준으로 세분화하는 방법이다. 행동적 세분화는 평생학습에 참여하는 학습자의 행태와 관련된 기준으로 학습자가 참여하는 프로그램 수, 해당 프로그램에 대한 학습자의 학습 경험, 해당 평생교육기관에 대한 학습자의 참여 정도와 충성도 등이다.

지리적 세분화는 평생학습자의 거주 지역의 특성에 따라 분류하는 것으로 분류기준으로는 행정 구역에 따른 세분화가 일반적이며, 거주 지역과 교육기관까지 소요시간 및 거리, 거주 지역 내 평생교육기관의 수 등이다. 예를 들어, 특정 리더십 프로그램을 시장 세분화를 통하여 새로운 교육시장에 진입하고자 목표를 설정하였다면 인구통계적 관점에서 청년, 중년, 신중년, 노년을 대상으로 잠재학습자를 분류할 수 있을 것이다. 분류를 통해 프로그램 내용과 목적에 적합한 신중년을 목표시장으로 선정하였다면, 신중년은 55세에서 70세에 해당하는 세대로서 삶의 라이프 사이클상 은퇴 후 생활을 영위하는 세대로 사회적 경험과 경력을 갖고 있고, 시간적 금전적 여유가 있어 자신의 존재가치를 느낄 수 있는 의미 있는 일을 하고자 하는 특성을 갖고 있다. 이러한 신중년 세대 특성에 적합하게 프로그램을 마케팅한다면 신중년 교육시장에 수월한 진입이 가능할 것이다.

셋째, 세분시장을 구성하고 있는 잠재학습자의 특성을 파악하고, 프로그램의 성공을 위하여 목표시장을 선정하는 일이다. 상기 신중년 사례와 같이 특정 리더십 프로그램을 인구통계적 관점에서 세분화하여 신중년의 특성을 파악하고 분석하여 신중년 시장을 목표시장으로 선정하는 것이다.

3) 평생교육기관의 마케팅 과정

평생교육기관의 마케팅 과정은 평생교육기관의 사명과 비전, 그리고 전략의 이해로부터 시작된다. 지자체의 평생교육원이든, 사적 수익을 추구하는 학원이든 간에 모든 평생교육기관은 그 기관이 존재하는 이유와 미래 일정 시점에서 되고자 하는 비전 그리고 이러한 사명과 비전을 달성하기 위한 기관의 다양한 전략을 수립하고 있다. 마케팅 전략은 이상의 교육기관의 비전체계를 기반하여 수립할 필요가 있다. 평생교육기관의 마케팅 과정은 교육기관이 집중하는 여러 가지 전략 중 프로그램 개발과 시장 확대를 통한 매출 증대 전략으로 마케팅 전략을 수립한다. 따라서 효과적으로 마케팅 전략을 수립하기 위해서는 [그림 9-1] 마케팅 실행 프로세스와 같은 6단계 마케팅 과정을 통하여 수립할 수 있다.

마케팅 실행 프로세스는, 첫째, 평생교육기관의 비전체계에 대한 이해, 둘째, 잠재적인 학습자 분석, 셋째, 시장 세분화를 통한 표적시장 선정, 넷째, 표적시장에 대하여 자사 프로그램의 포지셔닝, 다섯째, 교육비, 교육 장소, 그리고 판매촉진을 위한 방안을 모색하는 마케팅 믹스 전략 수립, 여섯째, 이러한 일련의 과정이 균형 있

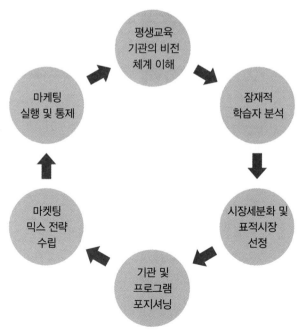

[그림 9-1] 마케팅 실행 프로세스

게 진행될 수 있도록 실행하고 통제 조정하는 단계로 전체 6단계로 구성된다.

(1) 평생교육기관의 비전체계 이해

평생교육기관의 마케팅 과정은 기관의 존재 이유인 사명과 장기적으로 달성하고
자 하는 비전, 그리고 사명을 완수하고 비전을 달성하기 위한 기관의 전략을 이해하
는 것에서 시작된다. 평생교육기관이 고객으로 하고자 하는 대상이 누구인지, 장기
적으로 어떤 교육기관이 되고자 하는지, 기관이 중장기적으로 추진하는 전략이 무
엇인지를 알고, 그 이해를 기반으로 하여 잠재적 학습자를 탐색하여 시장을 세분화
하며, 표적 학습자를 선정하여 마케팅을 위한 전략을 수립하여 실행하는 것이다. 마
케팅 전략이 기관의 사명과 비전 그리고 교육기관의 전략과 일직선 정렬이 될 때,
교육기관의 에너지가 한 반향으로 집중하여 효과적인 마케팅 전략을 수립할 수 있
으며 마케팅의 성공 가능성도 높아진다.

기관의 사명은 기관이 존재하는 이유를 의미하며, 기관이 무엇을 하고자 하는지
그리고 어떻게 국가와 사회발전에 기여할 것인지를 명확히 하는 것이다. 만약, 평생
교육기관의 사명과 비전이 설정되어 있지 않다면, 혹은 사명과 비전이 설정되어 있
으나 현재의 사명과 비전이 상황과 조건에 맞지 않거나 이해가 되지 않는다면 사명
과 비전의 재작업을 통해 명확히 할 필요가 있다.

교육기관의 사명과 비전을 이해했다면 다음으로 기관의 사명과 비전 달성 전략
을 이해할 필요가 있다. 전략이란 교육기관의 비전과 사명을 달성하는 방법으로 기
관의 내·외부 환경을 분석하여 전략적 목표를 설정하는 것이다. 기관의 전략적 목
표는 사업적 목표와 조직문화적 목표 등으로 구성되어 있는데 마케팅은 기관의 전
략적 목표를 이해한 기반에서 학습자 세분화와 마케팅 믹스 전략을 효과적으로 수
립한다.

마케팅 과정에서 먼저 고민해 보아야 할 사항은 교육 프로그램과 시장에 대한 이
해이다. 즉, 새로운 프로그램을 개발하여 기존 시장에 침투하여 마케팅을 할 것인
지, 새로운 시장을 개척하여 기존의 프로그램으로 승부를 걸 것인지 등에 대한 이해
이다. 신규시장과 기존시장, 그리고 새로운 프로그램과 기존 프로그램 활용과 관련
하여 다음 네 가지의 유형의 시장과 상품 전략을 생각해 볼 수 있다.

[그림 9–2] 신구시장과 신구상품 전략의 1번 경우로 세분화된 기존 시장에 경쟁

신상품	3. 상품 개발 전략	4. 시장 창출 전략
구상품	1. 경쟁 전략	2. 시장 개척 전략
	기존 시장	새로운 시장

[그림 9-2] **신구시장/신구상품 전략**

교육기관이 이미 운영하고 있는 교육 프로그램과 동일한 성격의 프로그램으로 마케팅하고자 하는 경우는 경쟁 전략을 수립하여 접근하여야 할 것이다. 2번의 시장 개척 전략은 기존의 교육 프로그램을 갖고 새로운 시장에 진입하고자 하는 경우로 새롭게 세분화한 시장을 이해하고 시장에 효과적으로 접근할 수 있는 전략을 수립하여야 한다. 3번 상품 개발 전략과 같이 기존 시장에 새롭게 프로그램을 만들어 접근하고자 한다면 새로운 프로그램을 개발하는 전략을 수립하여야 하며, 4번과 같이 새로운 프로그램으로 신규 시장에 진출하는 경우는 시장 창출 전략을 수립하여야 할 것이다.

(2) 잠재적 학습자 분석

평생교육기관에서의 마케팅이란 본질적으로 학습자의 요구 사항을 정확히 파악하여, 그 요구를 해결할 수 있는 프로그램을 개발하여 제공하는 것이다. 그러나 현실적으로 잠재적 학습자의 요구 사항을 정확히 파악한다는 것은 쉽지 않은 일이다. 학습자 자신도 무엇을 요구하고 있는지 알지 못하는 경우가 많고, 때론 니즈가 미약한 학습 콘텐츠를 요구하기도 하기 때문이다. 그럼에도 불구하고 이러한 요구를 정확히 분석하여 그 요구 사항을 파악하기 위해서는 학습자의 행동 분석을 통해 유추해 볼 수 있을 것이다.

즉, 고객인 학습자들이 다양한 평생교육 프로그램에 대하여 어떻게 반응하고 어떤 과정을 거쳐서 교육 프로그램 참여를 결정하는지를 분석할 수 있다. 평생교육기관의 프로그램 중에 인기가 높은 프로그램은 무엇인지, 그리고 인기를 끄는 이유는 무엇 때문인지 등에 대한 조사도 가능할 것이다. 나아가 수강료 수준에 대한 학습자의 반응과 평생교육기관이 소재한 위치나 환경, 그리고 회사 홍보의 효과에 대한 분석도 하여야 한다. 무엇보다도 잠재적 학습자를 대상으로 그들이 평생교육기관이나 프로그램을 선택할 때 어떠한 기준으로 하며, 어떤 콘텐츠에 관심이 있는지, 선호하는 프로그램은 무엇인지 등을 조사·분석하여야 할 것이다.

(3) 시장세분화와 목표시장 선정

마케팅 활동에서 가장 중요한 개념은 STP이다. STP는 S는 Segment, T는 Targeting, P는 Positioning의 이니셜로 구성된 단축어이다. STP 중 ST 활동이 시장 세분화와 목표시장을 선정하는 일이다. 잠재적 학습자를 분석하고 시장을 세분화하여, 세분화된 시장의 학습자 특성을 파악하여 그에 적합한 교육 프로그램을 개발하고 마케팅을 실시함으로써 효율적인 경영을 할 수 있다. 시장과 고객을 정확히 파악하여 접근함으로써 평생교육기관에서는 프로그램의 경쟁적 우위를 확보할 수 있는 것이다.

시장 세분화와 표적시장 선정 활동이 중요한 이유는 이것이 마케팅 활동에 기반이기 때문이다. 경쟁이 심한 비슷한 성격의 교육 프로그램으로 사업을 하는 평생교육기관에서는 경쟁사의 고객을 확보하기 위해서는 자사의 프로그램을 시장 세분화와 목표시장을 선정하여 새롭게 포지셔닝할 필요가 있을 것이다. 또한 기존의 교육 프로그램에 관심이 없는 사람들을 고객으로 확보하기 위해서는 새롭게 고객과 시장을 개척할 필요가 있는 것이다. 이처럼 평생교육기관의 상황에 따라 마케팅 활동 방향이 달라지고 세분화한 시장과 목표 고객층에 의해서도 마케팅 활동이 다르게 전개된다.

오늘날처럼 평생교육기관의 숫자가 많고, 각 기관마다 진행하는 교육 프로그램이 대동소이하여 차별성이 없는 상황에서는 평생교육의 질적 발전을 위해서라도 새로운 프로그램과 새로운 시장과 고객을 창출할 수 있는 기반이 되는 시장 세분화와 목표시장 선정은 중요한 일이다.

세분화된 평생교육시장에 대하여 평가하고 목표로 하는 시장을 결정하는 것이 표적시장 선정인데, 표적시장을 선정하는 방법으로 세 가지 방법이 있다. 첫째, 시장을 세분화하여 각각의 모든 시장에 대하여 차별적인 프로그램과 마케팅 믹스 전략으로 접근하는 것이다. 이러한 방식은 다양한 요구를 가진 많은 학습자를 모집하여 프로그램을 운영할 수 있지만 많은 프로그램을 개발해야 하고, 그에 따른 운영비용과 판매비용이 과다하여 경영의 부실을 초래할 수 있다는 단점이 있다. 둘째, 시장을 세분화하였지만 세분시장의 차이점을 무시하고, 모든 세분시장을 하나의 통합된 시장으로 간주하여 가격이나 교육 장소, 판촉 방법에서 동일한 방식으로 마케팅하는 것이다. 이러한 방식은 관리의 편리성이라는 장점을 갖고 있으나 세분화된 고객의 요구를 충족하기는 부족한 단점을 갖고 있다. 셋째, 집중화 전략으로 세분화된 시장 가운데 하나 또는 몇 개의 시장과 고객만을 선정하여, 그 시장과 고객에 대해 프로그램을 집중하여 운영하는 방식이다. 세 번째 방법이 선택과 집중을 통해 가장 효율적인 경영성과를 얻을 수 있는 방식이다.

시장을 세분화하여 목표 고객을 정할 때 모든 세분시장에 대하여 차별적으로 접근할 것인지, 시장을 하나의 통합된 시장으로 보고 동일한 마케팅 전략을 실행할 것인지, 아니면 특정 시장을 선택하고 집중하는 차별적이며 집중화하는 전략을 쓸 것인지는 교육기관의 사명과 비전 그리고 전사 차원의 전략에 기반하여 결정해야 할 것이다.

(4) 평생교육기관 포지셔닝

목표로 하는 표적시장이 선정되었다면, 그 표적시장에 대하여 평생교육기관과 교육 프로그램의 포지셔닝이 필요하다. 포지셔닝이란 잠재적인 학습자에게 해당하는 평생교육기관과 교육 프로그램에 대해 다른 기관 혹은 다른 프로그램과 차별적 특성을 인식시키는 활동이다. 학습자의 인식 속에서 해당 기관과 해당 프로그램과 경쟁하고 있는 타 기관과 타 프로그램을 비교하여 해당 기관과 해당 프로그램이 우월적 위치를 차지하는 것이다.

이처럼 포지셔닝의 출발점은 잠재적 학습자의 마음속 인식이다. 따라서 교육 프로그램의 장점을 알리는 홍보활동도 중요하지만, 잠재적 학습자의 인식 속에 우월한 평생교육기관과 교육 프로그램으로 인식되어 자리 잡는 것이 더 중요한 일이다.

이러한 포지셔닝의 관점에서, 평생교육기관과 교육 프로그램의 성공적 포지셔닝을 위해서는 현재 해당 기관과 해당 교육 프로그램이 잠재적 학습자에게 어떻게 인식되며, 또한 인식될 수 있는지를 확인하는 조사 분석 연구 활동이 필요하다. 이상의 조사 연구 결과를 기반으로 해당 평생교육기관과 교육 프로그램이 잠재적 학습자의 마음속에 경쟁력 있는 평생교육기관과 프로그램으로 포지셔닝 되도록 광고

선전과 홍보 활동을 하여야 한다.

(5) 마케팅 믹스 전략

시장을 세분화하고 표적시장을 선정하였다면, 그다음 순서는 마케팅 믹스 전략을 수립하는 것이다. 마케팅 믹스 전략은 프로그램을 의미하는 Products, 수업료 등 가격을 나타내는 Price, 학습이 이루어지는 유통 경로를 의미하는 Place, 그리고 판매를 촉진하는 Promotion으로 구성된다. 이상 네 가지 용어의 이니셜을 모아서 마케팅 4P전략이라고 한다.

평생교육기관 마케팅 활동에서 가장 중요한 활동은 역시 교육 프로그램의 성격을 결정하는 학습 콘텐츠로 교육 프로그램 상품이다. 교육 프로그램이라는 상품이 없으면 가격 결정 활동, 강의활동, 또는 판매 촉진활동이라는 마케팅 활동을 시작할 수도 없다. 잠재적 학습자의 특성을 분석하는 마케팅 첫 단계부터 학습자가 학습 결과에 만족할 수 있는 교육 프로그램 상품을 개발할 수 있어야 한다.

다음은 교육 프로그램의 가격이다. 평생교육 프로그램을 수강하는 학습자가 수강의 대가로 지불하는 수강료는 중요하다. 특히, 수익성을 주목적으로 운영하는 평생교육기관이라면 수업료 설정을 얼마로 하는가가 기관의 매출액과 조직의 존폐를 결정하게 된다. 수업료는 평생교육기관의 수익에 직접적인 영향을 미치며 또한 기관의 매출 증대와 이익 실현에 중요한 요인이 되기 때문이다. 특히, 수업료를 전략적으로 책정해야 하는 이유는 가격이 그 교육 프로그램의 가치 정도에 대한 신호를 준다는 점이다. 즉, 커피 한 잔을 1천 원에 판다면 1천 원짜리 싸구려 커피라는 인식을 주게 되며, 커피를 1만 원에 판매하면 1만 원짜리 고급 커피라는 인식을 주게 된다는 것이다. 일반적으로 소비자들은 가격에 의존하여 상품의 가치를 인식하는 경향이 있기 때문에 수업료를 결정하는 마케터는 시장 상황, 잠재적 학습자의 소득 수준, 경쟁하는 평생교육기관의 수업료 수준 등 여러 가지 변수를 고려하여 전략적으로 가격 결정을 하여야 한다.

Place라는 유통도 중요하다. 평생교육기관의 마케팅 유통이란 교육 프로그램이 목표 학습자에게 제공되는 방식과 장소로 강의 방식, 학습자가 참여하는 워크숍 방식 그리고 비대면 온라인 방식 등이다. 실질적으로 교육과 학습이 발생하는 장소(Place)가 평생교육기관의 유통이 되는 것이다. 최근 코로나로 인하여 사회적 거리

두기 조치가 시행됨에 따라 직접 대면하는 강의장보다는 줌 등 온라인 원격교육 프로그램을 이용하는 비대면 강의방식의 유통이 늘어나는 추세에 있다.

다음은 4P의 마지막 P인 촉진활동 Promotion이다. 촉진활동 또는 마케팅 커뮤니케이션은 교육 프로그램을 학습자가 선택하도록 할 목적으로 프로그램 정보를 제공하거나, 참여를 설득하는 노력의 일체를 말한다. 실질적으로 마케팅 활동에서 가장 많이 이야기되는 것이 바로 촉진활동 Promotion이다. 즉, 프로그램을 다양한 매체를 통해 알리는 광고와 홍보활동, 프로그램을 판매하는 영업활동 그리고 판매 촉진을 위한 각종 이벤트 세일 활동이 이에 해당된다.

이상의 네 가지 활동, 즉 교육 프로그램 콘텐츠 개발, 수업료 책정, 강의장이나 강의방식 결정, 그리고 프로모션 방법을 믹스하여 잠재적인 학습자를 설득할 수 있는 최적의 조합을 만들어 내는 것이 마케팅 믹스 전략이다.

(6) 마케팅의 실행

마케팅의 실행이란 이상의 4P 믹스 전략을 주도면밀하게 실행하여 학습자가 평생교육 프로그램에 참여하게 하는 마케팅의 목표를 달성하도록 하는 것이다. 성공적인 마케팅의 실행, 즉 목표 달성을 위해서는 마케팅이 실행되는 전 과정을 모니터하여 주기적으로 점검 확인하며 문제가 발생하면 그 원인을 분석하여 해결하는 활동을 해야 한다.

마케팅 실행이 조직적으로 이루어지고 관리되도록 하기 위해서는 전담하는 부서를 만들고, 마케팅 실행과 관련된 제반 활동에 대한 관리지표(Key Performance Indicator)를 개발하여 관리해 나가야 한다. 관리한다는 것은 KPI의 변화를 관찰하고 그 결과에 대하여 개선 조치를 하거나, 관련된 직원에 대하여 적정한 보상활동을 하는 것을 의미한다.

마케팅 결과가 목표 수준에 미달하거나 기대에 미치지 못하면, 또는 마케팅과 관련된 문제나 사건이 발생한 경우에는 관련 이해관계자와 긴밀히 협력하여 그 원인을 진단하고 해결방안을 모색해야 한다. 이를 위해서는 관련 부서와 업무를 조정하고 통제하는 기능이 마케팅 전담 부서에 주어져야 할 필요가 있다. 그러나 무엇보다도 중요한 것은 평생교육기관의 대표이사를 비롯하여 전체 구성원 모두가 마케팅에 관심을 갖고, 상호 협력하며 부단한 노력을 기울여야 한다는 것이다. 왜냐하면 마케팅이 책상에서 그림을 그리는 일처럼 그리 호락호락한 것이 아니기 때문이다.

4. 평생교육기관의 홍보

인터넷의 발달과 스마트폰의 보급으로 평생교육기관이 잠재적 학습자에게 평생교육기관을 알리고, 학습자와 소통하는 방법이나 과정이 과거와 많이 달라졌다. 기존의 신문, TV, 라디오, 잡지 등 전통적인 미디어 매체의 역할이 약해지면서 새롭게 부상되는 유튜브, 페이스북, 카톡 등 IT 소셜 미디어가 강세를 보이고 있다.

평생교육시장에 진입한 평생교육기관이 많아지고, 교육 프로그램의 수와 양이 늘어남에 따라 잠재적 학습자에게 평생교육기관과 교육 프로그램을 알리는 일이 과거보다도 더욱 중요한 일이 되었다. 특히, 오늘날처럼 정보가 차고 넘치는 정보의 홍수 시대에서는 학습자는 자신이 관심이 있고 꼭 필요한 정보만을 얻고 싶어 하기 때문에 홍보하는 일이 더욱더 어려워지고 있다.

오늘날 잠재적 학습자는 PC나 스마트폰에서 인터넷 검색을 하거나 카톡 등 SNS를 활용하여 필요한 정보를 수집하고 문제를 해결하기 때문에 평생교육기관으로서도 변화된 홍보 환경에 대한 이해와 IT 기술을 효과적으로 활용하지 않고서는 기대하는 결과를 얻기 어려운 시대가 되었다. 그렇다고 해서 전통의 신문, 잡지, TV의 기능이 사라진 것도 아니기 때문에 홍보활동이 더욱 복잡해지고 어려워지고 있다. 따라서 평생교육기관으로서는 전통적인 미디어 매체뿐만 아니라 새롭게 개발되고 있는 유튜브 등 SNS 신매체를 통합적으로 활용하여 평생교육기관과 교육 프로그램을 전략적으로 홍보해야 한다.

1) 평생교육기관의 홍보의 의미와 중요성

평생교육기관의 홍보란 평생교육기관이 잠재적 학습자와의 커뮤니케이션 활동을 통하여 교육기관의 생각이나, 계획, 활동 사항, 업적 등을 알리는 것을 말한다. 쉽게 표현하면 많은 사람들에게 평생교육기관의 존재를 인식시키고, 교육 프로그램을 알려서 참여를 설득하는 활동이다.

홍보의 사전적 의미는 '일반에게 널리 알림'이다. 영어의 PR(Public Relations)도 홍보와 같은 개념으로 사용되고 있는데, 엄밀하게 구분하면 차이가 있다. 홍보는 비용을 들이지 않고 평생교육기관과 프로그램을 기사나 뉴스를 통해 잠재적 학습자에게 알리는 것이라면, PR은 언론 기관 등 관련 이해관계자와 대내외적 커뮤니케이션 활동을 포함하는 적극적인 홍보활동이다.

평생교육기관 간 학습자 유치 경쟁이 심해지고, 새롭게 만들어지는 다양한 종류의 교육 프로그램으로 인하여 홍보의 중요성은 날로 증대되고 있다. 그러나 IT의 발달과 정보가 넘치는 홍보 환경의 변화로 평생교육기관을 알리는 일이 점점 더 어려워지고 있다. 특히, 정보를 선택적으로 찾고 소비하는 잠재적 학습자에게 평생교육기관을 알게 하고 교육 프로그램에 참여하게 하는 일은 더욱더 그러하다. 하지만 아무리 어렵다 할지라도 홍보를 하지 않으면 평생교육기관의 존재를 알릴 수 없다. 또한 많은 비용을 들여서 힘들게 개발한 교육 프로그램을 사장시켜야 하는 안타까운 일이 발생하게 된다. 그래서 일반 기업체에서도 자사가 만든 상품을 판매하기 위하여 엄청난 돈을 투자하여 상품 광고를 하며, 대언론 기관과 우호적 관계를 구축하고, 사회적 기부활동 등으로 회사를 홍보하기 위한 노력을 하고 있다.

좋은 상품은 만들었지만 홍보를 하지 못해 매출을 올리지 못한 회사도 있고, 경기가 불황임에도 불구하고 홍보를 잘해서 엄청나게 매출을 올리는 기업도 있다. 따라서 평생교육기관과 프로그램 홍보활동이 곧 교육기관의 생사가 결정되는 일이라 생각하고 대표이사를 비롯한 전 직원이 하나가 되어 홍보활동에 임해야 한다.

2) 평생교육기관 홍보의 목적과 원칙

(1) 평생교육기관 홍보의 목적

평생교육기관을 홍보하는 목적은 기관의 존재 이유와 사회적 가치를 인식하게 함으로써 대외적으로는 잠재적 학습자의 학습동기를 유발하고, 교육 프로그램에 참여를 촉진하며, 재정적 후원자나 후원기관을 확보하여 지원을 받는 것이며, 대내적으로는 기관의 임직원이 한마음이 되어 기관의 사명을 완수하고 비전을 달성하도록 상호 협력하도록 하는 데 있다.

평생교육경영학 저술자 남정걸(2007)은 평생교육기관의 홍보의 목적을 다음과 같이 기술하고 있다.

첫째, 잠재적 학습자의 교육 프로그램에 참여를 유인하고 확보하는 것이다. 학습 참여자는 고객이다. 고객이 없는 조직은 존재의 의미가 없다. 고객이 있기 때문에 조직이 만들어지고, 유지되는 것이 의미가 있는 것이다. 수익성을 목적으로 하는 평생교육기관 입장에서는 잠재적 학습자의 학습 참여를 이끌어 내는 것이 교육기관의 사활이 걸린 문제가 된다. 공익 목적의 평생교육기관에서도 고객을 확보하는 일이 기관의 존재 이유를 설명할 수 있고 필요한 후원을 얻기 위해 절대적으로 필요한 일이다.

둘째, 재정적인 후원자를 확보하는 것이다. 평생교육기관의 존재 이유가 무엇이며, 사회적으로 어떤 가치를 제공하고 있는지 그리고 왜 필요한지를 홍보함으로써 재정적인 후원자를 확보할 수 있다. 특히, 지자체 부설 공익적 목적의 평생교육기관일 경우는 시의원들의 예산 지원을 받기 위해서라도 홍보를 적극적으로 할 필요가 있다.

셋째, 자원봉사자의 유치와 그들 상호 간의 협력을 증진하는 것도 홍보의 목적이 될 수 있다. 자신의 경험과 지혜를 그리고 노력과 봉사를 공동체 사람들과 나누려고 하는 자원봉사자를 유치하고 그들 상호 간의 협력을 증진하는 것이다. 특히, 청소년기관, 여성회관, 지자체 평생교육원 경우는 자원봉사자에게 크게 의존하고 있다. 그러므로 지자체 평생교육원 등 공익적 목적의 평생교육기관은 교육기관의 사명과 운영하고 있는 프로그램에 대하여 적극적으로 홍보해야 한다.

넷째, 홍보를 통하여 평생교육기관에 종사하는 임직원들이 기관의 사명과 역할 등을 인식하게 함으로써 동기부여하고 상호 협력하도록 하는 것이 목적이 될 수 있다. 평생교육기관을 홍보함으로써 교육기관의 사명이 대중에게 인식되고, 이러한 대중 인식은 교육기관의 조직원에게 자신의 정체성을 명확히 할 수 있도록 도와주며, 하는 업무에 대하여 긍지를 갖고 매진할 수 있게 한다.

다섯째, 홍보 활동을 통해서 평생교육기관에 대한 오해를 불식시킬 수 있다. 즉, 다양한 프로그램이 유료로 소개되는 상황에서는 교육기관의 재무적 이익만을 위해서 교육활동을 하는 것으로 오해할 수도 있다. 그렇기 때문에 공익적 목적의 평생교육기관이면 자신의 사명과 비전 등 교육기관을 알리는 일에 적극적이어야 한다.

(2) 평생교육기관 홍보의 원칙

평생교육기관이 홍보를 효과적으로 하기 위해서는 지켜야 할 원칙이 있다. 그 원칙은 진실성의 원칙, 상호작용 소통의 원칙, 공공이익 합치의 원칙, 그리고 인간적 접촉의 원칙이다.

첫째, 진실성의 원칙은 있는 사실을 과장하지 않고 진실되게 그대로 알리는 것이다. 허위나 과장된 홍보로 사회적 물의를 일으키는 경우로 이는 잘못된 범법행위이다. 예를 들어, 사적 이익을 목적으로 사용가치가 없는 자격증 과정을 만들어 과장 또는 허위 홍보를 하여 학습자를 유인하는 경우이다. 평생교육기관은 진실성의 원칙에 입각하여 진실되고 정확한 정보를 전달하여야 한다.

둘째, 상호작용 소통의 원칙은 일방적으로 평생교육기관의 생각을 알리는 것이 아니라, 학습자의 생각과 의견을 반영한 홍보를 하는 것이다. 평생교육기관의 사명에 공감하고, 잠재학습자의 기대와 의견이 반영된 프로그램을 홍보함으로써 학습자의 학습동기를 일으키게 되어 능동적인 참여를 이끌어 낼 수 있다.

셋째, 공공이익 합치의 원칙은 홍보를 통해서 보다 나은 공동체를 만들기 위한 새로운 생각을 갖도록 하는 것이다. 평생교육은 개인의 발전을 기반하여 사회와 국가의 발전을 모색하는 활동이다. 따라서 개인적 차원의 자격취득이나 역량개발 수준에 머물지 말고 사회적·국가적 차원에서 공공이익에 합치되도록 홍보를 하여야 한다.

넷째, 인간적 접촉의 원칙은 홍보를 할 때, 정서적 교감이 이루어지는 사람과 사람의 만남이 되어야 한다는 것이다. 최근 IT 기술이 발전된 덕분에 학습자와 평생교육기관의 인간적 접촉이 없이 기계적으로 사무를 처리하는 경우가 종종 발생한다. 이러한 인간적 접촉이 없는 홍보는 평생교육기관 입장에서는 편리하고 효율적이지만 학습자 입장에서는 불편하고 인간미가 없어서 홍보의 효과를 반감시키는 결과를 가져올 수 있다.

3) 홍보 매체와 홍보전략 과정

(1) 홍보 매체

평생교육기관의 홍보 목적은 평생교육기관의 존재 이유와 교육 프로그램을 잠재적 학습자에게 알리는 것이다. 홍보를 위해서는 잠재적 학습자를 직접 만나서 대면으로 알리는 수 있지만 다양한 커뮤니케이션 매체를 활용하여 홍보하게 된다.

홍보 매체로는 신문과 잡지로 대표되는 인쇄물, 귀로 정보를 들을 수 있는 라디오, 시각적 요소와 청각적 요소를 모두 포함하는 TV, 인터넷 홈페이지, 스마트폰의 유튜브 등 다양한 매체가 있다. 역사적으로 홍보 매체는 인쇄물에서 소셜미디어까지 지속적으로 진화해 오고 있다. 최근에 개발된 온라인 SNS 매체가 기존의 광고와 홍보시장을 빠르게 잠식해 가고 있는 것이 사실이지만 기존의 TV나 신문과 잡지 등 인쇄물도 홍보 매체로 기능을 하고 있다.

① 인쇄물

일반적인 홍보 매체로 활용되는 것은 인쇄물이다. 평생교육기관에서 교육 프로그램을 소개하는 안내문을 인쇄 제작하여 게시판에 붙이거나 신문의 간지로 삽입하여 독자에게 전달한다. 비교적 작은 비용으로 홍보할 수 있는 방법이지만 기대만큼 홍보 효과는 크지 않다. 하지만 홍보를 위해서 쉽게 할 수 있는 방법이기 때문에 가장 많이 사용되는 홍보 방법이다.

② 인터넷(홈페이지)

IT 기술이 발전되면서 가장 영향력 있게 홍보 효과를 낼 수 있는 방법이 홈페이지를 제작하여 인터넷을 활용하는 홍보 방법이다. 요즈음에는 1인 기업일지라도 홈페이지를 제작하여 홍보를 할 정도로 아주 일반화된 인터넷 활용 홍보 매체이다. 특히, 우리나라는 인터넷 망이 잘 구축되어 있어 어디서든지 인터넷을 활용할 수 있다. 인터넷을 이용하여 홈페이지를 통해 홍보를 할 경우에는 학습자 친화적인 홈페이지를 제작하고 수시로 홍보 내용을 업그레이드하는 것이 중요하다. 인쇄물에 비해 비용이 많이 들지만 홍보 효과가 크고, 학습자가 정보를 확인하기 위하여 필요로 하는 매체이기 때문에 적극적 활용이 요구된다.

③ 블로그

인터넷의 발달과 함께 새롭게 등장한 블로그(blog)가 또 하나의 홍보 매체로 인기를 끌고 있다. 블로그는 웹(web)과 로그(log)를 합성한 낱말로 블로거가 자신의 생각이나 주장을 웹상에 기록하여 다른 사람들이 읽을 수 있도록 게시한 글이다. 인터넷상에서 홈페이지와 함께 블로그를 활용하는 홍보 방법이 보편적으로 많이 사용되고 있다.

④ 전자메일

평생교육기관에서 가장 많이 활용되고 있는 방법으로 학습자의 메일 주소로 평생교육기관 소개나 프로그램 안내 메일을 E-mail로 보내는 방법이다. 비용적인 면에서도 가장 저렴하고 상당한 효과를 얻을 수 있는 방법이다. 오늘날 정보통신시대를 살아가는 한국인이라면 누구나 메일 주소를 갖고 있기 때문에 해당하는 학습자에게 직접 전자메일을 보냄으로써 기대했던 홍보 결과를 얻을 수 있다. 하지만 스팸메일이 많아지고, 경쟁이 되는 카톡 등 다양한 SNS 매체가 활발하게 사용되고 있는 상황에서 전자메일의 효과성이 점점 떨어지고 있는 것이 사실이다.

⑤ 동영상(유튜브)

최근 가장 각광을 받고 있는 홍보 매체 중에 하나가 유튜브 방송이다. 미국 구글사에서 운영하는 유튜브(www.youtube.com)에 접속하여 회원으로 등록하고, 평생교육기관의 홍보 동영상을 제작하여 업로드하면 온라인상에서 누구나 접속하여 볼 수 있다. 요즘 젊은 세대들은 기성세대와는 달리 각종 정보를 신문을 통하지 않고 영상을 통해 접하는 추세이다. 이러한 추세에 맞추어 평생교육기관이나 교육 프로그램 소개 동영상을 제작하여 유튜브에 업로드하거나, 홈페이지에 연결하는 등 다각도로 활용할 수 있는 홍보 전략을 수립할 필요가 있다.

⑥ 팸플릿

평생교육기관에서 활용하고 있는 가장 일반적인 홍보 수단이 팸플릿을 인쇄 제작하여 배포하는 것이다. 평생교육기관 소개와 교육 프로그램 안내를 위한 팸플릿을 제작하여 잠재적 학습자가 모일 수 있는 장소나 평생교육기관 관련 기관에 팸플릿을 배치하여 필요로 하는 학습자가 읽어 보거나 가져갈 수 있도록 하는 것이다. 잠재적 학습자에게 우편을 활용하여 팸플릿을 직접 우편 배달할 수도 있다. 비용도 저렴하고 쉽게 활용할 수 있는 홍보 방법으로 평생교육기관의 홍보나 교육기관의 특별한 행사를 소개하는 데 적합한 인쇄 홍보물이다.

⑦ 신문

신문은 뉴스를 전달하는 대중적인 매체로 독자에게 영향력이 큰 홍보 매체이지만, SNS의 발달로 그 유용성이 날로 약해지고 있는 홍보 매체이다. 신문도 전문 분야의 신문이 있고, 독자층을 많이 확보한 신문과 그렇지 못한 신문이 있기 때문에 어떤 신문을 활용할 것인지 판단하여 활용하여야 한다. 신문으로 홍보를 할 때, 신문기사로 홍보할 것인지 아니면 광고로 홍보하느냐에 따라서도 홍보 효과가 달라진다.

⑧ 잡지

잡지는 주간지, 월간지, 개간지 등 발행 주기에 따라 다양하게 구분되는데 잠재적 학습자가 가장 많이 구독하는 잡지에 홍보하는 것이 효과적이다. 특히, 특정 분야의 잠재적 학습자를 대상으로 홍보를 한다면 전문 잡지를 활용하여 충분한 시간적 여유를 가지고 접근한다면 나름 성과를 낼 수 있을 것이다.

(2) 홍보 전략 수립 과정

평생교육기관에서 프로그램을 홍보한다는 것은 잠재적 학습자에게 프로그램을 알리고, 설득하여 프로그램 참여를 촉진시키는 것을 의미한다. 홍보의 효과를 얻기 위해서는 보다 전략적이며 체계적으로 접근할 필요가 있다.

[그림 9-3]과 같이 평생교육기관이 효과적으로 홍보를 하기 위해서는 첫 단계로 잠재적 학습자를 파악하는 것부터 시작하여, 현재 이미지와 기대하는 이미지 갭 확

[그림 9-3] **홍보전략 수립 프로세스**

인, 효과적인 홍보 전략 수립, 그리고 계획의 실행 및 결과 평가 단계까지 5단계를 단계적으로 실행할 필요가 있다.

첫 번째 단계로 잠재적 학습자를 파악하는 일이다. 평생교육기관과 지리적으로 업무적으로 관련 있는 모든 잠재적 학습자들에 대한 정보를 수집하고 분석한다.

두 번째 단계로 목표로 설정한 잠재적 학습자가 평생교육기관에 대해 갖고 있는 이미지와 태도를 평가한다. 즉, 잠재적 학습자들이 평생교육기관에 대하여 어떠한 인식을 하고 있는지, 그리고 평생교육기관에서 운영하는 교육 프로그램에 대하여 어떤 평가를 내리고 있는지에 대하여 조사하고 평가한다.

세 번째 단계로 평생교육기관이 목표로 하는 잠재적 학습자 집단의 평생교육기관에 대한 기대 이미지나 태도를 명확히 설정한다. 목표 수준이 명확하여야 효과적인 홍보 전략을 구상할 수 있다. 예를 들어, '4차 산업시대에 활용할 수 있는 다양한 기술을 배울 수 있는 프로그램'을 개발하고 보급하는 평생교육기관으로 인식되기를 기대한다면 그 이미지에 적합한 홍보 전략을 수립할 수 있는 것이다.

네 번째 단계는 효과적인 홍보 전략을 수립하는 단계이다. 1단계 잠재적 학습자의 파악부터 3단계 기대하는 이미지나 태도를 설정하기까지 수집하고 분석한 자료를 토대로 홍보 전략을 수립한다.

다섯 번째 단계는 계획을 실행하고 평가하는 단계이다. 실행 결과에 대한 평가 작업은 실행 후 일정 시점이 지나 그 결과를 평가하게 된다. 평가 항목으로는 '홍보 전략을 계획한 대로 실행하였는가?', '실행 결과가 기대했던 수준인가?' 등이다. 홍보 결과를 평가할 때는 외부 전문가의 도움을 받아 객관적이며 실질적인 평가를 할 필요가 있다. 그리고 차기의 홍보 전략을 수립할 때 평가 결과를 참고하여 개선된 홍보 전략을 수립하도록 한다.

> **토론**
> **문제**
>
> 1. 마케팅의 개념과 마케팅 관련 핵심 용어인 시장, 욕구, 필요, 수요 그리고 가치에 대하여 설명하시오.
> 2. 평생교육기관이 마케팅을 해야 하는 이유를 설명하시오.
> 3. 효과적으로 마케팅을 실행하기 위한 평생교육기관 마케팅 단계를 단계별로 구체적으로 설명하시오.
> 4. 평생교육기관의 홍보의 중요성과 목적과 원칙 그리고 홍보 전략 수립과정을 설명하시오.

참고문헌

김용현(1998). 사회교육과 열린 평생학습. 서울: 독자와 함께.

남정걸(2007). 평생교육경영학. 경기: 교육과학사.

오혁진(2003). 평생교육경영학. 서울: 학지사.

은종성(2018). 마케팅의 정석. 서울: 책길.

이순철(1991). 서비스기업의 경영전략. 서울: 삼성경제연구소.

조석호, 최운실(1986). 평생교육진흥방안. 서울: 한국교육개발원.

하연섭(2016). 제도분석: 이론과 쟁점(제2판). 서울: 다산출판사.

Dave, R. H. (1999). *Foundations of Lifelong Education*. Hamburg: UNESCO. Institute for Education, and Oxford: Pergamon Press.

Jarvis, P. (2006). *From adult Education to the Learning Society*. NY: Routledge Taylor & Francis Group.

Merriam, S. B., & Caffarella, R. G. (1997). *The Profession and Practice of Adult Education*. San Francisco: Jossey-Bass.

제 **10**장

평생교육기관의
재무관리 및 회계

관리 활동의 핵심은 측정과 보상이다.
측정할 수 있는 재무적 결과로 경영관리 활동의 결과를 말할 수 있다.
−권이산−

1. 재무관리의 개념과 적용

1) 재무관리의 개념

회사를 운영하는 것이나, 집안의 살림을 꾸려 나가는 것이나, 그리고 모임을 운영하는 원리는 재무적 관점에서 보면 원리적으로 동일하다. 동일한 원리를 기반으로 모든 조직과 개인은 돈을 벌고, 돈을 저축하고, 돈을 사용하며, 이를 장부에 적어서 필요한 사람과 공유한다. 정보를 공유하는 대상이 회사일 경우는 은행, 주주, 투자자 회사 직원 등 관련된 이해관계자가 있으며, 집안인 경우는 가족들이 직접적인 이해관계자가 되며, 모임에서는 모임의 참가자가 이해관계자가 된다. 이상과 같이 돈을 벌고, 돈을 쓰는 재무와 회계활동은 개인이나 조직이 살아가기 위하여 반드시 수행해야 하는 기본적 활동이며 필수적인 활동이다.

재무관리란 일반 기업이나 교육기관이 사명과 비전을 달성하기 위하여 경영활동에 필요한 자금을 조달하고, 자금을 운영하는 제반 활동을 말한다. 자금의 조달과 운영을 원활하게 하기 위해 수입과 지출 등 자금 관련 활동을 계획하고, 실행하며, 통제하는 일련의 돈과 관련된 활동이다. 재무관리에서 자금의 조달과 운영은 재무관리에서 핵심적인 두 가지 기능이다. 자금의 조달은 자금을 조달하는 데 효율성의 원리에 따라 그 비용을 최소화하는 것이며, 자금의 운영은 확보된 자금을 효과적으로 활용할 수 있도록 하는 것이다.

재무관리의 개념을 협의의 재무관리와 광의의 재무관리로 나누어 생각할 수 있는데 협의 재무관리는 필요 자본량의 계산, 주식 발행, 채권 발행 등의 자본의 조달 방법의 선택과 현금의 사용과 보관 등에 관한 집행적 재무활동이다. 반면 광의의 재무활동은 예산관리, 손익관리, 원가관리, 경영분석 등을 주요 내용으로 하는 계수관리나 재무관리회계를 말한다. 일반적으로 기업에서는 은행, 주주, 증권거래소, 세무서 등 외부의 이해관계자를 위해 재무적 회계를 하며, 회사 내부의 경영적 의사결정을 위하여 변동비의 증감, 고정비의 증감 등 관리적 회계를 실시한다. 이 경우 회계란 조직의 재무적 경영활동에 관련된 정보를 측정하여 조직 내외 이해관계자가 경제적 의사결정을 합리적으로 할 수 있도록 제공하는 것이기 때문에 이하 본문에서는 재무관리와 재무회계관리를 동의어의 개념으로 사용하겠다.

2) 평생교육기관의 재무관리

평생교육기관의 재무관리 역시 일반적인 기업조직의 재무관리와는 다소 차이는 있겠지만 자금을 조달하고 운영한다는 큰 틀에서는 동일하다. 평생교육기관의 재무관리란 평생교육기관이 필요로 하는 자금을 조달하고, 운용, 투자하는 것과 관련된 일련의 활동을 계획하고, 실행하며, 통제하는 것을 의미한다. 평생교육기관은 재무관리를 통해 프로그램을 개발하고 운영하며, 지출과 수입의 균형을 맞출 수 있도록 필요한 자금의 흐름을 통제해야 한다.

평생교육기관의 재무관리의 핵심 두 가지 기능인 자금의 조달과 운영은 회계적으로 수입과 지출로 나타난다. 수입은 평생교육기관을 운영하기 위해 투입된 금액이다. 수입의 원천은 평생교육기관의 유형에 따라 달라진다. 일반적으로 평생교육기관의 주된 수입은 학습자가 수업의 대가로 지불하는 수강료이지만, 정부나 지자체의 평생교육기관은 정부가 출현하는 기금이 수입의 원천이 된다. 지출은 평생교육기관의 운영에 소요되는 비용으로 강사 인건비, 교육 자료의 구입비, 관리비, 시설비, 프로그램 홍보비, 기타 비용으로 구성된다.

재무관리라는 관점에서 보면, 학교, 학원, 지자체 평생교육원, 기업연수원, 대학 부설 평생교육원 등 다양한 평생교육기관별로 재무관리가 갖는 의미는 달라진다. 첫째, 공공의 이익을 우선으로 하는 지자체 등의 평생교육기관이나 비영리 평생교육기관의 재무관리는 자금의 조달과 운영이라는 재무적 기능보다는 주어진 예산을 운영하는 회계관리적 기능이 강하다. 둘째, 수익성을 전문으로 학원, 백화점 문화센터, 기업 연수원 등은 공익성보다는 수익성을 우선으로 하기 때문에 일반 기업의 재무관리회계 기능이 그대로 적용된다. 셋째, 공익성과 수익성을 동시에 추구해야 하는 대학 부설 평생교육기관 등은 재무관리의 주 기능도 필요하며, 회계관리의 주 기능도 필요하여 동시에 수행해야 한다.

3) 평생교육기관 재무관리의 중요성

조직을 운영하는 핵심적 추진체는 사람과 돈이다. 공동의 목표를 달성하기 위하여 사람이 모이는 곳이 조직이며, 이 조직을 움직이게 하는 것이 돈이다. 돈이 없어도 사람들이 모이면 조직이 운영될 것으로 생각하지만 돈이라는 에너지가 없다면 조직이 움직이지 않는다. 평생교육기관 역시 하나의 조직으로 그 기관의 성격이 공익성을 우선하는 공익적 목적의 평생교육기관이든 수익성을 우선하는 사적 이익의 평생교육기관이든 재무관리회계가 절대적으로 필요하게 된다.

수익성을 추구하는 학원 등 평생교육기관은 운영자금 조달을 주로 학습자의 수강료에 의존하기 때문에 학습자의 이탈 등 수강료 수입의 부족으로 어려운 경영 상태를 맞이하는 경우가 많다. 정부 연구기관, 지자체 평생교육원 등과 같이 정부지원금이나, 정부 출현금에 의존하는 경우는 예산이 부족하여 부실한 교육 프로그램을 운영하는 사례를 찾을 수 있다. 따라서 수익성을 추구하든 공익성을 추구하든 조직이 지속적으로 유지 가능하도록 운영되어야 한다는 관점에서는 재무회계관리는 핵심적 조직경영 관리의 활동이 된다.

평생교육기관의 재무회계관리가 중요한 이유는 다음과 같다.

첫째, 평생교육기관의 경영의 효율화를 통한 조직의 경쟁력을 확보하기 위한 것이다. 효율적인 자금의 조달과 운영을 통해 재무적으로 건강한 조직을 만들게 되면, 그 조직은 경영환경이 어려운 상황에 닥치더라도 난관을 극복하고 지속 가능한 평생교육기관이 될 수 있는 것이다. 예를 들어, 학원을 운영하는 경우, 자금 조달이 안정화된다면 어려운 상황에서도 투자를 통해 일타 강사를 채용하여 많은 수강생을 모아서 수입을 올릴 수 있다. 공익성을 추구하는 평생교육기관에서도 효율적인 자금관리로 작은 비용을 투자하여 큰 효과를 얻을 수 있는 프로그램에 집중하여 평생교육기관으로 조직의 사명을 완수할 수 있는 것이다.

둘째, 재무관리가 중요한 이유는 평생교육기관의 미래를 설계할 수 있는 기획기능을 활성화할 수 있다는 것이다. 기관을 운영하는 입장에서 중·장기적 관점에서 자금 조달이 안정되지 않고 운영이 잘 되지 않는다면 기관의 미래를 설계하는 일이 어려울 것이다. 평생교육기관을 운영한다는 것은 교육기관의 사명을 명확히 하고, 3년 내지 5년의 미래 비전을 설계하며 그 사명과 비전을 달성하기 위하여 내·외부 환경을 분석하여 전략을 수립하며, 전략 실행을 위해 조직적 재무적 계획을 짜고 업무를 실행하는 것이다. 또한 경영환경 변화를 예의 주시하여 기관에 미칠 수 있는 영향을 검토하여 선제적으로 변화·관리하며 예기치 못한 변화에 대해서는 적극적으로 대응하여 그 위험을 최소화하는 위험관리를 하는 것이다. 분명한 것은 이 모든 활동에는 자금이 소요되며, 안정된 자금관리가 담보되어야 조직의 경영기획 기능을 활성화시킬 수 있다.

셋째, 평생교육기관의 재무관리회계가 중요한 이유는 자금 운영이 투명해야 조직의 자금 조달이 용이하기 때문이다. 투명하게 자금이 관리되어야 수익 목적의 평생교육기관도 시설 공사나 프로그램 개발 등에 필요한 투자금을 주주로부터 투자를 받을 수 있으며, 공익 목적의 지자체 평생교육원 역시 자금관리가 투명해야 지원금이나 후원금을 안정적으로 확보할 수 있기 때문이다. 특히, 지자체 소속의 평생교육기관은 시의회 등으로부터 감사를 받는 입장에서 재무회계관리가 투명하게 이루어져야 신뢰를 구축하고, 다음 회기의 예산을 확보하여 평생교육사업을 지속적으로 해 나갈 수 있다.

2. 재무회계관리의 이해

1) 재무회계와 관리회계

회계란 평생교육기관의 경영활동에 대한 수입과 지출 등 각종 자금 관련 정보를 측정하여 조직의 이해관계자가 조직의 목표 달성을 위한 경제적 의사결정을 합리적으로 할 수 있도록 제공하는 것이다. 회계의 구체적인 활동은 그날그날의 경제활동 내역을 장부에 기록하는 것을 부기라고 하며, 부기활동을 통해 손익계산서 재무상태표 등 다양한 종류의 회계장부를 작성하게 된다.

회계의 주요 기능은 기업의 자금조달과 자금운영에 관한 정보를 제공하여 경영상 올바른 의사결정을 할 수 있도록 하는 것이며, 또한 조직과 업무적으로 이해관계를 맺고 있는 금융기관, 세무서 등 다양한 이해관계자와 관련 정보를 공유하는 것이다. 회계는 누구를 위한 회계인가, 그리고 회계장부 작성의 목적이 무엇인가에 따라 재무회계와 관리회계로 구분된다.

　재무회계는 일반적인 재무제표, 즉 재무상태표, 손익계산서, 현금흐름표, 자본변동표 등을 말하며, 주로 자금을 차입하는 금융기관, 투자를 받을 수 있는 투자자, 주식을 매매하는 증권거래소, 세금을 납부하는 세무서 등에 정보를 제공한다. 반면 관리회계는 기업 내에서 경영상 의사결정을 위해 회계 정보를 작성하는 것으로 예산보고서, 매출계획서, 생산계획서, 원가회계분석 등을 말하며, 내부 경영관리자의 경영관리적 의사결정을 돕기 위하여 작성되었다.

〈표 10-1〉 재무회계와 관리회계

	재무회계	관리회계
보고 대상	외부의 이해관계자	○○의 이해관계자
보고 목적	과거의 업적 평가	미래 의사결정, 계획 및 관리
보고서	재무상태표 손익계산서 현금흐름표	예산보고서 생산계획안 원가보고서
정보의 내용	과거	과거와 미래

2) 회계의 종류와 개념

　회계는 경영상 자금의 흐름을 한눈에 볼 수 있도록 해 주는 경영 자금 정보 시스템이다. '회계를 한다'는 것은 자금이 어떻게 조달되었고, 어떻게 사용되었는지 등 자금 관련 정보를 식별하여, 화폐 측정 단위로 나타내며, 이를 기록하여 필요한 이해관계자와 공유하는 것이다. 일반적으로 정보제공을 효과적으로 하기 위해서는 경제활동 주체들 간에 회계공식을 약속한다. 이러한 회계공식 중에 대표적인 회계공식이 '자산 = 부채+자본'으로 구성된다는 '재무상태표' 등식이다. 이 회계공식을 변환하여 자본을 중심으로 나타낸 공식인 '자본 = 자산-부채'는 '자본 등식'이라고 한다. 당기의 경영활동을 기록하는 손익계산서를 표시하는 등식은 '총수익-총비용 = 순이익'이다.

(1) 재무상태표

재무상태표란 일정한 시점(예를 들어, 202×년 12월 31일 현재, 12월 결산 법인)에서 평생교육기관의 자금 조달과 자금 운용의 재무상태를 보여 주는 표이다. 즉, 재무상태표의 등식에 따라서 회사의 자산과 부채는 얼마인지, 그리고 자산에서 부채를 차감한 자기자본은 얼마가 되는지를 보여 준다. 또한 자산이 형성하는 자기자본과 부채가 어떤 비율로 구성되어 있는지를 나타낸다. 이와 더불어 자기자산, 부채, 자본이 어떠한 항목으로 구성되어 있는지도 나타내 준다.

재무상태표가 제공하는 회계정보에 의해 이해관계자는 평생교육기관의 재무상태를 판단하게 된다. 즉, 자산이 유동자산인지 고정자산인지, 유동자산 중에도 당좌자산인지 재고자산인지 등 어떤 형태로 자산을 보유하고 있는지 그리고 부채는 장기부채인지 단기부채인지 등을 알 수 있다. 재무상태표는 평생교육기관이 설립한 이후 일정 시점까지의 과거의 정보를 누적적으로 제공하기 때문에 당기의 영업실적 만을 보여 주는 손익계산서보다는 더 많은 회계 정보를 알 수 있다.

* 항목: 계정 항목의 줄인 말로, 부채 항목은 유동부채와 고정부채로 구성되며, 유동부채의 항목으로 매입채무, 단기차입금, 미지급법인세, 미지급 배당금, 유동성 장기부채 등의 항목이 있다.

① 재무상태표 구성 항목

- 자본: 자본이란 자기자본이라고도 하며, 회사의 운영을 위해 필요한 자금을 주주들로부터 조달한 것을 말한다.
- 부채: 부채도 자본의 일종으로 회사의 운영을 위해 외부로부터 조달한 자금이다. 부채는 주주가 아닌 외부로부터 자금을 조달한 것이기 때문에 타인 자본이라고도 한다.
- 자산: 자산은 자기 자본과 타인 자본을 포함한 개념으로 총자본이라고도 한다.
- 순자본과 순자산: 순자본이라 하면 자기자본만을 말하는 것으로 자산에서 부채를 차감한 것으로 순자산을 의미하기 때문에 순자본은 순자산과 같은 개념으로 사용된다.

〈표 10-2〉 재무상태표

재무상태표	
자산	부채
	자본

② 자산 구성 항목

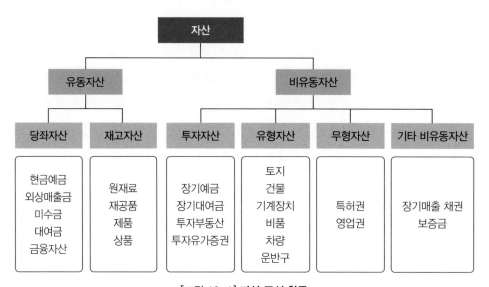

[그림 10-1] 자산 구성 항목

③ 부채 구성 항목

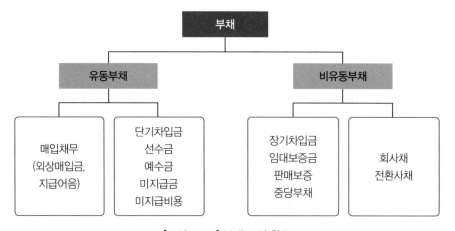

[그림 10-2] 부채 구성 항목

④ 재무상태표의 유용성 및 한계점

재무상태표의 유용성은 일정 시점에 기업이 보유하고 사용 중인 자산의 조달 원천 중 외부 기관으로부터 차입한 부채와 자기 자본이 어떻게 구성되었는지를 보여 주고, 현재의 자산이 유동자산인지, 고정자산인지 등 재무구조 상태에 관한 정보를 제공하여 경영적 의사결정을 할 수 있게 한다는 것이다. 또한 재무상태표는 기업의 장단기 지불능력에 관한 정보를 제공해 주는데 유동비율(유동자산/유동부채)은 단기적인 지급능력을 나타내며, 부채비율(부채/자본)은 장기 지불능력과 관련된 정보를 제공한다.

재무상태표의 한계점은 재무상태표에 기재되는 많은 자산은 거래가 발생된 과거 시점의 취득원가에 의하여 평가된 금액이다. 따라서 현재 시점의 자산가치를 반영하지 못하는 한계점이 있다. 또한 회계기준은 대체적인 처리방법(재고자산 평가방법, 감가상각 방법 등)을 허용하고 있어, 기업 간에 서로 다른 평가 방법을 사용할 경우, 오해로 인한 경영상 의사결정 오류를 범할 수 있다. 이외에도 동일한 재무상태표를 보고서도 이해관계자의 주관적인 해석과 판단에 따라 각기 다른 평가가 내려질 수 있다. 그리고 기업의 실질적인 가치를 결정하는 대표이사의 리더십이나, 직원들의 역량이나 사기 등 인적 자본의 특성이 재무상태표에 나타나지 않아서 회사 자산의 화폐적 표기의 한계점을 보여 주고 있다.

(2) 손익계산서

손익계산서란 일정기간(예를 들어, 202×년 1월 1일에서 202×년 12월 31일까지) 동안 영업활동과 경영활동을 잘했는지 못했는지를 보여 주는 실적표이다. 손익계산서가 제공하는 회계 정보에 의해 평생교육기관의 당해연도 영업성과를 알 수 있으며, 이를 근거하여 미래의 영업성과도 예측할 수 있다. 손익계산서는 당기의 영업실적을 보여 주는 실적표이지만, 일반적으로 이해관계자들은 당기의 영업실적을 근거로 미래 영업성과를 예측하기 때문에 손익계산서가 이해관계자의 의사결정에 미치는 영향이 크다는 특징이 있다.

① 손익계산서의 구성 항목
- 매출액: 매출액이란 기관의 영업활동 결과로 발생한 가장 큰 수익 항목으로, 기

관의 미래 성과를 예측하는 가장 중요한 항목이다.

- 매출원가: 매출원가란 매출에 직접 대응하는 원가만을 집계해 놓은 회사의 가장 중요한 비용 항목이다. 제조업인 경우, 제품을 생산하기 위해 투입한 원자재 비용, 노무비, 직접경비 등이 포함된다.

- 매출 총이익(손실): 매출총이익(손실)은 매출액이나 매출원가와 같이 기관의 영업활동 과정에서 발생한 것이 아니라 매출액에서 매출원가를 차감하여 산출하는 손익계산서에만 등장하는 항목이다. 매출원가가 매출액보다 큰 경우 매출총손실이 발생한다.

- 판매비와 관리비: 판매비와 관리비는 교육기관이 서비스나 제품을 팔기 위해 영업활동으로 인하여 발생하는 판매비용이나 관리비용을 말한다.

- 영업이익(손실): 영업이익(손실)은 매출총이익(손실)과 같이 손익계산서에만 나타나는 항목으로 매출총이익에서 판매비와 관리비를 차감하여 계산한다. 판매비와 관리비가 매출 총이익을 초과하여 지출되었을 때 영업손실이 발생한다.

- 영업외수익과 영업외비용: 회사의 주된 영업활동인 매출활동 이외에 발생한 수익을 영업외수익이라고 한다. 예를 들어, 은행에 입금한 현금에 대한 이자수익 등이다. 반면 영업외비용은 회사가 은행으로부터 차입한 자금에 대한 이자 등으로 영업활동 이외에서 발생한 비용이다.

- 법인세비용 차감 전 순이익: 법인세 비용 차감 전 순이익은 영업이익(영업손실)에서 영업외수익을 가산하고 영업외 비용손실액을 차감하여 계산한다.

- 법인세 비용: 회사의 주된 영업에 대하여 법인의 경우 법인세를 부담하게 된다. 이러한 회사의 영업활동에 대한 법인세 비용 부담액은 비용의 주요 항목으로서 당기순이익을 산출하기 위해 비용처리한다.

- 당기순이익: 당기순이익(당기순손실)이란 손익계산 작성의 종착지로서 법인세 차감 전 순이익에서 법인세 비용을 차감하여 계산한다.

〈표 10-3〉 손익계산서 구성 항목

손익계산서
• 매출액
• 매출원가

• 매출총이익(총손실)
• 판매비와 관리비
• 영업이익(영업손실)
• 영업외수익(영업외비용)
• 법인세비용 차감 전 순이익
• 법인세 비용
• 당기순이익(당기순손실)

② 손익계산서의 유용성과 한계점

손익계산서는 일정 기간 재무성과가 어떤 활동으로부터 얼마나 수익과 비용이 발생하였는가 하는 내역을 구체적으로 보여 준다. 이러한 정보를 근거하여 이해관계자는 평생교육기관의 미래 수익성에 대한 정보를 예측할 수 있다. 기업 내부적으로는 예산을 편성하거나 신규 사업의 검토, 배당정책 등 경영적 의사결정을 할 때 합리적인 의사결정 기준으로 활용된다. 또한 손익계산서는 당기의 경영실적을 보여 주고 있기 때문에 경영자의 단기적 경영능력 평가를 위한 기초 자료로 활용된다.

손익계산서의 한계로는 매출 발생이 재고자산의 판매로 인해 나타나는 경우, 영업활동의 결과로 손익계산서상에는 이익으로 발생하지만 당기에 생산한 상품이 아니기 때문에 이를 근거로 경영자의 경영능력을 판단하면 오류를 범할 수 있다. 또한 당기에만 특별하게 발생한 이익은 차기 회계 기간의 실적과 전혀 무관하기 때문에 미래 경영 결과를 예측하는 데에 분명한 한계가 있다. 따라서 이러한 한계점에 유의하여 손익계산서를 해석하고 활용할 필요가 있다.

(3) 재무상태표와 손익계산서의 상호 관련성

재무상태표와 손익계산서는 [그림 10-3]과 같이 상호 관련성을 갖고 있다. 회계 연도 내의 영업활동은 손익계산서에 나타나며, 그러한 영업활동의 결과로 자산상태가 재무상태표로 나타나게 된다. 먼저, 평생교육기관은 주주가 투자한 자본금과 금융기관 등으로부터 차입한 자본금을 활용하여 직원을 채용하고, 교육장 등 교육시설을 마련하며, 프로그램을 개발한다. 이어서 프로그램을 홍보 등으로 비용이 발생하고, 교육 자료 판매 및 강의 활동을 통해 매출액과 영업이익이 발생하게 된다.

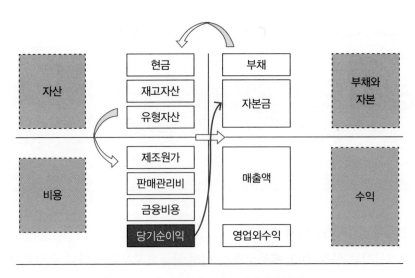

[그림 10-3] 재무상태표와 손익계산서 관계도

이러한 영업활동의 결과로 재무상태표상 일정 시점에서 재고자산과 유형자산 또는 현금으로 자산을 보유하게 된다.

이상과 같이 자산은 영업활동을 통해 비용과 수익으로 나타나게 되고, 당기이익은 회사의 자본을 증가시키게 되며, 회사는 재무적으로 자본의 규모가 확대되어 재무적으로 안정된 회사로 발전하게 된다.

(4) 현금흐름표

손익계산서의 수익과 비용은 거래 발생 기준으로 기록하기 때문에 실제로 현금이 들어오고 나가는 것과 서로 다른 시점이 발생하게 된다. 예를 들어, 평생교육기관에서 교육 관련 서비스를 제공하였으나 구매자는 대금 지불 시기를 내년으로 미루게 되는 경우도 발생한다. 이때 영업활동은 이루어졌기 때문에 손익계산서상에서는 매출액이 계산이 되고, 재무상태표에서는 매출채권으로 자산이 증가하게 된다. 그러나 평생교육기관에서는 실질적으로 현금을 받지 못한 상태이므로 기관으로서는 실질적으로 자금이 부족한 상태가 된다. 이러한 상태에서 인건비나 비용 사용에 대한 대금 지불을 하지 못한 경우에는 현금 부족으로 인한 부도가 발생하게 된다.

이상과 같이 현금흐름표는 발생 기준이 아닌 현재를 기준으로 현금이 들어오거나 나오는 것을 기록하기 때문에 기관의 실질적인 현금이 흘러가는 상황을 보여 주는 표이다. 교육기관은 현금흐름표를 작성을 통하여 영업활동과 투자활동, 재무활

동 등 현금의 흐름을 파악하여 자금이 부족하지 않게 기관의 살림살이를 꾸려 나갈
수 있다.

① 영업활동으로 인한 현금흐름

영업활동은 기업의 주요 수익창출 활동을 의미하며, 투자활동과 재무활동을 제
외한 모든 활동을 말한다. 영업활동으로 인하여 발생하는 현금흐름은 기업의 수익
창출활동으로부터 현금을 창출할 수 있는 능력을 보여 주는 중요한 경영성과 척도
이다.

〈표 10-4〉 영업활동으로 인한 현금유입과 유출

영업활동으로 인한 현금유입	영업활동으로 인한 현금유출
재화의 판매와 용역 제공	재화와 용역 구입
로열티, 수수료, 중개료 및 기타 수익	수수료, 로열티, 중개료 등의 지급
	직원과 관련하여 발생되는 비용
법인세, 부가세의 환급	법인세, 부가세의 납부
단기매매 목적의 유가증권, 매출채권의 처분	단기매매 목적의 유가증권, 매출채권의 처분

② 투자활동으로 인한 현금흐름

투자활동으로 인한 현금흐름은 장기성 자산 및 현금성 자산에 속하지 않는 기타
투자자산의 취득과 처분에 관련된 현금흐름이다. 투자활동으로 인하여 발생하는
현금흐름은 미래 수익과 미래 현금흐름을 창출할 자원의 확보를 위하여 지출된 정
도를 나타낸다.

〈표 10-5〉 투자활동으로 인한 현금유입과 유출

투자활동으로 인한 현금유입	투자활동으로 인한 현금유출
유형자산, 무형자산 등의 처분	유형자산, 무형자산 등의 취득
다른 기업의 지분상품이나 채무상품 등의 처분	다른 기업의 지분상품이나 채무상품 등의 취득
제3자에 대한 선급금 및 대여금의 회수	제3자에 대한 선급금 및 대여금의 지급

③ 재무활동으로 인한 현금흐름

이는 기업이 경영활동에 필요한 자금을 조달하고 이에 대한 대가를 지급함으로써 발생하는 현금흐름으로 미래 현금흐름에 대한 자본 제공자의 청구권을 예측하는 데 유용하다.

〈표 10-6〉 재무활동으로 인한 현금유입과 유출

재무활동으로 인한 현금유입	재무활동으로 인한 현금유출
주식의 발생	자기 주식의 취득
사채 발행, 장단기 차입	차입금 상환

3) 재무회계 분석

(1) 재무회계 분석의 목적과 유형

재무상태표나 손익계산서 등 재무제표에 나타나는 항목의 수치는 그 나름대로 시사하는 바가 있으나 그 자체만으로는 정보 해석의 한계가 있어 회계분석을 통한 보다 정확한 해석이 요구된다. 재무제표가 시사하는 중요한 의미를 찾기 위해서는 항목 간의 상관관계, 그리고 현재의 상태와 과거 상태와의 비교분석, 동종업계 타 회사와의 비교분석 등을 통해 그 의미를 명확히 할 수 있다. 재무회계분석이란 재무상태표, 손익계산서 등 재무제표로부터 정보를 추출하여 항목 간, 계정 간 상관관계 등을 분석 · 해석하는 과정으로 기업의 위험과 수익, 그리고 종합적인 경영 성과와 재무상태를 판단하는 데 필요한 경제적인 의미를 파악하고 해석하는 것이다.

재무회계분석은 재무회계정보의 이용자들의 입장에 따라 다양한 목적으로 수행할 수 있으며, 내부 관리자의 입장에서는 회사의 재무 건정성을 진단하고, 필요한 재무적 개선책을 수립 · 실행함으로써 재무적으로 안정된 회사로 만들어 갈 수 있다.

일반적인 재무비율 분석으로는 전년도와 금년도의 수치를 비교하는 시계열분석, 한국은행 등 정부가 발표하는 산업 평균과 비교하는 기준분석, 기업이 설정한 목표치와 비교하는 목표분석 그리고 업종이나 규모가 비슷한 기업과 비교하여 기업의 상대적 상태를 분석하는 기업 간 비교분석 등이 있다.

〈표 10-7〉 재무분석 유형

	평가 요소	의미	종류
안정성 분석	지급능력	단기채무 상환능력 체크	당좌비율 유동비율
수익성 분석	수익성	투하자본에 대한 이익 창출 능력 체크	총자본이익률 자기자본순이익률 매출액이익률
성장성 분석	성장성	기업의 외형적 경영성과 체크	매출액증가율 총자산증가율 순이익증가율
활동성 분석	자원 활용성	기업이 소유하고 있는 자산의 효율적인 이용도 체크	재고자산회전율 매출채권회전율 총자산회전율
레버리지 분석	리스크 분석	타인 자본 사용에 따른 자본구조의 안정성 체크	부채비율, 자기자본비율, 이자보상비율
시장가치 분석	시장에서의 위치	주가와 관련된 가치 체크	EPS, BPS PER, PBR 배당수익률

(2) 손익분기점 분석

수익을 목적으로 하는 평생교육기관은 지속 가능한 평생교육기관이 되기 위해서는 영업활동을 통한 지속적으로 수익을 발생하여야 한다. 수익이 발생하여야 그 자금으로 시대가 요구하는 새로운 프로그램을 개발하여, 경영 환경 변화와 평생학습자의 요구에 능동적으로 대처할 수 있다. 따라서 새로운 사업을 할 때나 프로그램을 개발할 경우 손익분기점(Break Even Point)을 이해하고 BEP에 기반한 경영적 의사결정을 할 필요가 있다.

비용은 특성에 따라 변동비용과 고정비용으로 구분된다. 변동비용은 생산량의 변화에 따라 직접적으로 비용이 비례하여 증가하거나 감소하는 비용이다. 반면에 고정비용은 생산량의 증감에 관계없이 일정하게 발생하는 비용을 말한다. 예를 들어, 수요업체에 강사를 파견하는 평생교육기관의 경우는 프로그램 운영을 위해 강사를 섭외하고 강의한 대가로 인건비를 지급하여야 한다. 이 경우 강사 강의료는 변동비용이 된다. 반면 채용한 직원에 대한 급료와 판매비용은 프로그램의 운영과 관계없이 기간이 지남에 따라 고정적으로 지급해야 하는 고정비용이 되는 것이다.

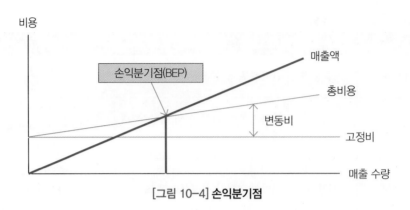

[그림 10-4] **손익분기점**

[그림 10-4]에서와 같이 손익분기점은 수익이 0이 되는 포인트로 총비용과 매출액이 일치될 때이다. 총비용은 고정비용과 변동비용의 총합으로 계산되며 매출 부족으로 총비용에 매출액이 미치지 못하는 경우, 적자가 발생한다. 따라서 평생교육기관은 변동비용이 발생하여 손실이 발생한다고 하더라도 매출액으로 고정비용을 커버할 수 있다면, 매출을 발생시킴으로써 총 적자 규모를 줄일 수 있는 의사결정을 할 필요가 있다.

(3) 재무회계(비율) 분석의 한계

기본적으로 재무비율 분석 역시 재무제표의 한계점을 그대고 갖고 있다는 것이다. 재무상태표에서 이미 취득원가를 기준으로 작성한 정보를 갖고 분석하였기 때문에 재무회계 비율 분석 결과도 현재 시점의 시세를 반영하지 못한다는 한계점을 갖고 있다. 또한, 기업마다 감가상각 방법 등 회계기록 기준의 차이로 인하여 회계처리방식이 다양하여 기업 간 비교분석에도 한계가 존재한다. 따라서 재무제표의 회계연도를 비교·분석할 경우에는 두 회계 기간 간에 환율, 정부정책, 금리 등 외부적 경제 여건의 변화를 고려해야 하며, 기업 간 비교에 있어서도 기업의 규모나 시장 등을 감안할 필요가 있다.

무엇보다도 가장 큰 한계점은 경영자의 철학, 기업의 조직문화나 기술능력 등 계량화한 숫자로 표시할 수 없는 항목에 있다는 것이다. 그러므로 재무회계분석을 수행할 때에는 이러한 재무적 한계점을 고려하여 비재무적 요소를 포함하는 다양한 관점에서 분석하고 해석함으로써 분석의 정확성을 높일 수 있을 것이다.

3. 평생교육기관 재무회계관리의 실제

평생교육기관의 재무회계관리 활동도 일반적인 업무수행 프로세스인 PDCA[계획 수립(Plan), 실행(Do), 검토(Check), 개선(Act)]이라는 경영관리 사이클에 따라 자금계획을 수립하고, 자금을 조달하여 지출하며, 그 결과를 검토하여, 이후에 개선책을 마련하여 새롭게 계획을 수립하고 실행하는 것이다. 따라서 평생교육기관 재무회계관리를 효율적으로 수행하기 위해서는 자금의 수입과 지출에 대하여 전체 조직 단위 또는 사업 단위별로 일정 기간을 기준으로 예산을 수립하게 된다. 그럼 평생교육기관의 재무관리를 예산관리, 자금 조달(수입) 관리 그리고 자금 운영(지출) 관리 관점에서 살펴보겠다.

1) 예산관리

(1) 예산관리 방식

예산관리란 평생교육기관의 경영활동 계획에 따라 재무적인 목표를 설정하고, 수입과 지출 계획을 수립하는 활동으로, 프로그램별로 구체적인 수입과 지출 계획을 문서화하고, 예산 집행 결과를 기록하고 평가하는 일련의 과정이다(최은수 외, 2011). 예산관리에 있어서 가장 중요한 작업은 평생교육기관의 수입과 지출을 기획하여 문서로 만드는 예산 편성 작업이다. 규모가 있는 대부분의 평생교육기관에서는 1년 단위로 예산을 편성하는 예산관리를 실행하고 있는데, 예산을 편성하는 방법은 사용 품목을 기준으로 예산을 편성하는 방법과 사업별 또는 프로그램별로 예산을 편성하는 방법 그리고 두 가지를 합산하여 각 프로그램의 수입과 지출을 항목별로 합산하여 예산을 편성하는 방식이 있다.

① 품목별 예산관리

품목을 기준으로 예산을 편성하는 방법이 일반적으로 널리 사용되고 있다. 예산 편성 시 수입과 지출예산을 필요로 하는 내용을 품목별로 전년도를 기준하여 편성하거나, 평생교육기관의 차년도 예산 범위 내에서 편성하는 방식 그리고 전년도에 사용한 금액과는 무관하게 제로 베이스로 예산을 편성하는 방식이 있다.

전년도를 기준으로 점증적으로 예산을 편성하는 방식이 안정적으로 운영되는 대부분의 평생교육기관에서 가장 많이 사용되는 방법이다. 즉, 수입과 지출 예산액을 책정할 때 물가상승률이나, 전년 대비 일정비율을 기준하여 증액하여 예산을 편성하는 방식이다.

② 사업(프로그램)별 예산 편성

프로그램(사업)별 예산 편성은 기획부터 실행까지 전 예산을 각각의 프로그램별로 편성하여 관리하는 방식이다. 하나의 사업 혹은 프로그램을 기획할 때 프로그램(사업) 단위로 프로그램 개발과 운영을 위한 자금 조달(수입) 계획과 자금 운영(지출) 계획을 수립하는 것이다. 이러한 방식은 프로그램을 운영함으로써 얻는 이득과 손실을 명확히 함으로써 사업의 책임을 분명히 할 수 있는 관리상의 장점이 있다. 평생교육기관의 경우도 교육기관 자체로 개발·운영하는 프로그램이 있고, 외부 교육유관기관으로부터 위탁해서 수행하는 프로그램이 있기 때문에 사업상 채산을 분명히 할 필요가 있는 경우에는 프로그램별로 예산을 분리하여 편성할 필요가 있다.

③ 통합적 예산 편성

평생교육기관이 외부 기관으로부터 위탁 받은 사업이 없다면 여러 가지 자체 교육 프로그램의 수입과 지출 예산을 통합하여 편성하는 방법이다. 많은 평생교육기관이 통합적으로 예산을 편성하고 있는데, 이는 프로그램별 편성에서 예산을 잡기가 어려운 고정경비(인건비)나 간접경비(전기료, 통신료) 등 때문이다. 또한 광고비용이나 홍보비 사용에 있어서도 자금 운영(지출)의 융통성을 발휘할 수 있어서 통합적으로 예산을 편성한다.

(2) 평생교육기관 예산 항목

평생교육기관의 단위 프로그램 수입과 지출예산서를 작성할 때, 지출에 해당하는 항목으로는 교수진 인건비, 시설비, 교수활동 지원비, 홍보비, 간접경비 등이 있다. 평생교육기관의 수입에 해당하는 항목은 학습자들의 수강료와 관련 기관의 기부금이나 후원금으로 구성된다.

평생교육기관의 지출에 해당하는 비용은 직접경비, 간접경비, 고정비용, 가변비용으로 구성되는데 직접경비는 강사료, 출장비, 교재 및 교구 구입비, 제작비, 광고비, 기관 외부 소유의 시설 사용비가 해당되며, 간접경비는 개별 프로그램에 대해 직접적 원가를 파악할 수 없는 경비로 공통적으로 사용된 비용을 의미한다. 여기에는 실무자 인건비, 교육시설과 설비 사용비, 유지비, 전기요금, 수도요금, 전화요금, 컴퓨터 통신요금 등이 있다.

(3) 예산서의 작성

평생교육기관의 예산서는 평생교육기관의 수입과 지출을 한눈에 파악할 수 있도록 일목요연하게 정리한 표를 말한다. 평생교육기관의 예산서를 작성하기 위해서는 개별 평생교육 프로그램의 예산서를 작성하는 것과 모든 프로그램을 통합한 예산서를 작성하는 두 가지 방법이 있다. 따라서 평생교육기관 예산서 작성을 위하여 우선적으로 개별 평생교육 프로그램의 예산서를 작성할 것인지, 통합적 프로그램의 예산서를 작성할 것인지를 결정하는 것이 필요하다.

① 예산서 작성 순서

▶ 예산서의 종류를 설정한다.

예산서의 종류에는 개별 프로그램 단위의 예산서와 모든 프로그램을 통합하여 예산서를 작성하는 통합예산서가 있다. 예산서를 작성할 때 먼저 어떤 범위로 예산서를 작성할 것인지와 예산 작성의 기간을 어떻게 설정할 것인가를 결정하는 것이 필요하다.

▶ 개별 프로그램 예산서를 작성한다.

• 개별 프로그램 지출 항목을 작성한다.

개별 프로그램의 각 지출 항목을 작성한다. 앞에서 제시한 바와 같이 개별 프로그램의 지출 항목은 다음과 같다.

-교수진 인건비: 외래 강사료/ 직원 인건비

-시설비: 강의실 임대료, 시청각 기자재 사용료, 장비 사용료, 숙박비

-교수활동 지원비: 교재 인쇄비, 자료수집·제작비, 행사비, 회의비, 출장비, 현

장 견학비, 수업 보조물 제작 및 구입비, 식대 및 간식비

−홍보: 광고, 홍보물, 우편물

• 개별 프로그램 수입 항목을 작성한다.

개별 프로그램의 수입 항목을 작성한다. 수입 항목의 예시는 다음과 같다.

기부금, 후원금, 총지원금, 수강료 수입, 총수입, 전체이윤(손실)

• 개별 단위 프로그램 예산서를 완성한다.

개별 단위 프로그램의 예산서는 다음과 같이 작성할 수 있다.

〈표 10-8〉 **프로그램 예산서**

( ) 프로그램 명

지출	예산	결산	수입	예산	결산
교수진 인건비			기부금		
외래 강사료					
직원 인건비					
시설비			후원금		
강의실 임대료					
시청각 기자재 사용료					
장비 사용료					
숙박비			= 총 지원금		
교수활동 지원비					
교재 인쇄비					
자료수집 · 제작비					
행사비					
회의비			수강료 총액		
출장비					
현장 견학비					
수업 보조물 제작 및 구입비					
식대 및 간식비					

			총 수입			
홍보						
광고						
홍보물						
우편물						
총 직접경비						
간접경비			전체이윤 (손실)			
행정비						
각종 공과금						
시설유지비						
직무연수비						
총 경비						

▶ 통합예산서를 작성한다.

평생교육기관의 개별 프로그램에 대한 예산만으로는 기관 전체의 수입과 지출의 흐름을 한눈에 확인하는 것은 어렵다. 평생교육 프로그램의 전체 수입이 지출보다 많으면 흑자를 기록하게 되고, 전체 지출이 수입보다 많으면 적자 예산을 기록하게 된다. 통합예산서를 작성하여 교육기관 전체의 수입과 지출의 흐름을 한눈에 파악할 수 있다.

• 개별 예산 자료를 모은다.

통합예산은 교육기관에서 운영될 전체 프로그램을 포함하는 예산 전체를 작성하는 것으로 해당 연도에 시행 예정인 프로그램과 사업별 예산을 먼저 작성하도록 한다. 개별 프로그램 예산을 수립할 때에는 전년도 자료나 지난 회기 자료를 참고하여 작성한다. 그리고 이렇게 수립된 개별 프로그램의 예산 자료를 모은다.

• 통합예산을 작성한다.

프로그램의 개별 예산을 모아서 통합예산표에서 통합예산을 수립한다. 각 프로그램 별로 수입과 지출 항목을 작성하여 통합한다.

*참고: 수입 항목으로는 프로그램 지원금, 수강료, 기타 금액으로 구성된다. 그리

고 지출 항목으로는 직접경비로 강사료, 식대, 교재비 등이 있고 간접경비로 직원인 건비, 시설 공동사용료, 제세공과금 등이 있다.

2) 자금 조달(수입) 관리

평생교육기관의 주요한 자금 조달(수입)의 방법은 외부의 지원금이나 학습자가 프로그램 참여 비용으로 지급한 수강료로 구성되는 것이 일반적이다. 평생교육기관에 따라서는 자금을 조달하는 방법으로 임대료 수입, 출판물이나 서비스 판매 수입 등이 있다.

수입의 원천에 따라 평생교육기관의 유형이 판별될 수 있는데 주로 외부의 기부금이나 후원금 또는 모기관 부설로 보조금으로 운영되는 지자체 평생교육원, 종교단체의 부설 교육기관이 있다. 반면에 평생교육기관의 수입을 참여한 학습자가 지불하는 수강료에 전적으로 의존하는 사설학원이나 문화센터도 있다. 따라서 공익적 평생교육기관은 교육청, 지방자치단체 등과 원활한 관계를 구축하여 사업적 지원을 받을 수 있는 관계를 공고하게 구축할 필요가 있을 것이다. 반면 사적 평생교육기관의 수입은 주로 학습자가 프로그램에 참여한 대가로 지불하는 수강료이기 때문에 수강료의 책정과 관리가 자금조달(수입) 관리의 핵심이 된다.

(1) 프로그램 수강료와 최소 학습참가자 결정

프로그램의 수강료 책정은 마케팅 전략과 연계하여 주도면밀하게 책정되어야 한다. 교육 프로그램 시장 상황, 참가자의 경제적 여건, 프로그램 개발에 투자된 비용, 그리고 프로그램 운영과 관련된 비용 등을 고려하여 수강료 수준이 결정된다. 만약 수강료가 터무니없이 높게 설정될 경우에는 학습참가자의 관심을 끌기가 어려워 프로그램이 폐강될 가능성이 커지며, 평생교육기관의 평판도 나빠지게 된다. 반면에 너무 낮은 가격에 수강료가 책정될 경우, 프로그램이 싸구려라는 인식을 줄 수도 있고, 수익성을 추구하는 기관에서는 적자를 내면서 프로그램을 운영하게 된다.

일반적으로 학습에 대한 참가자의 만족도와 학습 효과 등이 고려되어 학습참가 인원이 결정된다. 그리고 프로그램을 오픈하는 학습자의 최소 인원은 재무적 관점에서 변동비(예: 강사비, 교재비)를 커버하는 인원이 참석한다면 오픈하는 것이 일반적이다. 물론 수익을 목적으로 하는 평생교육기관인 경우에는 (강의료 × 수강인원) 수강료 수입이 BEP(손익분기점)을 넘어야만 프로그램을 개설 운영하는 것이 바람직할 것이다.

(2) 수강료의 관리 및 운영방법

수강료의 책정은 기본적으로 시장 상황과 학습참가자의 기대 수준, 그리고 프로그램의 개발과 운영비용을 고려해서 책정되어야 하지만 평생교육기관의 성격이나 상황에 따라서 다양한 책정방법이 있을 수 있다. 또한 평생교육기관의 마케팅 차원에서 다양하게 수강료를 책정할 수도 있는데, 예를 들어 선착순으로 먼저 등록하는 사람에게 일정액을 할인해 주거나 여러 가지 프로그램을 수강하는 경우 수강료를 할인해 주는 것이다. 요즘에는 온라인으로 학습하는 경우도 많아지고 있어 시설비 사용 비용을 차감하여 수강료를 책정하는 경우도 있다. 다음은 세 가지 수강료 책정을 위한 접근 방식이다.

① 단일 수강료 접근 방식

대다수의 평생교육기관에서 활용하는 수강료 책정 방식으로 수강료 수준을 중간 정도로 맞추는 전략이다. 교육에 참여한 인원 수에 관계없이 한 가지 수강금액을 결정하는 것이다.

② 수강료 지원 전략 방식

정부나 지자체 그리고 복지재단에서 운영하는 평생교육기관에서는 공적인 목적으로 운영되기 때문에 낮은 수강료를 책정한 후에 상급 기관의 지원을 통해 손실액을 보전하는 방식이다.

③ 수강료 책정 방식

교육 프로그램 시장 상황과 프로그램 참여자의 소득 등을 고려하여 고소득자에게는 수강료를 높게 책정하고, 소득이 낮은 학습자에게는 수강료를 낮게 측정하는 방식이다. 즉, 학습자의 소득 수준이나 능력 수준에 따라 상대적으로 차별 나게 수강료를 책정하는 방식이다.

3) 자금 운영(지출) 관리

평생교육기관은 기관의 목표를 달성하기 위해 강의장 시설을 확장하거나 새로운 프로그램을 개발하는 등 투자활동 위해 자금을 관리하며, 또한 일상적 업무수행을 위해 자금의 지출관리를 하게 된다. 그러나 여기서는 평생교육기관에서 교육 프로그램을 운영하기 위한 자금 운영(지출)을 중심으로 논의하고자 한다.

지출 비용은 고정비용과 변동비용이 있는데 고정비용으로 평생교육기관의 직원들의 급료, 사무실 운영경비가 있다. 그리고 강의가 개설될 경우에만 강사에게 지급해야 하는 강의료와 개별 학습자에게 직접 나누어 주는 교재 및 참고 자료 비용 등 강의 개설과 학습자 숫자에 따라 변동하는 변동비용이 있다.

안정적인 자금 지출관리를 위해서는 시간이 흐름에 따라 비용이 발생하는 고정비용은 가급적 줄여 나가는 관리가 필요하다. 사용하지 않는 강의실을 사무실로 전환하여 사용하거나 임대하여 수익을 올릴 수 있는 방안을 모색한다.

변동비는 철저하게 관리하여 쓸데없이 자금이 낭비되지 않도록 관리한다. 기본적으로 강좌 수가 증가하고, 학습자 숫자가 증가하면 변동비용도 증가하겠지만 변동비용이 증가하는 만큼 평생교육기관의 수익이 늘어나기 때문에 효과적으로 관리하도록 한다.

실질적으로 지출관리를 할 경우, 고정비용과 변동비용을 엄격히 구분하여 관리하는 것도 쉽지는 않다. 하지만 지출관리를 변동비용과 고정비용으로 나누고 항목별로 세분화하여 관리하면 최소비용으로 최대의 효과를 얻는 운영(지출)관리를 할 수 있을 것이다.

토론 문제

1. 평생교육기관의 재무관리의 의미와 중요성에 대하여 설명하시오
2. 재무회계와 관리회계의 차이점을 회계의 목적, 종류 등에 대하여 설명하시오
3. 재무상태표, 손익계산서, 현금흐름표의 구성 항목의 의미를 설명하시오.
4. 재무상태표와 손익계산서의 상호 관련성에 대하여 설명하시오
5. 재무회계분석의 목적과 유형을 설명하고 재무회계분석의 한계점을 논하시오.
6. 평생교육기관의 재무회계관리가 실제적으로 어떻게 이루어지는지에 대하여 예산관리 방식과 예산서 작성방법을 설명하시오.

참고문헌

김용현 외(2018). 평생교육경영론(2판). 경기: 양서원.

고동호(2019). 이익을 위한 원가관리. 서울: 유비온.

고동호(2019). 재무제표 읽는 법. 서울: 유비온.

최은수 외(2011). 평생교육론. 경기: 양서원.

제 **11** 장

평생교육기관의
네트워크

타인과 가장 잘 협력하는 사람이 최대 성공자가 된다.
-앤드루 카네기-

[학습목표]

1. 네트워크의 개념과 일반적인 특징을 이해할 수 있다.
2. 평생교육기관의 파트너십 유형과 장단점을 이해할 수 있다.
2. 평생교육 네트워크의 개념과 유형을 이해할 수 있다.
3. 평생교육 네트워크의 구축 및 성공적인 운영 전략을 이해할 수 있다.

[학습개요]

지역사회는 평생교육기관들의 네트워크를 통한 정보교류와 협력사업, 제휴 등을 통해 운영된다. 평생교육기관은 지역사회 내 다양한 평생학습 요구에 대응하기 위해서 다른 평생교육 관련 기관들과 함께 네트워크를 구축하여 보유한 교육자원들을 최대한 활용하는 방안을 적극 추진해야 한다.

이 장에서는, 첫째, 평생교육기관의 네트워크를 이해하기 위한 기초로서 네트워크의 일반적인 특성과 핵심 요소, 장애 요인 등에 대해 살펴본다. 둘째, 평생교육기관들이 취할 수 있는 파트너십의 가능성과 유형에 대해 살펴본다. 셋째, 평생교육경영 상황에서 적용되는 평생교육 네트워크의 개념과 지역사회에서 평생교육 네트워크가 구축되어야 하는 필요성 및 대표적인 평생교육 네트워크 영역에 대해 살펴본다. 그리고 평생교육기관 네트워크의 특징 및 유형과 성공 요인에 대해서 살펴본다. 넷째, 평생교육 네트워크의 실천 전략으로서 평생교육기관 네트워크의 구축과 운영 및 평생교육 네트워크의 관리 방안, 그리고 평생교육 네트워크 성공을 위한 원칙 등에 대해 살펴본다.

1. 네트워크의 개념 및 일반적 특성

1) 네트워크의 개념과 핵심 요소

네트워크는 본래 공학적 개념에서 시작하였다. 하지만 최근 들어 사회학, 정치학, 행정학 등 다양한 영역에서 사용되고 있다. 예를 들어, 사회학에서는 상호 호혜, 신뢰, 규범에 바탕을 둔 사회 네트워크를 사회적 자본이라는 개념으로 사용하고 있고, 정치학과 행정학에서는 정부가 정책결정, 관리, 운영에서 지역 주민과의 네트워크를 활용하는 통치방식을 거버넌스라고 칭하고 있다(문정수, 이희수, 2008).

한편, OECD에서는 네트워크를 실행력을 높이기 위하여 체제를 확립하고 다수의 노드 사이를 내·외적으로 연계하는 것이라고 정의하고 있는데, 여기에는 다음과 같은 체계적 운영, 노드, 연계, 실행력 개선의 네 가지 핵심 요소를 포함하고 있다(김용현 외, 2011).

(1) 체계적 운영

체계적 운영(systematic management)은 네트워크에 참여하고 있는 노드(Node, 사람이나 팀, 조직, 단체 등) 간의 연계와 네트워크 노드 간 공동사업 추진 및 유지 방식을 의미한다. 즉, 노드 간에 공유된 목적을 위해 상호 합의된 추진체제를 중심으로 각자의 전문 영역별 업무를 분담하고 결과를 평가하여 피드백함으로써, 사업을 추진하고 네트워크를 존속시키는 운영 형태를 의미한다.

(2) 노드

노드(node)는 본래 공학적 개념으로 데이터 통신망에서 데이터를 전송하는 통로에 접속되는 하나 이상의 기능 단위를 말한다(예: 통신망의 분기점, 단말기의 접속점). 한편, 사회학적 관점에서의 노드는 지역사회 내에서 개별 기능을 수행하던 단위들이 지역공동체 구축을 위해 네트워크에 참여하는 주체로서 네트워크의 중심 역할을 하는 행위자와 참여자를 말한다.

(3) 연계

연계(link)란 네트워크에 참여하는 각 행위자와 참여자들 간의 관계와 활동의 내용을 의미한다. 이러한 연계활동에는 행위자 간 정보 공유를 위한 의사소통, 상호교환을 목적으로 하는 상호작용, 공동 목적의 달성을 위한 협력 등이 있다.

(4) 실행력 개선

네트워크 참여자들은 공동의 목적과 이익 추구를 위해 의도적인 연계를 시도하며, 다양한 공동사업의 수행과 개별 요소의 결합을 추구한다. 즉, 네트워크는 공동 목적이라는 그물망으로 연결된 구성체로서 네트워크에 참여하는 구성 요소들이 공동 목적 달성에 대해 동등하게 참여하고 책임진다. 따라서 네트워크의 성과평가는 네트워크를 구성하는 요소들 간의 연계 내용과 공동 목적 달성 정도 등의 실행력에 의해 좌우된다. 또한 이러한 네트워크의 공동 목적 달성도는 추후 또 다른 공동 목적 발생 시 참여 요소 간 연계의 내용을 조절하고 실행력을 개선(performance improvement)하는 기준이 된다.

2) 네트워크의 특징

네트워크는 다음과 같은 특징을 갖고 있다(김용현 외, 2011).

첫째, 네트워크의 연계는 공급자들 사이에서만 형성되는 것이 아니라, 고객들 사이에서도 형성된다.

둘째, 네트워크의 연계는 상호작용이다. 네트워크 참여를 통해 서로 무엇인가 얻기를 기대하고 있어 상호 기대하는 성과를 협약서에 명시하기도 한다.

셋째, 네트워크 내에서는 요소들이 자율적으로 관리한다. 네트워크는 각기 다른 국면에서 서로 다른 지도력에 의해 움직이며, 지도력 자체가 계속 변화한다.

넷째, 네트워크 참여자는 같은 비전, 미션 등의 공동 목적을 소유한다.

다섯째, 네트워크는 변화한다. 네트워크는 역동적인 구조로서 참여자의 역할, 규모, 유형 등이 변화하며 목적을 달성한다.

여섯째, 전자매체는 네트워크를 강화하고 발전시키는 데 기여하지만, 동시에 네트워크는 인간적인 성향도 가지고 있다.

일곱째, 네트워크는 소속감과 응집력을 창출하고 유지하며, 동시에 공유되는 가치를 강화할수록 더욱 효과적이다.

3) 네트워크 형성의 기초 조건

네트워크를 형성하는 데 있어 가장 핵심적인 요소는 네트워크에 속한 당사자 간에 교환을 위한 가치를 갖고 있는지의 여부에 달려 있는데, 교환을 위한 기초 조건은 다음과 같다(최은수, 배석영, 2017).

첫째, 교환을 하기 위해서는 둘 이상의 당사자가 있어야 한다.

둘째, 교환의 당사자들은 쌍방이 상호 가치 있는 것을 갖고 있어야 한다.

셋째, 교환이 이루어지기 위해서는 상호 의사전달이 가능해야 하고, 서로 교환을 할 수 있는 수단이 존재해야 한다.

넷째, 교환 당사자는 상대방의 요청 내용에 대해 수용 내지 거부에 대한 자율권이 있어야 한다.

4) 네트워크 구축의 장애 요인

네트워크를 구축하는 데 있어 장애가 되는 요인들은 다음과 같다(최은수, 배석영, 2017).

(1) 의사소통의 문제

네트워크 당사자들 사이에 있어 충분한 의견과 정보가 교환되어야 함에도 불구하고 소통이 어려운 경우가 있을 수 있다. 따라서 이와 같이 충분한 소통이 이루어지지 않을 경우 서로에게 도움이 되는 네트워크를 구축하기 어렵다.

(2) 상충된 이해관계

네트워크 구축의 필요성을 상호 인식하고 있음에도 불구하고 자신들의 이해관계의 거리를 좁히지 못하는 경우 네트워크 구축이 어렵다. 즉, 잘못된 인식으로 상대에게 저항적이고 방어적인 태도를 취하게 되므로 협력관계를 맺기 어렵게 된다.

(3) 시간과 재원의 부족

새로운 네트워크의 구축은 조직 구성원들에게 새로운 과업이 만들어지는 것이다. 따라서 네트워크의 구축을 근본적으로 반대하게 된다. 그러므로 이와 같은 인식을 제거하기 위해서는 충분한 시간과 재원을 확보해야 한다.

(4) 파트너십에 대한 개념 차이

네트워크 당사자들 사이에 파트너십에 대한 개념의 인식을 서로 다른 시각에서 접근할 때 갈등이 초래된다. 따라서 공동의 이해가 절대적으로 필요하다.

(5) 책무성에 관한 문제

네트워크의 구축은 공동의 책임이라는 것이 뒤따르게 마련이다. 따라서 네트워크 구축으로 인해 발생할 수 있는 문제의 책임을 누가 질 것인가에 대한 사전 교통정리가 이루어지지 않는다면 상호 협력을 유지하기 곤란하다.

(6) 융통성의 부족

네트워크를 통해 공동의 작업을 진행해야 할 경우가 발생할 수 있다. 이때 일정이 바쁘거나 해야 할 일이 과도하게 많을 경우 융통성을 발휘해야 함에도 불구하고 그렇지 못한 경우에는 심각한 문제를 처리할 수 있다.

(7) 서로 다른 기대감

네트워크의 구축에 대한 서로 다른 기대감을 갖고 있을 때 문제가 발생할 수 있다. 즉, 공동의 작업을 수행하면서 구성원들과 기관, 기관과 기관 사이에 비현실적인 기대감을 가질 경우 네트워크 구축에 커다란 장애 요인이 될 수 있다.

2. 평생교육기관의 파트너십

1) 파트너십의 의미

파트너십이란 공유 가능한 목적의 달성을 위해 구체적인 역할과 책임을 공유하는 상호 호혜적 협력·관계를 일컫는다. 즉, 파트너십의 개념에는 상호 협력, 동반자적 관계 등의 의미가 내포된다고 할 수 있다. 한편, 파트너십과 관련된 유사 용어들을 살펴보면 다음과 같다(오혁진, 2003).

(1) 전략적 제휴

상호 보완적인 제품, 시설, 지능 및 기술을 공유하는 것을 의미한다.

(2) 아웃소싱

한 기관에서 자신이 수행하는 여러 사업이나 활동 중에서 전략적으로 중요하고 기관이 가장 잘 할 수 있는 핵심 역량 분야에 자원을 집중시키고, 나머지 부분을 외부 전문기관에게 맡겨 경쟁력을 제고시키는 파트너십 전략이다.

(3) 네트워크

네트워크는 시스템 구성 요소들 간의 포괄적이고 적극적인 연계와 협력과 제휴를 말한다. 네트워크는 기관간 파트너십이 매우 활발하게 이루어져 네트워크 참여기관 간에 상시적인 연락과 협력관계가 유지되는 상태라고 볼 수 있다.

2) 파트너십의 교류 요소

파트너십은 당사자들 간의 인적자원의 교류와 물적 자원, 그리고 정보와 공간의 교류 등과 같이 다양한 영역에서 이루어질 수 있다. 평생교육기관에서의 인적 자원의 교류는 교육인력 자원봉사자, 또는 전문인력의 영역에서 가능하다. 반면 물적 자원의 교류는 강의시설, 숙박시설, 교육기자재 등 평생교육기관 간에 상호 우수한 시설과 설비의 공유를 의미한다. 그리고 정보의 교류는 교육 관련해서 강사, 시설, 후원 집단, 잠재학습자 등에 대한 교류를 의미한다. 특히, 세미나 개최나 최신 뉴스 등을 함께 공유함으로써 시너지 효과를 얻을 수 있도록 교류할 수 있다(최은수, 배석영, 2017).

3) 파트너십의 장점

치열한 경쟁에서 파트너십을 통해 상호 협력 관계를 맺을 수 있다는 것은 새로운 에너지를 확보하는 것이다. 현장에 경우 다양한 기관들이 경쟁적으로 등장하고 있는 상황에서 독자적으로 생존하는 것은 결코 쉬운 일이 아니다. 왜냐하면 모든 면에서 취약한 평생교육기관들이 경쟁력 있는 시설이나 자원을 독자적으로 확보하는 것은 매우 어려운 것이 현실이기 때문이다. 따라서 대등한 수준의 기관들과 상호 파트너십을 맺음으로써 시너지 효과를 창출하고 경쟁력을 확보하는 것이 중요하다. 한편, 평생교육기관의 파트너십이 가져다주는 장점은 다음과 같다(오혁진, 2003).

첫째, 자신의 장점을 극대화할 수 있다. 즉, 모든 부분에서 경쟁력을 갖추기는 쉽지 않다. 자신의 취약한 부분은 파트너십을 통해 확보하고 자신의 장점을 극대화하여 경영의 효율성을 높일 수 있다.

둘째, 열악한 재정을 효율적으로 활용할 수 있다. 재정과 예산의 부족으로 인해 많은 어려움을 겪고 있는 평생교육기관에 항상 새로운 설비와 공간 등을 확보하는 것은 큰 무리가 따른다. 따라서 전략적 파트너십을 통해 상호 좋은 설비와 공간을 공유한다면 매우 효율적인 예산 활용이 가능하다.

셋째, 경쟁관계의 기관과 중복된 프로그램 운영을 회피하여 지나친 경쟁을 유발하지 않게 된다. 경쟁관계에 놓여 있는 기관과 동일한 프로그램을 운영한다면 많은 홍보 비용의 지출과 과도한 수강료 할인 등 출혈적인 경쟁을 하게 되지만 파트너십을 통해 경쟁을 피하고 자신의 장점을 살린 특성화된 프로그램 운영을 가능케 한다.

넷째, 다양한 정보를 공유할 수 있어 경쟁력 확보에 큰 도움을 줄 수 있다. 정보 네트워크를 통해 다양한 정보를 교류함으로써 지역 주민들에게 질 좋은 정보와 교육 프로그램을 제공할 수 있다.

4) 파트너십의 문제점

파트너십은 앞서 살펴본 것처럼 다양한 장점을 가져다주기도 하지만 반드시 긍정적인 면만 있는 것은 아니며 다음과 같은 문제점이 발생할 수 있다(최은수, 배석영, 2017).

첫째, 구축 초기에 많은 부담이 발생할 수 있다. 즉, 파트너십을 구축하기 위해 많은 준비가 필요하고, 많은 시간과 노력, 그리고 조율이 필요하다. 따라서 이와 같은 일을 추진하기 위해 초기에 부담이 클 수 있다.

둘째, 파트너십을 위해 부득이하게 양보해야 할 경우가 있다. 특히, 상호 윈-윈을 위해 서로 양보해야 하는 경우가 발생하게 된다. 즉, 당사자 사이의 공통분모를 찾기 위해 불가피하게 양보를 해야 하는 경우가 많을 수 있다.

셋째, 파트너십의 당사자 사이에 갈등이 존재할 수 있다. 좋은 관계 유지를 위해 양보해야 하는 경우가 많이 발생할 수 있다. 즉, 기관 문화의 차이, 경험의 차이, 역량의 차이에서 오는 묘한 관계가 발생할 수 있다. 이때 주도권 문제나 배분 문제로 인해 사소한 갈등부터 복잡한 갈등까지 다양한 갈등이 존재할 수 있다.

넷째, 업무 혼란을 가져올 수 있다. 파트너십 초기에 책임과 권한의 관계와 업무 영역에서 많은 조율을 필요로 하게 되는데, 이때 서로의 한계를 명확히 해두지 않으면 진행과정에서 업무의 혼란이 발생할 수 있다.

5) 파트너십의 유형

파트너십의 유형은 협력 정도에 따라 〈표 11-1〉과 같이 기부와 후원, 단순 협조, 역할 조정, 완전 공조 등으로 구분할 수 있다.

〈표 11-1〉 파트너십의 유형

파트너십 유형	협력 정도	협력 내용
기부와 후원	1단계	기부는 파트너의 이념과 취지 및 사업 활동에 공감하여 금전과 물리적 차원에서 지원하는 것을 말하고, 후원은 특정의 사업이나 프로그램에 금전적 또는 물리적 지원을 하는 것을 의미한다.

단순 협조	2단계	둘 이상의 기관들이 각 기관이 가진 임무, 목적, 서비스 등에 대한 정보를 서로 공유하는 것을 의미한다.
역할 조정	3단계	다양한 기관들이 내린 공동 의사결정과 공유된 목적의 달성을 위해 각 기관이 제공하는 서비스를 조정하는 방식을 의미한다.
완전 공조	4단계	둘 이상의 기관들이 프로그램이나 서비스 개발의 모든 과정과 단계에서 상호 적극 협력하는 관계를 의미한다.

6) 평생교육기관의 파트너십 형태

평생교육기관의 파트너십 형태는 다음과 같다(최은수, 배석영, 2017).

(1) 단일 프로그램 공동 운영

하나의 프로그램을 공동으로 운영하는 형태이며 가장 일반적인 파트너십 형태 가운데 하나이다.

(2) 프로그램 공동 연구개발

새로운 프로그램을 파트너십을 통해 공동으로 개발한 후 독자적으로 운영하는 형태이다.

(3) 프로그램 개발 및 제공 부담

프로그램을 개발과 제공을 부담하는 수직적인 제휴, 예를 들면 기관과 교육기관의 파트너십의 경우 등이다.

(4) 프로그램 연합

관련 있는 프로그램을 제공하는 기관들이 서로 연계하여 각자 특화된 전문 강좌를 개발하고 이 강좌들을 서로 연계함으로써 학습자들로 하여금 보다 수준 높은 강좌 등을 종합적으로 접할 수 있도록 하는 방법이다.

(5) 프로그램 제공 용역 분담

상호 특화된 프로그램 영역에 대해 침범하지 않도록 하는 방법이다.

3. 평생교육기관의 네트워크

1) 평생교육 네트워크의 개념

　요즘 우리 주변에는 많은 평생교육시설들과 자원이 존재하고 있다. 가장 친근하게는 아이들이 다니고 있는 학교를 비롯하여 지역의 문화원, 청소년회관, 복지회관, 평생학습관, 주민센터, 도서관 등 다양한 공공 평생교육시설과 각종 문화센터, YMCA나 YWCA, 기업체 연수원 등과 같은 민간 평생교육시설들이 있다. 이 밖에도 수많은 평생교육시설들이 존재하고 있음을 우리는 쉽게 발견할 수 있다. 따라서 이와 같은 시설들이 존립을 위한 경쟁보다는 평생교육 차원에서 서로 제휴하고 협력하여 상호 윈-윈 할 수 있는 방안을 모색함으로써 시민들에게 보다 양질의 교육환경을 제공할 수 있을 것이다(최은수, 배석영, 2017).

　「평생교육법」 제19조 제5항에 따르면 국가는 평생교육진흥원을 설립하고 평생교육 네트워크를 구축하도록 명시하고 있고, 또한 동법 제20조 제4항에서는 시·도지사에게 시·도 평생교육진흥원의 설치와 해당 지역 평생교육기관 간 네트워크 체제의 구축에 대한 책무를 명시하고 있다. 따라서 시·도 평생교육진흥원은 적극적인 평생교육기관 간 네트워크 구축을 통해 지방자치단체, 지방교육 자치단체 및 지역 유관기관 등과 협력하여 지역별 특색에 맞는 평생교육체계를 개발하고 정착시켜야 한다. 즉, 시·도 행정구역 내의 단체 또는 국가나 지방자치단체가로부터 행정적 지원을 받고 있는 평생교육 단체 및 평생교육시설들을 대상으로 체계적인 네트워킹 체계를 구축함으로써 지역 주민에게 다양한 평생학습의 기회와 정보를 신속하게 제공할 수 있어야 한다. 또한 수직적으로는 국가 평생교육진흥원과 시·도·군·구 평생학습관을 연계하고, 수평적으로는 지역의 각종 평생교육기관 간의 네트워크 체제를 구축해야 한다(권인탁, 임영희, 2011).

　앞서 살펴보았던 네트워크의 일반적 특성을 교육 영역에 적용해 보면, 교육 네트워크는 관료적이고 위계적인 전통적 학교조직과는 운영 방식 면에서 차별성을 가진다. 네트워크에서 교육활동 영역은 학교라는 물리적 공간을 넘어서고, 조직적 연계는 행정 단위를 넘어서며, 각기 고유한 학습 자원을 가진 사람과 기관 간의 교환과 소통이 교육의 방식이자 내용이 된다(정연순, 2006). 따라서 이와 같은 내용을 종합하여 평생교육 네트워크는 학습자, 학습동아리, 평생교육기관, 평생교육기구, 중앙정부, 지방자치단체 등 다양한 평생교육 주체가 형성하는 관계망으로 이해할 수있다(김병옥, 최은수, 2018; 현영섭, 2021).

한편, 평생교육의 네트워크는 기관별, 유형별, 지역별, 학교 단계별, 교육 대상별등의 네트워크 구성이 이루어져야 하며, 다음과 같은 의미를 함축하고 있다(양병찬외, 2011; 권인탁, 임영희, 2011).

첫째, 기관, 시설, 단체 간의 네트워크의 강화를 의미한다. 즉, 학교를 포함한 모든 평생학습 관련 기관과 시설, 단체 간의 연계와 제휴의 강화를 뜻한다.

둘째, 시설의 효율화를 위한 공유화를 의미한다. 즉, 교육 기능의 확산과 효율화를 촉진하기 위하여 하나의 평생교육시설을 관할 지역 내에서는 물론 각급 지자체와 상호 적극적으로 공유하도록 촉진시켜야 한다.

셋째, 시설의 복합화를 이루는 것을 의미한다. 즉, 평생학습 관련 시설의 네트워크화를 위해여 학교를 포함한 모든 평생학습 관련 시설 간의 연계 및 제휴를 통하

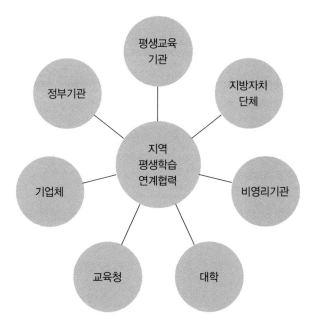

[그림 11-1] 지역평생학습공동체로서 네트워크 개념

출처: 이향란(2015), p. 255.

여 유기적인 체계화를 의미한다. 한편, 이러한 시설의 복합화에는 평생교육시설, 직업훈련시설, 스포츠, 문화시설, 도서관 등 기능 중심의 복합화를 이루거나 또는 노인, 성인, 청년, 여성, 유아 등과 같은 대상 중심의 시설 복합화가 가능하다. [그림 11-1]은 이와 같은 지역평생학습공동체로서의 네트워크 구축의 예이다.

2) 평생교육 네트워크 구축의 필요성 및 중요성

(1) 네트워크 구축의 필요성

평생학습사회가 실현되기 위해서는 여러 종류의 다양한 교육시설들이 유기적인 관계를 유지하며 학습자의 요구에 적절하게 대응하는 것이 필요하다. 이에 평생교육 참여 주체 간 상호 유기적인 관계 형성이 매우 중요하다. 한편 평생교육 영역에서의 네트워크는 학습자들의 연계를 통한 상호 성장의 의미를 넘어, 지역사회의 효율적인 평생학습 지원체제의 구축을 위한 방안으로도 제시되고 있다. 특히, 이러한 평생교육 분야에서의 평생교육 주체들 간의 네트워킹에 대한 강조는 우리나라의 취약한 평생교육 인프라를 감안할 때 매우 절실한 과제라고 할 수 있다(윤창국, 2009).

학습자의 생활 영역에서 지역 교육네트워크란 지역 주민을 교육적으로 지원하기 위해 새로운 지식, 기술, 서비스를 창출하고 도입하며, 활용하고 교류하며, 수정하고 확산하는 과정에서 역동적으로 상호작용하고 협력함으로써 형성되는 일정 지역과의 연결망을 뜻한다(김경애, 김정원, 2007). 평생교육을 보다 효과적이고 효율적으로 실천하기 위해서는 평생학습체제를 구축할 필요가 있다. 이러한 체제를 구축하기 위해서는 교육자원들 간의 네트워킹이 필요하다. 네트워크 구축의 필요성을 살펴보면 다음과 같다(최은수, 배석영, 2017).

첫째, 학습에 대한 수요가 폭발적으로 증대하고 있어 지역의 평생교육기관 홀로 모든 것을 다루기 어렵기 때문이다.

둘째, 평생교육은 한정된 민간교육 영역의 학습을 의미하는 것이 아니라 공공 및 민간, 개인을 포함한 국가교육 전체의 시스템을 기획하는 원리이다.

셋째, 지역평생학습은 과거와 같이 백화점식의 산만한 교육체제로 운영하는 것보다 평생학습 지원 시스템을 총괄적으로 구축하고 운영할 필요가 있다.

넷째, 평생학습기관 간 경쟁보다는 윈-윈 전략으로 함께 더불어 발전할 수 있는 기반을 마련하는 것이 효율적이다.

다섯째, 다양한 분야에서 교류함으로써 얻을 수 있는 이점이 많다.

(2) 네트워크의 중요성

평생교육기관 간의 협력을 통하여 얻어지는 예상 효과로는 교육의 질적 향상과 기관 간의 상호 이해 증진을 들 수 있다. 또한 수강생 증가와 교육비용의 절감 효과도 기대된다. 즉, 네트워크의 구축은 다음과 같은 두 가지 측면에서 합리화와 효율화를 추구한다. 첫째, 기존 시설을 효율적으로 이용하며, 지역의 교육-학습 자원을 유효하게 활용할 수 있다는 점이다. 둘째, 재정적으로 합리적인 운영을 할 수 있다는 점이다. 따라서 평생교육 네트워크의 구축은 다음과 같은 중요성이 강조된다(권두승, 최운실, 2009).

① 지역 주민의 교육 요구에 대한 총제적인 접근

현실적으로 평생교육기관을 둘러싼 각종 사회단체나 정부부처 등은 주민들의 교육 욕구를 해결하기 위한 적절한 협력체제를 구축하고 있지 못하는 경우가 많다. 예를 들면, 지역 주민들의 교육 욕구의 내용이나 정도가 어느 정도인지, 또는 타 기관에서 제공되는 교육 서비스와 지원의 내용과 정도가 어느 정도인지 제대로 파악하지 못할 수 있다. 그 결과 지역 주민들이 상호 관련성이 있는 교육 서비스를 손쉽게 이용할 수 없는 것이 현실이다. 따라서 이를 해결하기 위한 총체적인 접근이 필요하다.

② 교육 서비스의 중복 회피

평생교육기관 간의 네트워크 구축은 교육 서비스의 중복을 피하는 데 도움을 준다. 중복투자로 인한 자원의 낭비를 줄일 수 있고, 지역 주민들에게 혼란을 피할 수 있도록 도움을 준다. 재정적으로 어려운 환경에 있는 평생교육 현장에서 중복투자를 피할 수 있는 방법은 자원의 효율적 관리 차원에서 매우 필요한 것이다.

③ 정부지원의 필요조건

평생교육기관 간 다양한 지원, 협동, 협력은 서비스를 개선하고 제한된 자원을 효과적으로 사용하는 방법이다. 이에 선진국에서는 평생교육기관들이 다른 기관과 적극적으로 강력하고 효과적인 파트너십을 실천하도록 강조하고 있고, 이러한 타 기관과의 파트너십 정도를 해당 평생교육기관에 대한 중앙정부나 지방자치단체의 재정지원 요건으로 포함하는 것이 일반적이다.

④ 단위 평생교육기관의 역량 부족

단위 평생교육기관은 대부분 인적, 재정 역량이 불충분하기 때문에 지역 주민들의 다양한 교육 요구에 대응하기 위해 다른 기관과의 파트너십 가능성을 적극 모색할 필요가 있다. 특히, 단위 평생교육기관에서 지역 주민의 추가적인 교육 요구를 발견하였다 하더라도 현실적으로 해당 평생교육기관이 추가적인 모든 교육 요구에 대해 모두 대응하기에는 역량의 한계를 초과할 가능성이 높다. 따라서 이때 추가적인 서비스를 제공하려 하기보다는 다른 기관과 협력을 통해 그 기관이 보유하고 있는 자원과 전문지식을 함께 이용할 수 있는 방법을 모색하는 것이 보다 효율적일 수 있다.

3) 평생교육 네트워크의 성공 요인

평생학습 정보의 네트워크화를 추진하기 위해서는 정보 제공을 받는 장소가 명확하게 설정되어 있어야 하고, 정보 창고에 일정한 학습 정보 데이터베이스가 구축되어 있어야 하며, 학습 정보원에 대한 정보가 정리되어 어디에 가면 필요한 학습 정보를 입수할 수 있는가를 파악하고 있어야 한다. 또한 가능하면 예약 처리 등의 서비스를 제공할 수 있는 체제를 마련하는 것이 필요하다(권두승, 최운실, 2009).

네트워크를 성공적으로 구축하기 위해서는 다음과 같은 자원, 목적, 의사소통, 과정의 구조, 구성원, 환경 등의 제 요소가 갖추어져야 한다.

- 자원: 충분한 자금, 인력, 자원, 시간, 숙련된 리더십
- 목적: 구체적, 실현 가능한 목표와 비전의 공유
- 의사소통: 빈번하고 열린 의사소통, 비공식적 관계와 의사소통 확립

- 과정 구조: 과정과 결과의 이익 공유, 다층적 참여, 신축성, 명확한 역할과 정책 지침의 개발과 적응 가능성, 적당한 발전 속도
- 구성원: 상호 존중 및 이해와 신뢰, 구성원들의 부문 간 교차, 협력을 이익으로 보는 관점, 타협하는 능력
- 환경: 협력의 역사, 협력 집단이 정당한 지역 리더로 간주, 우호적인 정치 · 사회적 분위기

4) 평생교육 네트워크의 영역

평생학습 네트워킹은 두 가지 측면에서 접근할 수 있다. 하나는 제도적 네트워킹이고 다른 하나는 인터넷을 활용한 디지털 네트워킹이다. 제도적 네트워킹은 기획 및 계획, 프로그램 정보 등을 공유하기 위한 인위적인 회의나 행사 등을 의미하고, 디지털 네트워킹은 이와 같은 것을 통해 각종 정보 및 프로그램, 교수자 등의 정보를 공유하는 것을 의미한다(김용현 외, 2011). 한편, 평생학습 네트워킹의 영역을 살펴보면 인적 네트워크(communication), 사업 네트워크(transportation), 정보 네트워크(information), 공간 네트워크(location)로 구분할 수 있다.

(1) 인적 네트워크

평생교육기관에서 가장 어려운 과정 중 하나가 좋은 프로그램을 개발하고도 전문 강사를 섭외하지 못하는 것이다. 따라서 각 지역의 공공기관, 각종 단체, 학교 등과 같은 평생교육시설 및 단체들은 상호 전문 강사의 틀을 활용하여 정보를 교환함으로써 전문 강사를 보다 쉽게 초빙할 수 있도록 하는 것이 필요하다.

(2) 사업 네트워크

사업 네트워킹은 지역 단위별로 평생교육기관 및 단체 간의 사업을 서로 연계하고 협력함으로써 보다 효율적으로 사업을 추진하고 운영하는 것을 의미한다. 즉, 지역의 여러 평생교육기관들이 운영하고 있는 다양한 평생학습 사업들을 종합적으로 연결하여 지역 주민들에게 보다 체계적인 학습 프로그램을 제공할 수 있도록 체제를 정비하는 방안이 필요하다.

(3) 정보 네트워크

네트워킹에서 가장 기본이 되는 영역이 정보의 교류이다. 인터넷 시대의 정보의 교류는 보다 손쉽게 구축할 수 있다. 지역평생교육정보센터를 중심으로 각종 기관들이 인터넷으로 상호 네트워크를 구축하면 정보의 공유화를 쉽게 이룩할 수 있다. 정보 네트워크가 구축되면 인적 교류와 사업 네트워크 등을 보다 원활하게 추진할 수 있다. 이때 중요한 관건은 정확한 데이터베이스를 구축하는 것이다.

(4) 공간 네트워크

공간의 교류는 학교를 비롯하여, 평생교육 관련 시설들이 보유하고 있는 물적 자원을 교류하는 것을 의미한다. 여기서 물적 자원의 교류는 주로 자원의 효율적인 활용이라는 문제와 관련된 것으로서 시설, 설비, 교재, 교구 등이 포함된다. 특히, 공공 교육시설인 학교의 경우 저녁시간을 활용한 시설의 개방이 가능하다. 반면 사립학교의 경우 상대적으로 개방이 덜 용이하다. 따라서 해당 시설들의 적극적인 참여를 촉진하기 위한 보상 시스템 등을 구축하는 방안도 모색할 수 있다.

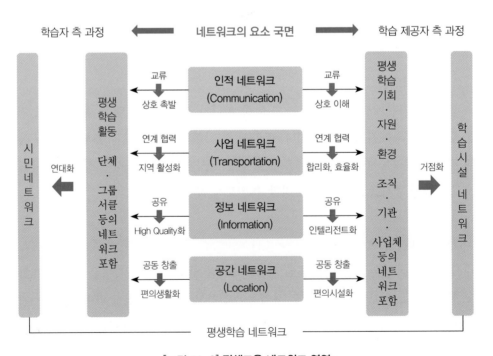

[그림 11-2] **평생교육 네트워크 영역**

출처: 김용현 외(2011), p. 229.

5) 평생교육기관 네트워크의 특징 및 유형

(1) 평생교육기관 네트워크의 특징

평생학습 지원체제의 구축에 공헌하게 되는 네트워크는 일반적으로 조직으로서 구상된 것이다. 이 경우에 생각되는 조직은 수직적이고 위계적인 조직과 네트워크형 조직으로 대별할 수 있다. 이들의 특징은 살펴보면 〈표 11-2〉와 같다.

〈표 11-2〉 **평생학습 네트워크의 특징**

구분	네트워크형 조직	위계적 조직
가치관	이질성의 적극적인 용인	동질성, 획일성 높음
조직의 중심	없음, 또는 상당수	최상위의 1인
조직의 구성	다수, 무한한 가능성	복수 이상
조직, 관계의 변경	유연성 높음	유연성 적음, 수속 복잡
구속성	단기적, 개방성	장기적, 지속적이고 강함
권한	수평적·유동적	계층적, 역할 고정적
발의(의견 전달)	구성 조직원의 독창성	최상위층의 지시
유효한 활동방법	교환활동, 공동활동	상의하달 방식
활동의 전개	다양상, 다발성	동일성, 동시성

출처: 권두승, 최운실(2009); 최은수, 배석영(2017), p. 339 재인용.

네트워크형 조직의 특징은 이질적인 가치의 용인, 참가조직의 주체성 존중, 조직의 유연성, 쌍방향성 및 호혜성 있는 자료의 교환, 활동 전개의 신속성과 동시 진행성 등과 같은 것을 지적할 수 있다. 이들의 특징은 단순히 위계적 조직과의 비교로부터 나오는 특징에 머무르지 않고, 여러 학습활동을 지원하고, 활성화를 도모하는 데 있어서 유용성이 높은 것이 특징이다. 왜냐하면 이질적인 가치를 용인한다는 것은 다양한 것과의 공존 및 공영을 의미하고, 참가조직의 주체성을 존중한다는 것은 각각의 권한 보장과 존재감의 고양을 기한다는 의미이고, 조직의 유연성이 보장된다는 것은 자유로운 활동을 조장하고 경직성을 극복한다는 의미가 있기 때문이다. 쌍방향성과 호혜성 있는 자원의 교환이 가능하다는 것은 각각의 장점을 상호 향유하자는 것이며, 활동의 전개에 신속성과 동시 진행성이 있다는 것은 다양한 학습 요구에의 신속한 대응이 가능하다는 것을 의미한다(권두승, 최은실, 2009).

(2) 평생교육기관의 네트워크 유형

네트워크의 유형은 참여자 사이의 관계 모양에 따라 스타형(Star), 체인형(Chain), Y형, 서클형(Circle) 등의 4가지 유형으로 구분한다. 첫째, 스타형과 Y형은 체인형과 서클형보다 문제해결의 시간 측면에서 효과적이다. 왜냐하면 중심화 성향이 강하기 때문이다. 둘째, 스타형과 Y형은 가장 적은 수의 메시지를 교환한다. 셋째, 서클형에 참여한 사람들은 만족도가 높으며 만족도는 체인형, Y형, 스타형의 순으로 나타난다. 넷째, 성과 향상에 측면에서 써클형은 좀 더 효율적으로 할 수 있는 반면, 문제해결을 위해서는 시스템이 취약하다(문정수, 이희수, 2008).

반면 문정수 등(2008)은 네트워크 참여자의 관계 모양에 따라 크게 중개형, 양자형, 분산형으로 그 유형을 구분하였다(〈표 11-3〉).

중개형 네트워크형은 다시 위계 중계형, 위탁 중개형, 상호 협력 중개형으로 세분화하여 설명하고 있다. 위계 중계형은 문제해결의 시간 측면에서 효과적일 수 있으나 위로부터의 중심적 성향으로 편중될 가능성이 높다. 위탁 중개형은 행정적 프로세스가 빠르게 진행될 수 있으나 민간단체들이 참여할 수 있는 통로가 개방적이지 못하다. 상호 협력 중개형은 상호 시너지 효과를 얻을 수 있다.

양자형 네트워크형은 네트워크에 참여하는 기관 간에 사전 충분한 상호 소통과 사업에 대한 충분한 이해로 출발하기 때문에 하나의 사업을 성공적으로 이끌어 가는 데 좋은 장점을 갖고 있다.

〈표 11-3〉 **네트워크 참여관계 모형에 따른 유형 분류**

유형		특징
중계형	위계	문제해결 측면에서 효과적 위로부터의 중심적 성향으로 편중 가능성
	위탁	행정적 프로세스 신속 진행 가능 민간단체의 참여 통로가 개방적
	상호 협력	상호 시너지 효과 기대
양자형		높은 만족도 기대
분산형		문제해결 측면에서의 효과적 네트워크 중심성이 있어 즉각적 추진 가능 참여 네트워크 관심도에 따라 친밀도가 다르게 나타날 수도 있음

출처: 최은수, 배석영(2017), p. 341.

분산형 네트워크형은 문제해결의 측면에서 효과적일 뿐 아니라 나름의 네트워크 중심성을 갖고 있어 즉각적인 추진이 가능하며, 또한 참여 기관들 간의 네트워크 참여 관심도에 따라 친밀도가 강하게 또는 약하게 작용할 수도 있다.

4. 평생교육 네트워크의 실천 전략

1) 평생교육기관 네트워크의 구축과 운영

　평생교육기관 간에 경쟁적 관계가 지속되는 상황에서는 실질적인 물적 · 인적 자원 교류가 어렵다. 시설, 설비, 사업, 인재, 단체 등 자원과 요소를 서로 원활하게 교환되는 평생교육 네트워크를 구축하기 위해서는 우선적으로 의식의 변혁이 필요하다.

　이에 평생교육기관 간 네트워크 구축은 상호 간에 네트워크 구축의 필요성에 대한 공감대를 기반으로 참여 주체들 간의 공동 비전과 목표를 설정하고 그에 따른 구체적인 네트워크 계획을 수립하는 것이 중요하다.

　구체적인 평생교육 네트워크의 구축 절차는 〈표 11-4〉와 같다. 평생교육 네트워크의 구축을 위해서는 우선적으로 지역사회 요구와 자원을 파악해야 하며, 파악된 이슈 과제와 지원 대상을 확인해 가며 관련한 파트너를 찾아 함께 실행 계획을 세워야 한다.

　네트워크 구성원의 역할은 네트워크 사업이 개발되고 실행되면서 돌발적인 상황에서 발생하고 불확실한 전개 방식으로 역할 변화가 요구되기도 한다. 그러한 변화 속에서 함께 하는 구성원은 네트워크의 미션과 비전을 공유하여 상황에 맞는 유동적인 역할과 책임 관련 수용성을 높여야 한다. 그렇지 않으면 돌발 상황에서 발생한 일에 대한 책임 소재가 불분명해지고 매 순간마다 협의를 거쳐야 하는 소모적인 회의가 진행되기 때문에 포괄적인 책임이 수반되고 그에 따른 투명한 정보 공개와 신뢰가 필수적이다. 포괄적이고 변화가 많은 구성원의 역할과 책임에 대하여 모든 것을 초기 협약에 담는 것은 어렵고 서로 간에 인식이 다를 수 있어 소통과 기록 관련 피드백이 수시로 일어나야 한다.

초기 네트워크 간에 체결되는 협정서는 뜻을 같이하기 위한 성명서처럼 작성되고 포괄적인 정보교류와 자원공유에 서명하게 된다. 최근에는 보다 구체적인 협정을 체결하는 방향으로 선회하였는데, 참여하는 기관들마다 자신들의 역할을 표기하고 정량적인 목표를 제시하여 하나의 프로젝트로 진행되는 경우도 있다. 그러나 평생교육기관 간 네트워크의 의미는 파트너십으로 서로 간의 신뢰를 바탕으로 사안마다 함께 하며, 지역사회 공동체를 위하여 헌신해야 하는 목적을 이루기 위한 공식적이고 상시적인 수단이 되어야 한다(강혜정 외, 2021).

〈표11-4〉 평생교육 네트워크 구축 절차

구분	세부 단계	주요 내용
네트워크 준비	지역사회 요구 및 자원 검토	−주민교육 요구 및 프로그램 제공기관 확인 −시행 가능한 평생교육사업 기획 −자기 기관의 요구와 자원 검증
	네트워킹 파트너 찾기	−지역 평생교육 관련 기관들이 파트너십을 추구하는 이유 검토 −지역 평생교육 지도 그리기 −잠재적 파트너 접촉을 위한 정보 준비
	네트워킹 파트너 접촉	−유산 및 기관 방문
	기관 간 회의 조직	−모임 기획(준비 및 접대) −효육적 회의 운영(신속성, 정확성, 절차성 등)
네트워크 구축	자문위원회 조직	−지역사회 내 여러 분야 대표자 구성
	공유된 비전과 네트워크 사업목표 개발	−공유 비전의 개발 및 단기적 목표 검증 −개인과 기관의 참여 유도를 위한 통합된 목적과 관심 구분
	사업 타당성 검토	−지역사회 적합성, 현실성 검토 −프로그램 및 서비스의 존재 여부 확인 −관계 기관 및 개인의 참여 유도
	실행 계획 세우기	−과제 목록, 시간 계획, 개인의 역할 명시 −주변 환경을 고려한 세부적 실행 계획 수립

출처: 한국직업능력개발원(2016); 강혜정 외(2021), p. 311 재인용.

2) 평생교육 네트워크의 관리

평생교육 네트워크는 교육사업의 질(quality) 향상, 기관 간 상호 이해 증진 등을 통해 경쟁력을 강화하고 더 나아가 지역교육공동체를 구축하기 위한 필요한 핵심 전략이다. 평생교육 네트워크를 구축하는 과정은 종합적이고 총체적인 일련의 프로세스이기 때문에 수많은 시행착오를 거치게 된다. 이 과정에서 네트워크가 와해되기도 하고, 참여 주체들이 합의했던 비전과 목표가 변하기도 한다. 이를 방지하기 위하여 네트워크 구축 및 공동 사업 실행과정에 대한 체계적인 관리가 필요하다.

평생교육 네트워크 관리는 네트워크 장애 요인을 파악하고 해결방안을 모색하기 위한 것으로 네트워크의 성과를 평가하고, 참여 주체 간 성과를 공유하며 지속적으로 네트워크를 발달시켜 나가는 것이다. 평생교육 네트워크는 상시 또는 수시로 모이게 되며, 각 기관의 리더 모임과 실무 모임으로 구분하여 진행되기도 한다. 그러나 운영 모델이 동일하지 않기 때문에 각 평생교육기관은 연간 계획에 대외협력이라는 부분을 두어 지역사회와의 협업 계획을 세우고 관련 사업에 대하여 계획, 목표 수립, 성과평가 등의 내부적 절차로 전개해 나갈 필요가 있다. 다만 평생교육 네트워크는 항상 일련의 과정 중에 있는 경우가 많기 때문에 프로그램 평가와 같은 절차를 적용하기보다는 구조적 차원에서 네트워크 성과평가를 위한 준거를 단계적으로 적용해야 한다.

평생교육 네트워크의 상태를 측정하기 위해서는 구체적인 비전 · 인식, 관계 형성, 사업 내용의 3개 범주를 기준으로 평가해 볼 수 있다. 여기서 네트워크의 단계별 발달과정은 다음과 같다(양병찬 외, 2012).

첫째, 비전 · 인식은 네트워크에 참여한 구성원들이 공동의 비전과 목표를 위해 나아가는 과정을 의미한다.

둘째, 관계 형성은 '따로 또는 같이'의 적절한 실천을 의미하는 것으로 네트워크에서 수립한 비전과 목표에 부합되는 관계를 확장하는 것이다.

셋째, 사업 내용은 네트워크라는 이름으로 추진되는 역할 분담 및 활동의 확장 정도를 의미한다. 이때 네트워크 간 공통 사업은 프로젝트 성격으로 추진된다.

〈표 11-5〉 네트워크의 단계별 발달과정

구분	수준	내용
비전·인식	1수준	개별 기관 간의 경쟁적 인식
	2수준	네트워크에 대한 중요성 및 필요성 인식
	3수준	상생을 위한 기관 간의 인적·물적 교류 및 정보 소통
	4수준	네트워크의 구축을 위한 소통체계 형성
	5수준	공동의 비전과 목표의 정립을 통한 지역 과제 공동 해결
관계 형성	1수준	개별 기관의 독자적 실천
	2수준	기관들의 의례적인 연계
	3수준	유사한 기관들의 중심 기관을 필두로 한 주변 기관의 규범적 연계
	4수준	지역 안에서 네트워크가 활성화되어 다양한 개별적 관계망 탄생
	5수준	기관의 유사성을 벗어나 지역 안에서 행위자 중심의 다원적 관계망 형성
사업 내용	1수준	기관 개별 사업
	2수준	개별 사업의 유관 기관의 간헐적 협력
	3수준	소규모 권역 사업에서의 역할 분담
	4수준	충분한 논의를 거쳐 기획이 있는 공동 사업과 책임성 공동 프로젝트 수행 등
	5수준	지역 전체 민관 협력을 통한 중, 장기적 지속성 확보 지역 종합 계획 수립 등

출처: 양병찬 외(2012). 시흥시 평생학습네트워크사업 컨설팅 결과보고서; 강혜정(2021), p. 313 재인용.

3) 평생교육 네트워크 성공을 위한 원칙

지역교육의 활성화와 기관 간의 연계와 협력이 성공하기 위한 평생교육 네트워크의 성공을 위한 원칙은 다음과 같다(양병찬, 2000).

(1) 지역의 공동 이슈와 사업을 선택하라

참여 기관 간의 공동 이슈나 사업을 설정해야 한다. 따라서 지역사회에서 요구하는 공동의 이슈를 선택해야 하며, 관련 없는 기관은 참여시킬 필요가 없다.

(2) 핵심 과제부터 논의하라

네트워크 사업의 핵심 과제부터 논의해야 한다. 중심이 되는 사업을 논의하고 실행해 옮기면서 주변 과제로 확산시켜 나가야 한다.

(3) 기여할 수 있는 점이 다양함을 인식하라

기관마다 각기 다른 장점과 단점이 있고, 이것 때문에 다양한 영역에서의 연계가 가능하다. 기관별 장점과 단점을 바르게 평가하고 다양한 연계를 시도해야 한다.

(4) 모든 기관의 이해관계를 충족할 수 있도록 노력하라

모든 기관들이 네트워크에 참여함으로써 이득이 있다고 생각해야 한다. 따라서 개별 기관의 독자적인 이해관계를 충족시킬 수 있는 방향으로 네트워크 사업이 운영될 수 있도록 노력해야 한다.

(5) 기관의 고유 관습과 이해관계를 이해하고 존중하라

각 기관은 고유의 역사와 구조, 가치, 문화, 리더십 스타일 등을 가지고 있다. 따라서 불필요한 갈등을 회피하기 위해서는 네트워크에 참여하는 기관들이 서로 다른 기관의 관습과 이해관계 등을 이해하고 존중할 필요가 있다.

(6) 명성을 공평하게 분배하라

지역사회의 인정은 각 기관이 네트워크에 참여하는 중요한 이유이다. 따라서 지역사회에서 네트워크 사업을 통해 얻을 수 있는 명성을 각 기관이 공평하게 배분되도록 해야 한다.

(7) 가시적 성과를 회득하라

각 기관들은 스스로 현실적이고 측정 가능한 결과를 볼 때만 지속적으로 네트워크에 참여한다. 따라서 네트워크를 통한 사업이 구체적이고 가지적인 성과를 회복하도록 해야 한다.

(8) 합의가 안 될 수 있음을 수용하라

네트워크는 교환활동이기 때문에 교환과정에서 합의가 이루어지지 않는 경우가 흔히 발생할 수 있다. 따라서 이런 상황을 인정하고, 서로가 공동의 관심사와 동의할 수 있는 연계 사업과 활동에 초점을 맞추도록 해야 한다.

(9) 안정적인 협의체를 구성하라

각 기관이 네트워크에 참여하면서 누구를 그 조직의 임원으로 파견할 것인가 하는 것은 해당 기관이 그 네트워크 연합조직을 얼마나 진지하게 생각하고 있는지를 나타나는 지표이다. 따라서 안정적인 네트워크 구축을 위해 각 기관의 대표, 또는 고위 임원을 대표로 파견하는 것이 필요하다.

(10) 현실적인 네트워크 사업 예산을 편성하라

네트워크를 통한 공동 사업을 추진할 때 네트워크 참여 기관들이 기관 분담금 등을 통해 네트워크 예산이 현실적으로 편성되도록 하는 노력이 필요하다.

> **토론 문제**
> 1. 네트워크 구축에 가장 큰 장애 요인으로 작용할 것이 어떤 것인지에 대해 토론하시오.
> 2. 평생교육기관의 파트너십에서 제기될 수 있는 문제점과 해결방안에 대해 토론하시오.
> 2. 평생교육 네트워크의 네 가지 영역에 대한 사례에 토론하시오.
> 3. 평생교육 네트워크의 성과를 평가하기 위한 성과지표와 관리 방안에 대해 토론하시오.

참고문헌

강혜정, 이승주, 정진구, 차혜경, 한영수(2021). 뉴노멀, 초연결, 플랫폼시대의 평생교육경영론. 서울: 동문사.

권두승, 최운실(2009). 평생교육경영론. 경기: 교육과학사.

권인탁, 임영희(2011). 평생교육경영론. 서울: 학지사.

김경애, 김정원(2007). 교육지원체제로서 지역 네트워크 형성과정에 대한 사례연구-노원 지역의 교육복지투자우선지역 지원사업 사례를 중심으로. 평생교육학연구, 13(3), 117-142.

김병옥, 최은수(2018). 평생학습도시 네트워크의 협력적 거버넌스 구축을 위한 국내, 외 사례 연구. 교육문화연구, 24(2), 267-286.

김용현 외(2011). 평생교육경영론. 경기: 양서원.

문정수, 이희수(2008). 인천 지역평생교육정보센터의 네트워크 특성 사례 분석. 평생교육학연구, 14(2), 155-183.

양병찬(2000). "지역사회 평생교육공동체 구축을 위한 네트워크 전략." 지역평생교육정보센터 관계자 연찬회 자료집. 한국교육개발원 평생교육센터.

양병찬, 박성희, 전광수, 김은경, 신영윤(2012). 시흥시 평생학습 네트워크 사업 컨설팅 결과 보고서. 시흥시, 공주대학교.

양병찬, 박성희, 전광수, 이규선, 김은경, 신영윤, 최종성(2013). 학습도시 평생학습네트워크 실천사례 분석. **평생교육학연구**, 19(2), 185-214.

오혁진(2003). **평생교육경영학**. 서울: 학지사.

윤창국(2009). 지역사회 네트워크 형성과정의 장애요인과 학습의 의미. **평생교육학연구**, 15(1), 31-65.

이향란(2015). **평생교육경영론**. 경기: 공동체.

정연순(2006). 네트워크로서의 학교-도시형 대안학교 운영원리의 평생교육적 해석. **평생교육학연구**, 12(3), 23-47.

최은수, 배석영(2017). **평생교육경영론**. 서울: 양서원.

현영섭(2021). 광역 지방지차단체 수준의 평생교육기관 네트워크 특성이 조직효과성과 조직 효율성에 미치는 영향. Andragogy Today, 24(2), 1-35.

Lifelong Education Management

찾아보기

내용

저자 소개

권기술(Kwon Ki Sool)
숭실대학교 평생교육학 박사
전 KMA 상임교수, 단국대 교양과정 겸임교수
현 CR파트너즈 대표
   K-코칭 리더십 연구소장

〈저서〉
뉴리더십 와이드(공저)
세상을 움직이는 리더의 비밀: 온정과 합리의 CR리더십(공저) 등
〈논문〉
팀조직 내 회의주도리더의 퍼실리테이션 역량이 팀학습유효성에 미치는 영향(2011)

강찬석(Kang ChanSeok)
숭실대학교 평생교육학 박사
전 숭실대학교 평생교육학과 겸임교수
현 숭실대학교 한국평생교육 · HRD연구소 연구교수

〈저서〉
세상을 움직이는 리더의 비밀: 온정과 합리의 CR리더십(공저) 등 9권
〈논문〉
성인학습인의 영성체험을 통한 영성리더십 개발과정 탐색(박사학위논문)
유가(儒家)적 관점에서 본온정적 합리주의(CR) 리더십 패러다임의 특성에 대한 고찰
(Andragogy Today) 등 4편

김미자(Kim Mi Ja)
숭실대학교 교육학 박사, 평택대학교 사회복지학 박사
전 숭실대학교 평생교육학과 대학원 초빙교수
　숭실대학교 교육대학원 초빙교수
　숭실대학교 사회복지대학원 초빙교수
　평택대학교 사회복지대학원 외래교수
현 CR리더십 연구원 이사
　구로구 시설관리공단 인사위원회 위원
　구로구 시설관리공단 사회공헌활동 평가위원회 위원
　양천구 생활보장위원회 위원

〈저서〉
평생교육론 공저(학지사)
결혼과 가족(공동체)
사회복지 프로그램 개발과 평가(공저, 양서원)
평생교육방법론 공저(학지사)
〈논문〉
전이학습 관점에서의 여성 결혼이민자의 직업교육과 취업 경험에 대한 사례연구(2014)
북한이탈여성의 주관적 삶의 질에 영향을 미치는 요인에 관한 연구(2008)

박성준(Park Sung Joon)
숭실대학교 평생교육학 박사
전 숭실대학교 교육대학원 겸임교수
현 국제셀프리더십평생교육원 대표

〈논문〉
경력전환 신학대학원생의 전환학습 경험을 통한 서번트 리더로서의 소명의식 발전과정에 대한 내러티브 연구(평생교육연구, 2017) 외

조정형(Cho JungHyong)
숭실대학교 평생교육학 박사
현 오산대학교 미디어마케팅경영과 교수
　한국비서사무협회 수석부회장
　한국비서학회 상임이사

〈논문〉
무형식학습, 진로결정 자기효능감 및 진로결정수준의 구조적 관계 연구(2022)
직업공동체 활동참여 비서의 학습경험에 관한 현상학적 연구(2015)

평생교육경영론
Lifelong Education Management

2023년　7월　5일 1판 1쇄 인쇄
2023년　7월 13일 1판 1쇄 발행

지은이 • 권기술 · 강찬석 · 김미자 · 박성준 · 조정형
펴낸이 • 김진환
펴낸곳 • ㈜ 학지사

　　　　　04031 서울특별시 마포구 양화로 15길 20 마인드월드빌딩
대표전화 • 02-330-5114　　팩스 • 02-324-2345
등록번호 • 제313-2006-000265호

홈페이지 • http://www.hakjisa.co.kr
인스타그램 • https://www.instagram.com/hakjisabook

ISBN 978-89-997-2916-4　93370

정가 20,000원

출판미디어기업 **학지사**
간호보건의학출판 **학지사메디컬** www.hakjisamd.co.kr
심리검사연구소 **인싸이트** www.inpsyt.co.kr
학술논문서비스 **뉴논문** www.newnonmun.com
교육연수원 **카운피아** www.counpia.com